신라중대 율령정치사 연구

| 한준수 韓準洙 |

서울 출생
국민대학교 국사학과 졸업
국민대학원 대학원 국사학과 석사 및 박사
(학위논문 : 新羅 中代의 唐制受容과 統治體制의 정비)
현재 국민대학교 국사학과, 세명대학교 교양과정부 강사

논문

「신라 경덕왕대 군현제의 개편」
「신라 신문왕대 10停의 설치와 체제정비」
「新羅 眞德王代 唐制의 受容과 체체정비」
「신라 中下代 鎭道府의 설치와 체제정비」
「신라 성덕왕대 균전적(均田的) 토지제의 시행과 체제정비」

新羅中代 律令政治史 研究

신라중대 율령정치사 연구

초판인쇄일 2012년 4월 25일
초판발행일 2012년 4월 27일
지 은 이 한준수
발 행 인 김선경
책 임 편 집 김윤희, 김소라
발 행 처 도서출판 서경문화사
　　　　　　　주소 : 서울 종로구 동숭동 199 - 15(105호)
　　　　　　　전화 : 743 - 8203, 8205 / 팩스 : 743 - 8210
　　　　　　　메일 : sk8203@chol.com
등 록 번 호 제 300-1994-41호

ISBN 978-89-6062-090-2　　93900

신라중대 율령정치사 연구

한 준 수 지음

서경문화사

_ 책을 내며

  대학에 입학한 지 20년 만에 학위를 받았다. 역사라는 공부를
시작한 후 많은 일들을 겪었고 많은 생각들을 했지만 막상 하나
의 마침표를 찍게 되니 느낌이 남다르다. 공부를 하는 사람이라
면 누구나 겪었을 이 과정이 조금 다르게 다가온다.

  때로는 능력이 부족함을 느끼면서도, 시작을 했으니 반드시
끝을 맺어야 한다는 생각이 머릿속을 떠나본 적이 없다. 그 때문
인지 박사과정에 입학하면서 학위논문을 준비했던 10여 년간은
심리적으로 안정감이 없었던 것 같다. 휴식이나 여행은 머릿속
에서 가능한 생각일 뿐이었다.

  학위논문 준비를 마무리하여 논문심사에 들어갈 즈음 빨리 두
달이 지나갔으면 하는 생각이 간절했다. 심사만 진행되면 순간
은 힘들더라도 곧 보람이 다가올 것이라 생각했다. 하지만 힘겹
게 심사과정을 통과하니 뒤를 돌아볼 수 있는 잠깐의 여유가 생
겼을 뿐이다. 많은 장면들이 머릿속을 스쳐갔다. 어떻게 여기까
지 올 수 있었을까 하는 생각이 남았다.

  이 책은 저자가 2009년에 제출한 학위논문을 수정 · 보완한 것
이다. 「新羅中代의 唐制受容과 統治體制의 정비」라는 제목으로
학위를 받은 지 2년이 다 되어가는 시점이다. 부족한 부분에 대
해 많이 보완하려고 했지만 계획대로 하지 못해 여전히 미흡한
것이 마음에 남는다.

  책의 주제가 많은 연구자들이 주목하는 분야인 신라 중대사회

를 다루고 있어 두려움도 크지만, "한 사람의 학설이 너무 오래 가는 가는 것은 그 학계를 위해서 불행한 일이며 그 학자 자신을 위해서도 좋은 일이 아니다" 라는 하타다 다카시[旗田巍]의 말에 용기를 내어 활자화 하게 되었다.

필자가 이 자리에 있기까지 공부를 할 수 있었던 것은 스승이신 김두진 선생님의 은혜가 가장 크다. 평소 말씀을 많이 하지 않는 분이시지만 그 누구보다 지성인이 무엇인지 보여주신 분이다. 글자 하나, 단어 하나를 쓸 때마다 철저하셨던 선생님의 모습이 떠오른다. 제자에 대한 사랑을 말이 아닌 행동으로 보여주신 그 모습 또한 영원히 잊지 못할 것이다. 정년퇴직 하신 후 더 찾아뵙지 못하는 내 자신이 부끄러울 따름이다.

그리고 심사위원장으로 논문을 마칠 수 있도록 용기를 주신 정만조 선생님께도 감사의 말씀을 올린다. 학부시절부터 학위를 마치기까지 20년간 보여주신 선생님의 수업시간은 언제나 정겹고 되돌아가고 싶은 시간이었다. 박학하시고 명필이시던 선생님의 조선시대 수업시간은 결코 잊을 수가 없다. 특히 필자를 데리고 도봉산에 오르시던 모습은 아직도 인상에 남는다. 학자가 아닌 평범한 모습을 처음 접했을 때의 순간은 정말 신선하고 자상하셨다. 비록 지금은 바쁘셔서 산행을 안 하시지만 언제든지 선생님을 따라 산에 가고 싶다.

김영하 선생님께도 감사의 말씀을 올린다. 평소 학회에서 좌중을 압도하는 모습으로 토론을 이끌고 정리하시던 모습을 보았기에 박사학위 심사위원으로 모실 때 가졌던 긴장감은 상당했다. 과묵하시고 논리정연하신 선생님의 지적에 어떻게 답변드려야 하고, 논문을 어떻게 수정해야할지 고민하던 당시 상황은 지금 생각해도 땀이 흐른다. 그런데 막상 심사과정에서 보여주신 선생님의 모습은 정말 인자하신 이미지 그대로다. 아마도 부족한 필자의 글을 공부하기 위해 노력하는 모습으로 인정해 주신 때문이 아닐까 생각된다. 거리가 멀지 않은데도 찾아뵙지 못하고 있어 한 없이 죄송할 뿐이다. 좋은 글을 써서 자주 찾아뵙겠다는 다짐을 해본다.

이문기 선생님 역시 필자에게 잊을 수 없는 분이다. 처음 한국고대사학회에서 발표를 할 당시 토론자로서의 역할을 흔쾌히 받아주셨다. 그때 필자가 느꼈던 것은 공부를 시작한 초학에게 비판이 아닌 격려의 말씀을 해 주셨던 모습이다. 선학의 말씀 한 마디가 용기를 잃지 않고 현재까지 공부를 계속하게 된 계기였다. 그리고 학위논문 심사과정에서도 베풀어 주신 사랑은 힘들게 시작한 공부가 보람이 될 수 있도록 해주셨다. 거리가 멀다는 핑계로 자주 찾아뵙지 못하는 것이 부끄러울 따름이다.

그리고 문창로 선생님께 감사의 인사를 드린다. 필자의 선배이시며 심사위원이셨던 선생님께서 평소에 배려해 주셨던 부분들은 일일이 나열하기 힘들다. 하지만 소소한 것에서부터 항상 타인에 대해 배려하시는 선생님의 성품은 언제나 배워야 할 자세인 것 같다. 글을 쓰면서도 대화를 하면서도 느꼈던 모습은 절대 잊을 수가 없다. 부족한 학위논문을 책으로 펴내기까지 도움을 주신 분 역시 선생님이시다.

이외에도 많은 분들의 은혜에 감사를 드린다. 전공은 다르지만 한결같은 후배들에 대한 사랑을 보여주신 김용달 선생님, 조재곤 선생님, 김도훈 선생님, 부족한 논문을 검토하고 기꺼이 토론에 맡아주신 여성구 선생님, 채미하 선생님, 전공시대분야는 다르지만 공부와 생활을 일깨워 주신 홍영의 선생님, 학위논문을 마무리하기까지 힘이 되어주신 이근호 선생님, 조준호 선생님, 이계형 선생님, 디지털문화대전 사업을 통해 알게 된 정진각 선생님, 이우석 선생님, 신대광 선생님, 김진호 선생님, 김민 선생님께 감사의 말씀을 전한다.

그리고 필자가 공부를 하는데 있어 뿌리가 되어준 북악사학회의 선후배께 감사를 드린다. 건물의 기둥처럼 겉으로 드러나지는 않지만 건물이 반듯하게 설 수 있도록 해주는 사람들. 장일규 선생, 남무희 선생, 장창은 선생께 감사를 드린다. 특히 필자와 대학원에 함께 진학하며 많은 고민을 함께해 온 오경택 선생, 전우식 선생, 이병학 선생, 이상현 선생, 신영문 선생은 선후배를 떠나 인생의 친구로서 그 모습들을 잊을 수가 없다. 더하여 앞으로 대학원을 이끌어 줄 후배이며 책을 펴내는데 많은 도움을 준 김연민 학형, 조관휴 학형, 나은주 학형께도 감사의 말씀을 전한다.

어려운 여건 속에서도 부족한 글을 책으로 펴는데 애써 주신 서경문화사 김선경 사장님을 비롯한 편집부 직원들께도 고마운 마음을 전한다.

끝으로 언제나 말없이 힘이 되어주는 어머니와 가족에게 이 책을 바친다.

2012년 4월 산본에서

韓準洙 識

_ 목차

서론

1. 연구 목적

본 연구는 강력한 중앙집권적 정치체제를 이룩했던 것으로 평가받는 신라중대에 대한 고찰로써, 당시 집권세력의 정치적 지향점과 대당교류를 통한 통치체제의 정비에 대한 이해를 목표로 한다.

신라중대는 당대 신라인들이 하나의 시기로 구분할 만큼 이미 그들의 인식체계에 자리하고 있었다. 신라상대나 이후의 신라하대와는 엄연히 다른 모습을 보였던 것으로 추측되지만, 실제 모습들 역시 그러했는지는 다를 수 있어 깊이 있는 접근이 필요하다.

『삼국사기』에는 무열왕부터 혜공왕에 이르는 시기를 신라중대라 하고 있으나, 실질적인 시작은 이전부터 형성되고 있던 것으로 보인다. 선덕여왕 말년에 일어난 '비담의 난'을 하나의 계기로 파악할 수 있을 것이다. 신라중대를 개창한 김춘추와 김유신 세력이 난을 진압한 후, 자신들의 정치적 기반을 강화하고 새로운 정치질서를 형성해 갔다는 점에서 그러하다.

한다. 신라중대는 통치체제 정비를 통해 강력한 집권체제를 성립시켰던 율령체제였다.

2. 연구 성과

신라는 6세기 초 지증왕과 법흥왕대 일련의 체제정비 조치를 통해 한층 진전된 집권적 국가체제를 이룩할 수 있었다. 國號와 王號의 사용, 喪服法 제정, 율령반포, 불교공인 등 일련의 사건은 그러한 시대적 상황을 반영한 것이다. 특히 경주지역의 작은 성읍국가에서 출발한 신라가 중앙집권국가로 성장하고, 삼국통일까지 달성하기까지 율령은 커다란 견인차 역할을 했다. 곧 신라의 국가체제 발전 토대에 율령이 위치하고 있었다.

본래 율령은 국가 통치의 근본이 되는 성문법으로써 법전에 의해 왕권의 합법화를 목표로 하며 국가조직 자체의 정비를 의미한다.[1] 이러한 율령은 중국에서 고안되어 발전한 고도의 법률체계로써, 율령제는 고대 동아시아 사회에서 국가운용을 위한 공통적인 제도로 기능하였다.

율령의 시행은 그 자체로서도 중요한 역할을 하였지만, 시행 이후 국가체제의 정립과 발전에 있어 갖는 의미는 더욱 컸다. 나아가 율령의 도입은 고대국가 형성이라는 역사발전의 측면 뿐만 아니라, 외래

---

1) 이기백 · 이기동, 1982, 『한국사강좌』 고대편, 일조각, p.129.

문화의 수용이라는 차원에서도 일정한 역할을 하였다. 신라 역시 예외는 아니었다.

현존하는 중국 最古의 법전은 『당률소의』로서 흔히 『당률』이라 일컫는 것이다. 그런데 이 율령이 진덕여왕대 들어 김춘추 세력에 의해 당으로부터 도입되고 체제정비의 틀로 작용하였다. 법흥왕대 이미 한 차례 정비되었던 체제가 변화를 맞게 된 것인데, 나름의 배경이 있었을 것이다.

지금까지 신라 율령에 대한 연구는 시행배경, 시행여부, 계수문제, 시행 내용, 율령개편 등으로 진행되었는데, 시행여부에 관심이 집중되어 왔다.

법흥왕대 율령반포에 대해 연구자들의 견해는 크게 긍정론과 부정론으로 구별되는데, 긍정론은 우리나라 및 일부 일본인 연구자, 부정론은 대부분의 일본인 연구자들이 해당된다. 末松保和는 〈봉암사지증대사적조탑비〉의 '我法興王剗律條八載也'라는 기록을 바탕으로 사실로 인정하였으며,[2] 전봉덕은 시대적 상황을 감안할 때 율령반포의 기록을 신뢰할 수 있다고 하였다.[3] 김용선은 전봉덕 · 末松保和 · 井上秀雄 · 이기백의 견해를 고찰한 뒤, 신라가 율령반포를 통해 왕권이 강화된 것으로 이해하였다.[4]

이기동은 〈단양적성비(551)〉 인명분석을 통해 긍정론을 제시하였고,[5] 주보돈은 연좌제 고찰[6] 및 〈울진봉평비(524)〉와 〈단양적성비〉

2) 末松保和, 1954, 「新羅三代考」, 『新羅史の諸問題』, 東出版, p.118.
3) 전봉덕, 1956, 「신라의 율령고」, 『서울대논문집』 인문사회과학 4, p.258.
4) 김용선, 1982, 「신라 법흥왕대의 율령반포를 둘러싼 몇 가지 문제」, 『가라문화』 1, pp.120~121.

를 통해 율령 편목에 대해 살폈다.[7] 이종욱은 신라의 율령이 법흥왕 이전부터 발전해 온 신라 자체의 국가통치체제를 종합하여 성문화시켜 정리한 것이라 하였으며,[8] 강봉룡은 〈울진봉평비〉의 '前時大王敎法 · 奴人法 · 杖六十 · 杖百' 등을 통해, 반포된 율령은 형벌법으로써 율령의 형식을 갖춘 성문법이라 하였다.[9]

한용근 또한 비슷한 견해를 보이며,[10] 전통형률의 시기 · 율령정치의 기반조성 시기 · 본격적 율령정치의 시기 등으로 3분하기도 하였다.[11] 이인철 역시 율령반포는 의심의 여지가 없으며, 오히려 반포된 율령의 내용과 의의가 무엇인지에 집중되어야 한다고 하였다.[12] 이근우는 사면기사 분석을 통해 긍정론을 제시하였다.[13] 이상에서 보듯이 긍정론은 율령반포 당시 신라의 국가 발전과 관련 사료들을 토대로 하여 사실을 논증하고 있다.

그러나 일본 연구자들은 『삼국사기』 기록을 불신하며 부정론을 전개하고 있다. 林紀昭는 법흥왕대 율령이 晉의 泰始율령을 계수한 고

---

5) 이기동, 1982, 「신라중대의 관료제와 골품제」, 『역사학보』94 · 95 ; 1984, 『신라골품제사회와 화랑도』, 일조각, p.120.

6) 주보돈, 1984, 「신라시대의 연좌제」, 『대구사학』25, pp.12~13.

7) 주보돈, 1989, 「울진 봉평 신라비와 법흥왕대 율령」, 『한국고대사연구』2, p.129.

8) 이종욱, 1983, 「신라 중고시대의 골품제」, 『역사학보』99 · 100, pp.26~27.

9) 강봉룡, 1992, 「삼국시기의 율령과 '민'의 존재형태」, 『한국사연구』78, p.2.

10) 한용근, 1992, 「통일신라의 형률」, 『장충식박사화갑기념논총』, p.112.

11) 한용근, 1999, 「고려이전의 고대형률」, 『고려율』, 서경문화사, pp.51~57.

12) 이인철, 1994, 「신라율령의 편목과 그 내용」, 『정신문화연구』17권 1호(통권 54), p.130.

13) 이근우, 2000, 「사면기사를 통해 본 한일 율령제 수용문제」, 『청계사학』16 · 17, p.721.

구려의 그것을 받아들였을 것이라는 견해를 부정하고,[14] 율령이 반포된 이후에도 신라에서는 여전히 고유법이 그대로 시행되었으며, 『삼국사기』에 보이는 율령이라는 용어는 그 자체가 찬자의 윤색이라 하였다. 井上秀雄은 신라의 율령에 대해서 인정하였지만 법흥왕대 율령제 도입은 부정적으로 보고, 김춘추에 의해 당제가 도입되어 율령제가 급속히 진전된 것으로 파악하였다.[15]

武田幸男은 『삼국사기』 율령기사에 연속하여 보이는 백관의 공복 제정에 유의하여 신분제와 관련된 의관제의 제정일 뿐이라 하였는데, 일본학계의 통설로 받아들여지는 듯하다.[16]

石上英一은 법흥왕대는 물론이며 통일신라에서도 독자적인 율령의 시행을 부정하고, 당 율령을 변용한 격식만이 편찬된 것으로 보았다.[17] 北村秀人 또한 법흥왕 7년에 반포된 율령이 공복제도의 규정이라는 武田幸男의 견해를 계승하였다.[18] 대체로 부정론자들은 신라의 국가체제 정비나 발전 수준을 인정하지 않거나 폄하하는 시각에서 탈피하지 못하고 있는데, 금석문 등을 통해 확인되는 것만으로도 논리 모순을 지적하기에는 충분하다.

최근 山本孝文은 6~7세기 동아시아 세계를 법체계의 보급 및 침투를 비롯한 정치적 측면에서 3가지로 유형으로 구분하며 견해를 제시

---

14) 林紀昭, 1967, 「新羅律令に關する二三の問題」, 『法制史研究』17, pp.154~156.

15) 井上秀雄, 1974, 「朝鮮·日本における國家の成立」, 『岩波講座』6, pp.3~41.

16) 武田幸男, 1974, 「新羅法興王代の律令と衣冠制」, 『古代朝鮮と日本』, pp.85~93.

17) 石上英一, 1979, 「律令法の國家」, 『歷史研究』222·223, p.33.

18) 北村秀人, 1982, 「朝鮮における〈律令制〉の變質」, 『日本古代史講座』7, pp.181~219.

하였다.[19) 율령창시국가로써 중국, 율령국가로써 일본, 율령형국가로써 고구려·백제·신라·발해 등인데, 단지 편목이나 조문의 현존 차이일 뿐이라 했다. 실제로는 같은 성질의 국가였을 가능성을 배제할 수 없다는 것이다. 하지만 이 역시 형식상 국가유형에 우열을 두지 않았을 뿐 실질적으로는 미세한 차별을 함으로써, 일본 연구자의 부정적 시각을 따르고 있어 근본적인 시각의 전환은 요원한 편이다.

하지만 도성제[20)나 왕경[21)과 관련하여 고찰한 연구들이 진행되면서 국가체제정비를 통해 율령의 정비과정이나 수준을 가늠케 하는 성과들이 나타나고 있어 율령제 시행의 당위성을 증명해 준다.

다음으로 율령개편이 주목되는데, 전봉덕은 신라가 율령을 반포한 이래 고구려 율령의 繼受에 만족하지 않고 수차례에 걸쳐 개수한 것으로 생각했다.[22) 특히 김춘추가 당의 문물을 직접 친견하고 귀국한 것에 정치적 의미를 두었다.[23)

김용선은 무열왕 원년의 '理方府格修正'이란 기록을 토대로 하여 격의 시작 정도로 해석한 전봉덕의 견해에서 더 나아가, 엄연히 수정이라고 표현하고 있는 만큼 원래 있었던 것을 고쳐 다시 정한 것이라 해석하는 것이 바람직하다고 보았다.[24) 곧 이방부격을 처음 만든 것

---

19) 山本孝文, 2006, 『三國時代 律令의 考古學的 硏究』, 서경문화사.
20) 양정석, 2008, 『한국 고대 정전의 계보와 도성제』, 서경문화사.
21) 전덕재, 2009, 『신라 왕경의 역사』, 새문사.
22) 전봉덕, 1956, 앞의 논문, pp.262~265.
23) 김춘추가 당의 율령정치를 직접 접하였을 뿐만 아니라 당 태종의 『정관정요』
   와 율령격식을 전래한 것으로 보았고, 무열왕으로 즉위한 후 기존의 고구려
   율령에서 이탈하여 당의 율령격식을 직접 수용하는 시대를 전개한 것이라고
   생각했다.
24) 김용선, 1982, 앞의 논문.

이 아니라, 이미 제정된 격을 고쳤다는 의미로 보았으며, 다른 관부의 격도 만들어졌다고 하였다.

　이기동은 신라는 중대의 개막과 동시에 당의 율령을 참작하여 기존 중고기의 율령체계에 대해 개정작업을 이루었다고 하였다.[25] 무열왕 원년 '이방부격 60여조 수정' 기사가 바로 그것으로, 이 새로운 율령에 대한 보수작업은 삼국통일 시기를 통하여 꾸준히 진행된 듯하며, 681년 문무왕 유조에 '율령과 격식에 불편한 점이 있는 것은 곧 개시하라'고 命한 사실에서 짐작할 수 있다고 하였다. 그리고 이러한 법제화의 추세는 입법기관인 이방부의 확대, 소속 관원의 증치, 진덕왕대 품주의 집사부 개편, 율령박사 설치 등으로 이어졌다고 언급하였다.

　강봉룡은 무열왕 즉위년의 이방부격수정 기사는 국가가 대민 보호를 위해 6~7세기 사회적 변동 속에서 법률의 대민규정 변화를 반영하는 것으로 보았다.[26] 이인철은 문무왕대 경위·외위의 일원화가 관등령의 개정 및 반포라고 간주하며,[27] 관위령이 법흥왕대 율령 반포시 경위·외위의 성립으로 이루어진 것이고, 경위로 일원화된 문무왕 14년(674)에 개정이 된 것으로 보았다.[28] 직원령의 경우 관부가 진덕왕 5년(651)에 4등관제로 정비되고, 신문왕 5년(685)에 5등관제로 정비된 사실에서 관제가 정비되어짐에 따라 분화되지 않다가 경덕왕 18년(759), 혜공왕 12년(776), 흥덕왕 9년(834)에 개정된

25) 이기동, 1984, 앞의 책.
26) 강봉룡, 1992, 앞의 논문.
27) 이인철, 1993, 「신라 율령관제의 운영」, 『신라정치사회사연구』, 일지사.
28) 이인철, 1994, 앞의 논문.

것으로 보았다. 祠令에 있어서는 『삼국사기』 제사지의 기록을 토대로 대사·중사·소사의 개편을 언급하며, 여러 차례 개정된 것이라 하였다. 戶令의 경우 촌락문서내 연수유전답이 丁田이라 보고, 성덕왕 21년(722)에 9등호제의 실시를 보게 되면서 율령이 개정된 것이라 했다. 또한 衣服令의 경우 법흥왕대 제정된 이후 진덕왕 3년(649), 문무왕 4년(664)에 개정되고 흥덕왕 9년(834)에 재개정된 것이라 하였다. 田令에 있어서는 〈단양적성비〉의 佃舍法이 법흥왕대 율령에 포함되었을 것이며, 신문왕 7년(687) 문무관료전 지급, 성덕왕 21년(722) 정전 지급 기록을 통해 각기 한 차례씩 개정된 것으로 생각하였다.

한용근은 김춘추가 당에 건너가서 '정관의 치'라는 盛唐문화를 견문하고 귀국시 많은 선진문물을 가져왔는데, 그 중에 정관 11년에 제정·공포된 율령격식이 포함된 것으로 보았다.[29)]

이상에서 살펴 본 바와 같이 신라의 율령은 당시의 정치·사회적 기반을 토대로 이루어진 시대적 산물이었으며, 진덕왕대 당률의 도입에 따른 시행 또한 시대변화에 따른 결과였다. 결국 신라의 율령은 사실로서 확실한 것이며, 신라중대에 들어서는 보다 정비된 율령체제로써 기능한 것으로 볼 수 있다.

지금까지 신라의 국가체제의 정비와 관련하여 직접적인 대상이 되는 율령에 대해 살펴보았는데, 체제정비와 관련하여 신라중대에 대한 연구는 이외에도 다양하게 전개되었다. 대략 5개 부문으로 나누어 살펴볼 수 있을 것 같다.

---

29) 한용근, 1999, 앞의 책.

첫째 정치사 분야로써 신라중대 말엽의 정치적 변혁을 살핀 이기백의 연구에서 비롯되었다.[30] 사실 권력구조의 연구는 일찍부터 정치기구를 중심으로 검토되었다가 다시 관심이 두어지고 있다. 이기백은 혜공왕대의 정치적 변혁을 논하며 신라사의 전개 과정을 상대는 귀족연합기, 중대는 전제왕권기, 하대는 귀족연립기로 파악하고 상대등과 중시의 관계를 주목한 바 있는데, 이를 토대로 신라중대 정치체제를 집중적으로 분석한 연구들이 제시되었다.

김수태는 신라중대 전기간에 걸쳐 진골귀족과 왕권의 관계를 살핀 후 신문·효소왕대를 확립기, 성덕·효성왕대를 극성기, 경덕·혜공왕대를 붕괴기로 파악하였는데,[31] 이는 이기백의 견해를 바탕으로 '전제왕권론'을 보다 체계화했다고 할 수 있다.

한편 이영호는 상대등과 시중을 중심으로 한 권력구조의 실태가 신라중대에는 어떠하였는지 단계적으로 접근하여 이기백이 주장한 전제왕권론을 반박하였다.[32] 그는 신라중대가 왕권이 상대적으로 강화된 골품체제하의 군주정치였을 뿐이라고 하고, 중시와 상대등은 상호 협력관계였고 상대등은 오히려 친왕파였으며, 신라중대에도 최고 실권자로써 위상에 변화가 없었다고 하였다. 즉 '전제왕권론'에서 언급하는 상대등이 반왕파라는 견해를 인정하지 않은 것이다.

이인철은 군신회의와 재상제도의 고찰을 통해 상대등은 중앙의 여러 행정관부를 통솔하는 수상직이었으며, 이러한 지위는 신라 전

---

30) 이기백, 1974, 『신라정치사회사연구』, 일조각.
31) 김수태, 1990, 『신라중대 전제왕권과 진골귀족』, 서강대학교 대학원 박사학위 논문 ; 1996, 『신라중대정치사연구』, 일조각.
32) 이영호, 1995, 『신라중대의 정치와 권력구조』, 경북대학교 대학원 박사학위논문.

기간에 걸쳐 적어도 제도상으로는 변함이 없었다고 보았다.[33]

여기에 하일식 역시 기존 전제왕권론에 대해 이론적 분석을 통하여 반론을 제시하며 획일적인 개념규정에 반대하였다.[34] 주보돈 역시 상대등은 국왕을 견제하기보다는 왕권 강화의 일환임을 지적하였고,[35] 신형식 또한 신라중대와 신라하대라는 시대적 성격보다는 당시의 정치적 상황에서 이해하여야 한다고 보았다.[36] 박해현은 신라중대 정치세력의 동향을 국왕과 외척의 관계가 아닌 정치세력간 갈등구조 속에서 파악하여 신라중대 왕실의 성쇠를 살폈다.[37]

결국 이 논쟁은 상대등과 시중과의 관계이며 특히, 집사부의 侍中이 국왕의 대변자로써 최고 관부의 위치했는지가 논의의 초점이라 할 수 있다. 하지만 전제왕권이라는 용어를 대체할 만한 대안이 제시되지 않아 당분간 논의의 진전은 어려울 것으로 보인다.

둘째, 신라중대 왕권의 지배이념에 대한 부분이다. 지배이념은 단순히 사상 차원을 넘어 현실적으로 국가의 규범적 지배의 틀로서 역할한다. 두 가지 대립된 시각에서 진행되었는데, 지배이념으로써 주도적 역할을 한 것이 義湘의 화엄사상이라는 견해와 다른 하나는 유교의 정치이념이라는 견해이다.

이기백은 의상의 화엄사상이 중앙집권적 통치체제를 뒷받침하기

33) 이인철, 1993, 『신라정치제도사연구』, 일지사.
34) 하일식, 2006, 『신라 집권 관료제 연구』, 혜안.
35) 주보돈, 1990, 「6세기 초 신라 왕권의 위상과 관등제의 성립」, 『역사교육논집』 13 · 14.
36) 신형식, 1990, 『통일신라사연구』, 삼지원.
37) 박해현, 1996, 『신라중대 정치세력 연구』, 전남대학교 대학원 박사학위논문 ; 2003, 『신라중대 정치사 연구』, 국학자료원.

에 적합한 것이며 의상이 전제주의와 연결되어 지배층에서 화엄사상이 환영받았다고 하였다.[38] 김두진은 의상이 왕권을 배경으로 활동하며 융섭적인 특징을 보였는데 민심을 통일하고 전제주의의 율령체제를 정신적으로 뒷받침하는 구실을 크게 담당하게 되었다고 하였다.[39]

이와 달리 김상현은 법계도 내용 중 '一卽多 多卽一'에 대한 해석에 이의를 제기하고, 연기법은 조화와 평등의 이론으로써 왕권을 옹호할 수 있는 사상이 될 수 없으며, 오히려 유교 정치이념이 중대왕권과 관련 있다고 하였다.[40]

김철준은 신라의 유교 정치사상이 삼국통일 과정을 거치며 폭을 넓혔고, 신문왕 2년에 국학이 설립되면서 유교이념의 확립을 도모하게 된 것으로 이해하였다.[41] 문명대는 신인종을, 김재경은 화엄과 유가를, 정병삼은 유교쪽의 주도적 역할을, 김복순은 김상현과 유사한 입장이면서도 그가 유교를 언급한 것과 달리, 문무왕대 불교계에 주목하여 유가쪽을 시사하였다. 최광식, 이영호 등도 불교가 일정 부분 역할했음은 지적하고 있다.

한편 김영하는 신라중대 왕권의 기반에 대한 구조적 분석으로 민에 대하여 주목하였다.[42] 지증왕과 법흥왕대 사회변화 속에서 중대사회를 초래할 두 부류의 인적기반이 형성되었는데, 하나는 신귀족

38) 이기백, 1991, 「신라시대의 불교와 국가」, 『신라사상사연구』, 일조각.
39) 김두진, 1991, 「의상의 생애와 정치적 입장」, 『한국학논총』14.
40) 김상현, 1984, 「신라중대 전제왕권과 화엄종」, 『동방학지』44.
41) 김철준, 1978, 「통일신라 지배체제의 재정비」, 『한국사』3, 국사편찬위원회.
42) 김영하, 2007, 『신라중대사회연구』, 일지사.

세력이고 다른 하나는 민으로써 이들의 결합에 의해 신라중대가 성립된 것이라 하였다. 이는 민이 국가의 형성과 운영에 주요 요소이기는 하지만, 주체적으로 인식되지 않는 상황에서 신라중대에 대해 새로운 시각을 제시했다고 평가할 수 있다.

셋째, 경제적 측면에서 토지제도와 촌락문서에 대한 접근을 살펴볼 수 있다. 이는 국가적 토지지배와 대민지배라는 측면에서 의의가 있다. '관료전지급→녹읍폐지→정전지급→녹읍부활'이라는 일련의 흐름은 당시 정치 세력 구도와 맞물려 주목되고 있다. 신문왕 9년(689)에 왕권 강화에 따라 관료전의 지급 이후 폐지된 녹읍이 경덕왕대 부활하였는데 이에 대해 다양한 견해가 제시되었다. 일반적으로 신라중대 왕권에 대한 귀족세력의 정치적 승리라는 견해가 통설로 위치하는데,[43] 신라중대 왕권의 제도정비 선상에서 이루어진 것이라는 새로운 시각도 제기되었다.[44] 또한 녹읍의 부활이 한화정책을 시행하기 위해 진골귀족에게 반대급부로서 제시한 것이라는 견해도 있는데, 경덕왕대 정치 상황을 연계하여 파악한 동태적 분석으로써 주목된다.[45]

정전 역시 주요 논점이다. 성덕왕 21년(722)에 정전이 지급되었다고 하는데 실질적 시행 여부와 그 성격이 논란이 되고 있다. 이병도는 구분전으로 정남마다 1頃씩 분급하던 당제의 모방이라 하였는데,[46] 김철준은 평민의 토지가 촌장이나 귀족의 장원에 흡수되는 것

43) 이기백, 1986, 「통일신라의 정치와 사회」, 『한국사신론』, 일조각.
44) 김기흥, 1993, 『삼국 및 통일신라 세제의 연구』, 역사비평사.
45) 김영미, 1985, 「통일신라 아미타신앙의 역사적 배경」, 『한국사연구』50·51 ; 이기동, 1996, 「신라 하대의 사회변화」, 『한국사』11, 국사편찬위원회.
46) 이병도, 1983, 『국역삼국사기』상, 을유문화사.

을 방지하기 위해 지급한 것으로 보았다.[47] 한편 김기홍은 양전사업 등 제도정비의 결과 농촌복구 및 경제부흥으로 연 또는 정에 지급한 토지라 했고,[48] 兼若逸之는 정에 대해 부역의 반대급부로서 지급된 것이며 연수유전답은 곧 정전이라 하였다.[49] 이에 대해 전덕재는 국가가 재정수입을 늘리기 위해 정을 대상으로 진전이나 황무지 등을 지급한 것이라 보았다.[50] 하지만 이기백은 농민이 소유하던 토지를 국가에서 인정해 준 것이라 하며 실질적인 지급은 어려웠을 것으로 파악하였는데,[51] 대체로 이 견해가 주를 이루고 있는 상황이다.

결국 정전은 지급이 가능한 정도로 국가의 토지 수급이 원활하였는가 하는 문제인데, 당시의 현실을 감안할 때 실질적 지급은 확인하기 어렵다. 다만 관념적인 표현으로 그쳤다고 보기에도 한계가 있어 수취행정의 차원에서 볼 때, 특정지역이나 황무지 등이 지급되었거나 혹은 세제혜택을 고려해 보는 것이 현실적이라 생각된다. 따라서 균전제나 부병제와의 관련성에 대해서도 구체적 검토가 요구된다.

더불어 주목되는 것이 촌락의 제반 상황을 상세히 보여주는 촌락 문서이다. 1933년 일본 奈良縣의 東大寺 正倉院에서 발견된 이 문서는 신라 통일기의 대민 지배를 이해하는데 귀중한 자료로 평가된다. 野村忠夫에 의해 연구되기 시작한 이래,[52] 1990년대 들어서면서 많

47) 김철준, 1990, 『한국고대사회연구』, 서울대 출판부.
48) 김기홍, 1993, 앞의 책.
49) 兼若逸之, 1976, 「新羅 均田成册의 研究」, 『한국사연구』23.
50) 전덕재, 1992, 「신라 녹읍제의 성격과 그 변동에 관한 연구」, 『역사연구』창간호.
51) 이기백, 1986, 앞의 책.
52) 野村忠夫, 1953, 「正倉院より發見された新羅の民政文書について」, 『史學雜誌』62-4 ; 旗田巍, 1972, 『朝鮮中世社會史研究』.

은 연구가 이어졌다. 종전까지 개별적으로 이루어지던 연구에서 나아가 촌락문서만을 다룬 논저들이 성과물로 나타났다.[53]

촌락문서와 관련하여 가장 먼저 문제가 제기된 것은 문서의 명칭이라 할 수 있다. 1933년 野村忠夫가 民政文書라는 표현을 한 이래 村落文書, 村落帳籍, 均田成册 등 다양한데, 그 이유는 문서의 성격에 대한 이해의 차이와 관련이 있기 때문이다. 현재 촌락문서와 촌락장적이 통용되고 있으며 대체로 전자가 널리 쓰이고 있다. 다만 兼若逸之는 신라가 군현제 지배를 시행하기 이전에 이미 중국이나 일본과는 다른 마을을 지배단위로 한 독자적인 균전제의 시행에 국가권력을 집중시킨 것으로 보았다. 촌락문서는 그것을 뒷받침하는 것이며 균전성책이라 칭하였다. 크게 주목받지는 못했으나 성덕왕대 지급된 정전과 관련지어 볼 때 재론의 여지는 있다고 생각된다.

다음으로 촌락문서 작성연대이다. 지금까지는 세부적으로 다양한 견해가 발표되었지만, 문서에 보이는 을미년이라는 기록을 토대로 크게 나누어 755년(경덕왕 14)과 815년(헌덕왕 7)의 두 가지 설로 요약된다.

755년설은 '관모전답·내시령답=관료전', '연수유전답=정전'이라 인식하고 이를 『삼국사기』의 기록과 대비시켜 파악하고 있다. 그에 따라 관료전이 지급된 시기는 신문왕 7년(687)이고 丁田이 지급된 것은 성덕왕 21년(722)이므로 문서의 작성연대는 관료전과 정전이 지급된 이후의 을미년인 755년이라는 것으로 신라에 있어 강력한 중앙집권의 시기였던 신라중대를 작성시기로 파악한다.

---

53) 이인철, 1996, 『신라촌락사회사연구』, 일지사 ; 윤선태, 2000, 『신라 통일기 왕실의 촌락지배』, 서울대학교 대학원 박사학위논문.

반면 815년설의 경우 '관모전답=관료전' 이라거나 '연수유전답=정전' 이라는 주장은 무리한 추측이라 비판한다. 관료전이 지급된 이후 폐지되었다는 기록이 없다는 점에서, 관료전과 녹읍은 서로 계통을 달리하는 제도로 녹읍 부활 이후에도 계속된 것으로 보았다.

더욱이 천보 3년(경덕왕 3, 744)부터 지덕 3년(경덕왕 17, 758)까지 신라의 모든 기록은 중국의 칙명에 따라 年이 載로 표기되었다고 하여 755년 이후의 것으로 파악한다. 기재된 4개의 촌락은 녹읍으로 지급된 지역이며 녹읍이 폐지되었다가 부활한 경덕왕 16년(757) 이후의 을미년이 되는 815년일 것이라 하고 있다.

결국 755년설은 국가적 지배체제인 '정전제' 혹은 '군현제' 방식으로 보고 있으며, 815년설의 경우 일부에서 '녹읍제적' 지배의 형태로 인식하고 있음을 알 수 있는데, 이는 단순히 토지제도 차원을 넘어 국가지배체제의 성격과 직결되어 있다는 점에서 중요한 의미를 갖는다.

그런데 윤선태는 화엄학 승려 審詳이 740년 이전에 일본으로 가져간 『화엄경론』 65권 중 第7帙은 〈신라촌락문서〉가 발견된 『화엄경론』 제7질이었다고 지적하면서 이전의 을미년으로 695년을 제기하였다.[54] 755년과 815년으로 크게 양분된 상황에서 새로운 시각으로 접근하여 이해의 폭을 확대하였다는 점을 평가할 수 있다. 이 추론의 가능성이 높다면 조금 더 진전된 국가 운영방식이 존재했음을 살필 수 있어 의의를 부여할 수 있다.

반면 이인철은 윤선태의 주장을 비판하였다.[55] 695년설이 성립하

---

54) 윤선태, 1995, 「정창원 소장 〈신라촌락문서〉의 작성연대」, 『진단학보』80.

기 위해서는 일본 동대사에 유입된 『화엄경론』 65권은 심상의 것이 유일해야 한다고 하며, 심상 소장본이 아닌 『화엄경론』이 유입될 가능성이 있다면 그 주장은 하나의 가능성일 뿐이라고 하였다. 특히 심상이 도일한 시기는 730년대라 하며 자신의 815년설을 다시 한 번 강조하였다.

최근에 木村誠은 자신의 입장을 보완한 견해를 제시하였다.[56] 그는 촌락문서 작성년에 대한 보론을 통해 695년을 주장한 윤선태의 견해를 역시 비판하였다. 당에서 744년부터 758년까지 '年' 대신 '載'를 사용한 예가 보이지 않는다는 윤선태의 지적에 동의하였지만, 윤선태가 주장한 周歷의 사용에 대해 비판적으로 접근하였다. 즉 신라에서 애장왕 4년(803) 11월 1일을 주력을 채용한 시기로 파악하며, 695년부터 700년 사이에 주력이 사용되었을 것으로 이해한 윤선태의 견해를 비판하고, 803년 이후의 을미년인 815년을 다시 강조하고 있다.

9등호제 역시 주목되는데 이는 호를 9등급으로 구분한 제도이다. 문서 내에는 중하연에서 하하연에 이르기까지 개별 호의 등급이 구체적으로 명시되어 있다. 당시 신라에서 9등호제가 시행되었음을 보여주는 것이다. 호등의 편제는 물론 수취와 관련한 것이지만, 호등 편성과 관련하여 전하는 자료가 없어 현재로서 그 편성기준을 정확히 하기는 힘들다. 野村忠夫가 9등호제가 빈부차에 따른 등급 구분이라 한 이후 다양한 견해가 제시되었다.

---

55) 이인철, 2000, 「신라통일기 사적토지소유관계의 전개」, 『역사학보』165, pp.11~15.
56) 木村誠, 2004, 『古代朝鮮の國家と社會』, 吉川弘文館, pp.97~102.

두 가지로 살펴지는데 하나는 人丁기준설이고 다른 하나는 재산기준설이다. 최근 후자가 부각되는 경향을 보이고 있지만, 이 역시 인정을 기본 토대로 하여 인정기준설과 크게 다르지는 않다. 이 밖에도 문서내 촌의 성격 문제, 그리고 수취와 관련해서는 내시령이 있는데, 旗田巍가 내성의 역인이라고 한 이래,[57] 다양한 견해가 제시되어 있고 대체로 수취와 관련된 관료로 파악하고 있다. 이외에 공연의 편호 문제, 계연의 설정 문제 등도 현안으로써 주목되고 있어 촌락문서에 대한 연구는 활발히 진행될 전망이다.

넷째, 지방지배에 대한 연구인데 지방 통치조직과 지방관이라는 두 개의 큰 틀 속에서 진행되었다. 일반적으로 신라의 지방지배는 木村誠이 삼국 통일을 기준으로 하여, 이전의 신라중고기를 주군제, 이후의 시기를 군현제라 한 이후 통설화되었다.[58] 이는 신라중고기가 아직 지방제도의 미비로 인해 군 단계까지만 성립된 것으로 보기 때문이며, 통일 이후는 일반적으로 현이 설치된 것으로 파악하기 때문이다.

신라중대의 군현제에 대해서도 木村誠의 언급이 주목된다. 그는 신라의 군현제 특징을 다음과 같이 지적하였다. 첫째 주군현이 각자 독자의 영역을 가지고 있으며 그 실태는 동일하게 보았다. 둘째 주군현의 명칭은 정치적 · 군사적 중요도에 따라 지역에 부여된 칭호로

---

57) 旗田巍, 1972, 앞의 책.
58) 신라의 지방제도가 6세기 주군제에서 통일 이후인 8세기 무렵 군현제로 이행했다는 견해는 목촌성이 제시한 이래 통설로서 역할하고 있다(木村誠, 1976, 「新羅 郡縣制の確立過程と村主制」, 『朝鮮史研究會論文集』13 ; 濱田耕策, 1977, 「新羅の城 · 村設置と州郡制の施行」, 『朝鮮學報』84).

고려의 군현제와 유사하고, 셋째 현은 주군의 영속하에 있을 수 있지만 이것이 지휘 · 명령계통을 의미하지는 않는다는 것이다. 논증에 있어 일부 비판도 있지만 신라중대 군현제의 특징에 대한 종합적 고찰이라는 평을 받고 있다.

그런데 주군현과 별도로 향 · 부곡 등도 편제되어 지방지배의 한 축으로서 기능했음을 살핀 견해들이 있다. 종래에는 향을 천인집단으로 인식하였으나,[59] 행정기관인 鄕司의 존재가 사료에서 확인되며 지방행정의 책임자로써 鄕令이 파견되고 鄕村主의 존재도 금석문에서 나타나 군현과 동질의 행정구획이었음을 보여주고 있다. 향사는 지방관사와 관련하여 신라의 지방통치가 최상위 주에서 말단까지 정밀하게 유지되었음을 보여주는 것으로 이해된다.

다만 향 · 부곡의 도입과 성립 시기에 대해서 보다 진전된 견해가 요구된다. 『신증동국여지승람』의 '今按 新羅建置州郡時 其田丁戶口 未堪爲縣者 或置鄕 或置部曲 屬于所在之邑'이라는 구절을 보면 '新羅建置州郡時' 부분의 신라가 언제인지 불분명하기 때문인데, 이에 대해 박종기는 6세기 주군제 정비시 성립한 것으로,[60] 노중국은 신문왕대 성립한 것으로 파악하고 있다.[61] 다만 麗濟의 故地에도 적용되려면 삼국통일 이전의 지증왕대는 어렵다고 생각되며, 통일 이후의 신문왕대가 현실적으로 가능성이 높을 것으로 생각된다.

다섯째, 지방지배와 불가분의 관련을 맺고 있으며 국가 통치 체제의 주요한 수단 가운데 하나인 군사조직 역시 논의의 핵심이다. 본질

---

59) 백남운, 1933 ; 1989, 『조선사회경제사』, 범우사.
60) 박종기, 1987, 「신라시대 향 · 부곡의 성격에 관한 시론」, 『한국학논총』10.
61) 노중국, 1988, 「통일기 신라의 백제고지지배」, 『한국고대사연구』1, p.143.

적으로 군사조직의 편성과 운영은 국가 권력의 집중도를 가늠하는 지표이며, 군역의 실체와 성격 규명은 사회 구조 이해의 기본적 토대가 된다는 점에서 의의를 지닌다. 이에 대해서는 종합적 고찰이 이루어진 바 있다.[62)

군사조직 연구에 있어 末松保和는 언어적 고찰을 통해 당·정의 의미와 6정·9서당·10정·5주서의 분석을 시도하였다.[63)] 그러나 외적인 영향을 강조하는 등 부정적 시각이 저변에 깔려 있고, 군사조직 자체의 운용이나 기본적 군사력을 이루는 병졸 문제 등에 대해 언급하지 않았다. 다만 신라 군사조직 연구의 토대를 제공하였다는 점은 평가할 수 있을 것 같다.

사실 신라 군사조직 연구는 『삼국사기』 직관지 무관조에 대한 이해가 선행되어야 하는데, 이에 대한 견해는 다양한 편이다. 무관조에 보이는 23개 군사조직(23군호)에 대해 말송보화가 여러 시대의 사실이 혼합된 것이라 하였다.[64)] 하지만 井上秀雄은 신문왕 10년(690)에 근접한 시기의 것이라 하여 견해를 달리하며 비교적 동시대의 자료로 보았고, 또한 신라 군사조직 내부에는 귀족의 사병적 성격이 잔존

....

62) 이문기, 1997, 『신라병제사연구』, 일조각, pp.2~12에 신라 군사조직의 연구에 대한 종합적 고찰이 되어 있으며, 본 논문 역시 이에 힘입은 바 크다는 점을 밝힌다.
63) 이문기는 3분법을 통해 신라 군사 조직 연구 성과를 검토하였다(1988, 「신라 군사조직 연구의 성과와 과제」, 『역사교육논집』12). 첫째 역사 지리적 측면의 실증적 연구가 이루어진 일제시대, 둘째 본격적인 제도적 측면의 연구가 이루어져 신라 군사조직의 골격을 파악하게 된 광복 이후에서 1960년대까지의 시기, 셋째 이전 시기의 연구 성과를 토대로 하여 세분화되고 심층적인 접근이 이루어진 1970년대부터 현재까지의 시기이다.
64) 末松保和, 1954, 「新羅幢停攷」, 『新羅史の諸問題』, 東洋文庫.

하여 왕권에 의한 병권 집중은 불충분한 상태로 이해하였다.[65] 하지만 23군호를 살펴보면 군호가 지방제와 연계되어 있고, 지방제도 개편과 더불어 변화했을 것이라는 추론을 해보면 동시대의 것으로 파악하기에는 논리상 무리가 따른다.

이에 대해 이성시는 삼국통일기 무열왕 8년, 문무왕 원년과 8년의 정벌군단 편성시 임시로 작성된 군관 배치표라고 한 바 있으나,[66] 이 또한 동시대로 파악한 견해의 변형에 다름 아니며, 단순히 여러 시대가 반영되었다는 견해 역시 구체적인 실증이 부족하다는 점에서 취약성을 보여주고 있다. 이외에 신라 사병에 대한 고찰에서 이기백은 신라 군사조직이 왕위계승전 등으로 인해 신라하대에는 공병 조직이 기능을 상실한 것으로 보았는데,[67] 신라하대 왕위계승전이나 각지의 반란이 일어난 사실과 연결지워 볼 때 순리적 해석으로 생각된다.

이후 역시 개별적인 연구들이 진행되고 있는데, 신라 군사조직을 전시와 평시로 구분하고 무관조의 23군호를 '전시체제하의 행군조직'으로 파악한 견해가 있으나,[68] 치밀한 논증에도 불구하고 기존에 이성시가 제시한 '무열·문무왕대 정벌군단 편성시 임시 군관 배치표'라는 지적과 크게 차별성이 나타나지 않아 한계를 보이기도 한다. 필자는 신문왕대 금마저 모반 사건을 계기로 6정이 발전적으로 해체되고 10정으로 정비되었다는 견해를 제시한 바 있다.[69]

---

65) 井上秀雄, 1974, 「新羅兵制考」, 『新羅史基礎研究』, 東出版.
66) 李成市, 1979, 「新羅六停の再檢討」, 『朝鮮學報』 92.
67) 이기백, 1974, 앞의 책.
68) 김종수, 2004, 「신라중대 군제의 구조」, 『한국사연구』 126.
69) 한준수, 2005, 「신라 신문왕대 10정의 설치와 체제정비」, 『한국고대사연구』 38.

그러한 점에서 시위부는 681년에서 9세기 전반의 실상을 반영한 것이고, 일반 군호는 경덕왕대 전후를, 군관직은 7세기 후반의 상황을 반영한 것이라고 본 이문기의 견해는 심도있는 분석이라 생각된다.[70] 이후 노근석의 연구에서도 신라중고기 이전과 신라중고기, 신라 통일기 모두 포함한 것이라 언급하였지만,[71] 이문기의 견해보다 세부적으로 진전된 것은 없다고 하겠다. 백남운은 군사조직을 국가적 권력 장치의 하나로 파악하며 23군호를 언급하였으나 단편적인 것에 그쳤다. 군사 조직 자체를 정복 국가로의 발전과 노예소유자 계급의 지배도구로 파악하는 등 사회경제사가로서의 면모를 그대로 나타냈다. 한편 양정석은 고대 군사사에 대해 전쟁과 군제에 대한 견해를 종합적으로 살펴 현황과 과제를 제시하여 체계적인 이해에 도움을 주고 있다.[72]

대체로 군사조직 연구는 지방제와 밀접한 관련으로 인해 주로 신라중고기에 편중되어 있는데, 통일기 이후에 대해 이문기의 연구[73]가 제시되어 있지만 상대적으로 신라중고기에 비해 관심이 적은 편이라 할 수 있다.

최근 서영교에 의해 일련의 연구들이 진행되기도 하였는데,[74] 나당전쟁과 삼국통일에 대한 고찰과 더불어 9서당의 성립배경, 신라의 동해안 진출과 관련한 하서정의 군관조직 고찰, 나당전쟁시기 당병

70) 이문기, 1990, 「'삼국사기' 직관지 무관조의 사료적 검토」, 『역사교육논집』5.

71) 이문기, 1992, 「신라 중고기의 군사조직과 지휘체계」, 『한국고대사연구』5.

72) 양정석, 1997, 「한국 고대 군사사 연구의 현황과 과제」, 『군사』37.

73) 이문기, 1997, 앞의 책.

74) 서영교, 2000, 『나당전쟁사연구』, 동국대 박사학위논문.

법의 도입에 대한 고찰 등이 이에 해당한다.

3. 연구 방법

본 연구의 대상시기는 신라중고기 후반인 진덕왕대부터 혜공왕대까지이며, 실질적으로는 경덕왕대까지 다루었다. 이는 연구주제가 사실상 신라중대에 대한 고찰을 1차적 목표로 하기 때문이지만, 신라중대를 개창한 김춘추와 김유신 등 신귀족세력이 진덕왕대부터 신라중대 개창의 토대를 닦았기 때문이다. 또한 삼국통일의 한 요인이 되는 나당동맹에 있어서도 신귀족세력이 주도적 역할을 하여 이후의 신라사 전개에 분기점 역할을 한다는 점에서 진덕왕대부터 혜공왕대까지로 규정한 것은 합리적 설정이라 생각한다.

연구 방법은 문헌자료와 금석문을 바탕으로 하여 전개하였다. 이 방법이 기존 연구와 크게 다르지 않다는 지적도 있겠으나, 고대사 연구의 현실적 상황을 반영한다는 점에서 문제는 되지 않으리라 생각한다. 다만 기존연구에서 소극적으로 언급하였거나, 혹은 크게 관심두지 않았던 부분들에 대해서 적극적 해석을 시도하고자 한다.

가령 성덕왕대의 정전 지급을 균전제의 시행과 관련지어 살펴본 시각은 없다고 해도 과언이 아닌데, 이를 하나의 '절'로 설정하여 심도있게 고찰하였다. 곧 단순히 가능성을 제시하는 차원이 아니라, 관련 사료의 검토를 통해 논리적 타당성을 제고하고자 한다. 또한 녹읍 부활에 대해서도 신라중대 왕권에 대한 진골귀족의 정치적 승리의 결과라는 기존의 통설에서 벗어나 재해석 하였다. 부활이 아닌 재시행이라는 측면에서 신라중대의 체제정비와 관련된 것으로써, 정전 지급 이후의 나타난 사회적 현실과 밀접히 연결하여 이해하였다.

사료에 있어서는 『삼국사기』와 『삼국유사』 등 우리측 문헌 자료에 대한 이해를 바탕으로 하여 『구당서』와 『신당서』, 그리고 『당육전』·『당률소의』 등 중국측 자료와 『일본서기』 등의 일본측 자료를 보완적으로 이용하였다. 특히 『당육전』·『당률소의』는 「당제」의 수용이라는 본 연구의 주제와 밀접히 연관되어 있으므로, 이에 대해서는 깊이있는 인식이 되도록 분석하였다.

그리고 비교적 최근에 집중되는 연구경향이라 할 수 있는 대외관계사 측면의 시각을 참고하고자 한다. 한 나라의 역사라는 것이 순수하게 자신만의 것으로 이루어지는 것은 현실적으로 어렵고, 또한 실제 상호교류하며 발전했다는 점에서 당연한 귀결이라 생각된다.

이상의 연구대상 시기설정과 방법론을 통해 신라중대에 대한 새로운 이해의 시각을 제시하고자 한다. 서술과정에 있어 제기될 논리모순과 논증 부족에 대해서는 지속적으로 비판을 수용하고 보완하여 성과를 높이도록 노력할 것이다.

1. 金春秋의 入唐과 唐 율령의 도입

진평왕 후반기부터 선덕여왕대까지 김춘추와 김유신의 결속으로
신귀족 세력의 영향력은 더욱 강화되어 갔다. 이들은 고구려와 백제
의 압박이 계속되는 국가적 위기 속에서 정치적 입지를 강화하고 위
기를 타개하고자 대당정책을 추진하였다. 당시 고구려와 백제는 각
기 연개소문과 의자왕의 집권기로 상호 공방기였다. 이러한 시기에
신라에서는 비담・염종 등 구귀족이 김춘추・김유신 등 신귀족에
반발하며 난을 일으켰는데,[1] 이를 진압하는 과정에서 선덕왕이 죽

---

1) '비담의 난' 성격에 대해서는 여러 견해가 제시되어 있으나 신라중고기 정치세
   력의 분류방식에 따르면 크게 구귀족과 신귀족의 정치적 대결로 이해할 수 있
   다. 이에 대한 검토는 고경석의 연구(1995, 「비담의 난의 성격 문제」, 『한국고대
   사논총』7, pp.241~267)에 의해 정리된 바 있으며 여러 견해는 다음과 같다. 선
   덕왕측이 비담 등의 '퇴위요구'에 맞서 일으킨 것이라는 견해(井上秀雄, 1974,
   『新羅史基礎硏究』, 東出版, pp.440~441), 문벌귀족과 지방귀족의 계급모순에

었다.[2]

자칫 失權이라는 정치적 파국을 초래할 수도 있었던 난을 진압한 후, 김춘추 세력은 진덕왕을 옹립하며[3] 정치적 실권을 장악하고 정

더하여 대내외 모순이 어우러져 나타난 왕위계승전이라는 견해(鬼頭淸明, 1974,「七世紀後半の國際政治史試論」,『古代の日本と朝鮮』, p.180), 경주 호족이 신라가 후퇴한 책임을 왕에게 전가하고 왕위 계승을 도모했다는 견해(三池賢一, 1974,『古代の朝鮮と日本』, pp.120~121), 구귀족세력이 상대등 비담을 왕위에 추대했던 것이라는 견해(이기백, 1974,「품주고」,『신라정치사회사연구』, 일조각, p.141), 김춘추와 김유신 등의 신흥세력과 비담 등 구귀족세력간 쟁패전이라는 견해(신형식, 1984,『한국고대사의 신연구』, 일조각, p.116), 왕위계승을 둘러싼 왕권과 화백권의 대립이라는 견해(정중환, 1977,「비담・염종난의 원인고」,『동아논총』14, p.10), 내물계의 선덕왕 폐지 내지 비담 추대에 불만을 가진 김유신 측이 선덕왕을 옹호하여 발생한 것이라는 견해(이기동, 1984,『신라 골품제사회와 화랑도』, 일조각, p.84), 비담 등 당 의존파와 김춘추 등 자주파의 대립이라는 견해(武田幸男, 1985,「新羅"毗曇の亂"の一視覺」,『三上次男喜壽論叢』, pp.241~245), 선덕왕 사망 이전에 진덕왕이 추대되어 비담측이 거병한 것이라는 견해(주보돈, 1994,「비담의 난과 선덕왕대 정치운영」,『이기백선생고희기념논총』상, 일조각), 선덕왕 사후 왕위 계승자인 비담이 지체하는 동안 김춘추・김유신측이 진덕왕을 옹립하고 왕권을 장악한 것이라는 견해(정용숙, 1994,「신라 선덕왕대의 정국동향과 비담의 난」,『이기백선생고희기념논총』상, 일조각), 구귀족이 여주불가론을 명분으로 신귀족을 제거하려던 것이라는 견해(김영하, 2002,『한국고대사회의 군사와 정치』, 고려대 민족문화연구원, p.265 : 2007,『신라중대사회연구』, 일지사, p.265), 김춘추와 김유신 등 신귀족 세력에 의해 선덕왕의 후사로 승만(진덕왕)이 내정되자 비담 등 구귀족 세력이 정국주도권 상실을 우려하여 일으킨 것이라는 견해(김덕원, 2007,『신라중고정치사연구』, 경인문화사, pp.214~215) 등이다.

2)『삼국사기』신라본기 선덕왕 16년 춘정월.

3) 김춘추 세력이 진덕왕을 추대한 배경은 자신들과 정치적 이해관계가 일치했을 것이라는 점이 가장 근본적이겠지만 이외의 요인도 있었을 것이다. 먼저 진덕왕 즉위시의 연령이다. 이것이 직접적인 요인이 될 수는 없겠지만,『삼국사기』와『삼국유사』를 보면 김춘추의 어머니는 선덕여왕의 친자매인 천명부인이다.

국을 주도하여 나갔다. 이는 신라중고기 회귀적인 정치세력과 신라 중대 지향적인 정치세력의 대결로써, 후자가 승리함에 따라 사실상 신라중대의 시작과 다름 없었다.[4] 사실 비담의 난은 신라의 집권체제가 동륜계에서 사륜계로 넘어가는 사건이었다. 진덕왕대는 김춘추 세력의 정책시험기였고,[5] 신라중대의 토대를 구축하는 시기였다.

김춘추와 김유신 세력은 정치적 우위를 바탕으로 정국을 주도하면서 기존의 귀족연합적 정치질서를 대체할 새로운 체제를 모색하였다. 이는 강력한 집권체제가 구축되지 않는 한, 비담의 난과 같은 정치적 반발이 반복될 것이고, 그에 따른 정치적 부담 또한 적지 않았기 때문이다. 더욱이 대야성 전투(642)에서 백제에 패하여 영토는 물론, 사위와 딸까지 잃은 김춘추에게는 개인적 시련의 시기였다. 더하여 대고구려 청병외교도 실패한 시기였다.[6]

따라서 김춘추는 개인적·국가적 위기 상황을 타개하기 위해 새

진덕왕이 천명부인과 4촌 관계이므로 연령대가 비슷하다고 보면, 604년 출생인 김춘추보다 적어도 20세 정도 많다는 추론이 가능하다. 이럴 경우 647년 즉위한다 하더라도 그리 오랜 시간을 재위하기는 힘들다는 점이 간과되지는 않았을 것이다. 그리고 후사가 없다는 점도 그러하다. 신라하대를 개창했던 선덕왕이 후사가 없어 실권자인 김경신이 계위했던 사례를 볼 때 김춘추 세력의 진덕왕 추대는 여러 측면에서 정치적 고려가 복합적으로 작용한 결과물로 이해된다.

4) 김영하는 비담의 난에 연좌된 30여 인이 처형되면서 사건이 매듭지어지고, 이 사건을 계기로 구귀족세력은 결정적으로 약화되었기 때문에 신라사에서 획기적인 의미를 갖는다고 하였다(2002, 앞의 책, p.264).

5) 신형식, 1984, 앞의 책, p.117.

6) 박남수는 신라가 숙적이던 고구려를 여제동맹에서 이탈시켜 신라와 나려연합군을 형성하여 백제를 공격하려는 방책이라고 하였다(1987, 「통일주도세력의 형성과 정치개혁」, 『통일기의 신라사회 연구』, 동국대학교 신라문화연구소, p.108).

로운 수단으로 대당교섭을 시작하였고, 이전과는 다른 형태의 '숙위 외교' [7]를 시도하였다. 신라가 대당교섭에 외교의 중심축을 둔 것은 당시 동아시아 정세 속에서 당의 중요성을 인식하였기 때문이며, 대일관계는 주변적인 위치를 넘어서기 어려웠다.[8]

당시 신라가 숙위외교를 전개한 것은 선진적 요소가 많았던 당의 제도와 문물을 수용하기 위해 외교적 실리와 자주성을 유지하려던 현실적 대응이었다. 진덕왕 원년(647) 김춘추는 3자인 文王과 함께

---

7) 숙위에 대해서 "당 주변의 군소국가의 왕자들이 당정에 시유하는 일종의 의장 대로서 국제적인 질자"의 뜻을 지닌 것이라는 견해가 있다(변인석, 1966, 「당숙 위제도에서 본 신당관계」, 『사총』11, pp.50~66). 그런가 하면 신형식은 "신라의 대당 교섭에서 나타나는 숙위는 이러한 인질적 존재가 아니라 신라 대당교섭의 총화로 생각할 수 있다. 그것은 전통적인 조공에 인질이라는 헌진을 결합한 후 예의지방이 흡수해야 할 문화적 의미까지 포함된 종합적 교섭"이라는 견해를 제시하였다(신형식, 1984, 앞의 책, pp.352~390).

8) 김춘추가 대당사행 후 도일했다는 『일본서기』권25 효덕천황 대화 3년(647)조 기록을 바탕으로 긍정론과 부정론의 두 견해가 있다. 전자의 견해로는 김현구 (1983, 「일당관계의 성립과 나일동맹 -《일본서기》"김춘추의 도일" 기사를 중심 으로」, 『김준엽화갑기념논총』), 武田幸男(1985, 「新羅 "毗曇の亂"の一視覺」, 『三上次男喜壽論叢』), 山尾幸久(1989, 『古代の日朝關係』), 주보돈(1993, 「김춘 추의 외교활동과 신라내정」, 『한국학논집』20), 김영하(2002, 『한국고대사회의 군사와 정치』, 고려대 민족문화연구원) 등이 있으며, 후자의 견해로 三池賢一 (1966, 《日本書紀》"金春秋の來朝記事"について」, 『駒澤史學』13 : 1974, 『古代 の朝鮮と日本』), 양기석(1981, 「삼국시대 인질의 성격에 대하여」, 『사학지』15) 등이 있다. 필자는 후자의 견해에 동의하는 것은 아니지만 사료상의 기록을 그 대로 믿기는 어렵다고 생각한다. 왜냐하면 647년에 대당사행과 대일사행이 시 간적으로 사실상 여의치 않고, 또한 신라가 倭에 사신을 보내 대내외적으로 얻 을 수 있는 효과가 의문시되기 때문이다. 나아가 사료상의 '質'에서 보이듯 인 질로서 체류기간이 너무 짧다는 점과 기본적으로 일본이 친백제 성향을 견지하 고 있었다는 점에서 외교적 성과를 이룩하기에는 본질적으로 한계가 있었을 것 이라 생각한다.

대당사행에 올랐다.[9)]

　이 때 그들이 택한 사행로는 당항성과 산동반도를 연결하는 연안 항로였던 것 같다. 『삼국사기』에는 구체적인 사행로가 언급되어 있지 않지만, 김춘추가 귀환 도중 고구려 순라군을 만나 위기에 처했다가 종자인 溫君解의 희생으로 위기를 모면했던 사실을 참고할 때 그러하다.[10)] 원래 고구려 영토였던 죽령 이북의 10개 군을 진흥왕 12년(551)에 신라가 탈취한 후, 이 지역의 귀속 문제를 둘러싸고 양국은 팽팽히 대립하고 있었다. 뿐만 아니라 신라가 대당외교에서 고구려보다 점차 우위를 점하게 되자, 고구려는 대당 조공로를 차단하여 나당 관계의 진전을 막고자 하였다.[11)] 고구려와의 대외 접촉이 불발로 끝난 시점에 신라가 택할 수 있는 선택의 폭은 매우 제한적이었다. 곧 신라의 대외관계는 중국과의 교섭으로 귀결될 수밖에 없었으며, 대당전쟁에 국력을 집중하던 고구려는 신라의 대당 접근을 좌시하지 않았을 것이다.

　그러므로 김춘추가 귀국길에 고구려의 순라병과 조우한 것은 우연이라기 보다는 고구려의 치밀한 대응으로 풀이된다.[12)] 당시 삼국

---

9) 『삼국사기』신라본기 진덕왕 2년 및 『구당서』동이열전 신라국. 김춘추의 입당에 대해서는 『구당서』태종본기와 『자치통감』권198, 『책부원귀』권964 등 사서의 기록이 다르게 나타나고 있다. 하지만 선덕왕이 죽은 해임은 공통적으로 확인되며, 또한 김인문 묘비명에도 "貞觀二十一年 … 詔授特進"이라는 기록이 있어 이를 토대로 할 때 647년임을 알 수 있다.
10) 『삼국사기』신라본기 진덕왕 2년조.
11) 권덕영, 1996, 『신라견당사연구』, 한국정신문화연구원 한국학대학원 박사학위논문, p.205.
12) 이 시기에 의상과 원효가 당에 유학하려다가 변방에서 고구려 순라병에게 첩자로 오인받고 갇혀 있다가 겨우 돌아온 사실은 그러한 가능성을 높여준다. 그들이 입당을 시도했던 때는 진덕왕 4년(650)이다.

이 승려 등의 지식인을 통해 선진문화를 수용하고 첩보기능도 수행했음을 볼 때,[13] 김춘추 일행의 대당 사행을 고구려가 인지했을 가능성이 있다. 사료에서 김춘추가 위기를 모면했던 상황은 결코 우연이 아닌 것이다.

특히 한반도의 서남해안을 횡단하는 항로가 보편화되지 못했으므로, 이 시기에 대당사행시 이용할 수 있는 통로는 제한적이었고, 여제의 군사적 위험을 감수하더라도 최단 시간의 경로를 선택하였을 것이기 때문이다. 곧 김춘추는 고구려 접경을 통해 당항성 부근을 통한 연안항로를 이용했을 가능성이 높으며, 고구려는 이에 대해 군사적 행동으로 나선 것이다.[14]

그렇다면 김춘추가 이러한 위험을 감수하며 사행한 목적과 재당시 어떠한 활동을 전개하였는지 궁금하다. 이에 당시 그가 당에 머물며 보인 모습과 그가 교류했을 것으로 짐작되는 인물들을 살펴보고자 한다.

> A-1 진덕왕이 그 아우 國相 이찬간 김춘추와 그 아들 文王을 보내 來朝하였다. 조서를 내려 춘추를 特進으로 삼고, 문왕을 좌무위장군으로 삼았다. (김춘추가) 국학에 나아가 석전 및 강론하는 의식을 구경하겠다고 청하므로 太宗은 이로 말미암아 친히 지은 『溫湯』・

----

13) 김복순, 1992, 「삼국의 첩보전과 승려」, 『한국불교문화사상사 - 가산 이지관스님 화갑기념논총』 ; 김영수, 1993, 「고대 첩자고」, 『군사』27.
14) 신라가 진흥왕대 이후 한강 유역을 점령하기는 하였지만 삼국의 첨예한 교전지역이었으므로 확실한 통제권을 지속적으로 구축했다고 보기는 힘들다. 삼국간 교전상황에 따라 일시적으로 일부 지역은 영속관계가 변동되었을 것으로 보인다. 특히 7세기 들어 백제의 공격으로 신라의 대야성 등이 함락된 사례에서 가능성을 엿볼 수 있다.

『晉祠碑』및 新撰한 『晉書』를 내렸다. 본국으로 돌아갈 무렵에는 3품 이상의 관원을 시켜 전별연을 베풀어 주는 등 예우가 극진하였다(『구당서』 동이열전 신라 정관 22년).

A-2 이듬해 (그의) 아들 文王과 아우 이찬의 아들 춘추를 보내와 朝觀하였다. 문왕에게는 좌무위장군을 제수하고 춘추에게는 특진을 제수하였다. 이어서 장복을 고쳐 중국의 제도를 따르기를 청하므로 궁중의 珍服을 내어 주었다. 또 국학에 보내어 석전과 강론을 보게 하고 태종은 손수 지은 『晉書』를 내려주었다. 돌아갈 적에는 칙명으로 3품 이상의 관원을 교외에 내보내어 전송케 하였다(『신당서』 동이열전 신라).

A-3 진덕왕 2년(648) 김춘추가 당에 들어가 당나라 의식에 따를 것을 청하니 玄宗(필자주 : 太宗의 오류)황제가 허락하고 겸하여 의대를 급여하였다. 돌아와서 이를 시행하여 우리 풍속을 중국 풍속으로 바꾸었다(『삼국사기』 잡지 색복).

A-4 왕이 이찬 김춘추와 그 아들 문왕을 보내어 당에 입조케 하였더니 太宗이 광록경 柳亨을 시키어 교외에서 춘추를 위로해 맞게 하였다. 드디어 이르매 태종은 춘추의 외모가 영특함을 보고 후히 대접하였다. 춘추가 국학(국자감)에 가서 석전과 강론을 참관하기를 청하니, 태종이 이를 허락하고 이내 자기가 지은 溫湯碑 · 晉祠碑와 신찬한 晉書를 賜하였다. 또 어느 날 태종이 춘추를 불러들여 한가이 보고 金帛을 더욱 후히 주며 묻기를 "그대는 소회가 있느냐"고 하였다. 춘추가 꿇어 앉아 말하기를 "우리나라가 海隅에 僻在하여 天朝를 섬긴지 이미 여러 해였는데, 백제가 (그간) 군세고 교활하여 여러 번 침략을 맘대로 하고 … 태종이 깊이 동정하여 出師를 허락하였다. 춘추가 또 예복을 고치어 唐制를 쫓기 청한 즉, 唐主가 이에 진귀한 의복을 내어 춘추와 그 종자에게 주고 詔命으로 그들에게 벼슬을 주어 춘추는 특진을, 文王은 좌무위장군을 주었다. 춘

추가 귀국할 때는 唐主가 3품 이상 관리에게 命하여 送別의 잔치를
열게 하여 그 대우가 극진하였다. 춘추가 唐主에게 아뢰어 "臣에게
7子가 있으니 聖上의 곁에서 숙위케 하여 주소서"하고 아들 문왕
과 대감□□을 머물게 하였다(『삼국사기』 신라본기 진덕왕 2년).

　위에 제시된 사료 A-1~4는 모두 김춘추의 입당시 행적을 기록하고
있는데, '김춘추가 당의 의관제를 청했고 이에 당 태종이 허락했다
는 것'이 주된 내용이다. 우선 주목되는 것은 김춘추의 국학 및 석전
제 참가이다. 이는 유학을 수용하는 계기가 되고,[15] 유교적 의례와
교육의 도입이라는 점에서 김춘추의 귀국 후 전개되는 무열왕계의
정책에 영향을 주었을 것이다.[16] 주지하듯이 당 의관제 도입은 신라
에 있어 기존의 전통적인 신분·관등체계에 일대 개편을 시도하는
것으로 새로운 지배질서의 구축을 의미했다. 더욱이 석전제 참관과
국학 청강은 정통 유교사상과 체제의 수용으로 이어질 수 있었다.[17]

---

15) 김영하, 2007, 앞의 책, p.203.
16) 김춘추가 국학을 참관한 뒤 신라에 국학을 설치한 것은 '복식'의 당제화와 궤
　를 같이한다는 견해가 있다(박순교, 1997, 「진덕왕대 정치개혁과 김춘추의 집
　권과정(1)」, 『청계사학』13, p.123). 필자 역시 이 견해에 공감하며 김춘추 집권
　과정에서 유교 정치 이념이 주요한 역할을 했을 것이라 생각한다. 이와 달리
　국학참관이 불교치국책의 한계를 스스로 알고 있었거나 그 포기로 볼 수 있다
　는 견해가 있다. 즉 대당외교의 목적은 청병과 女主 지지세력의 새로운 지배
　체제 구축의 한 정책으로 유교적 정치이념을 수용하고자 했다는 것이다(박용
　국, 1996, 「신라중대 지배세력의 형성과정과 성격」, 『경상사학』12, p.16). 필자
　역시 당제의 수용이 이전의 신라중고기 불교이념에 기반한 정책을 탈피하여
　새로운 유교적 정치이념에 기반한 집권체제의 성립으로 이해한다.
17) 율령의 반포와 시행을 위해서는 어느 정도 사회 조건이 선행되어야 한다는 견
　해가 있다(노중국, 1986, 「백제율령에 대하여」, 『백제연구』17, pp.57~58). 즉
　율령의 기본 사상이라 할 수 있는 유학에 대한 이해와 함께 그러한 율령을 제

이러한 점에서 사료 A-1~4의 기록들은 신라 지배체제의 혁신을 예고하는 사료로써 그 의미를 부여할 수 있다.[18]

특히 흥미로운 것은 사료 A-4이다. 일단 내용이 A-1~3보다 상술되어 있기도 하지만, 다른 사료에서 보이지 않는 기록들이 살펴지기 때문이다. 먼저 김춘추 일행이 장안에 이르렀을 때 그들을 맞이한 인물이 광록경이라는 점이다. 광록경은 광록시의 장관으로 광록훈이라고도 하는데, 진대에 설치되었으며, 광록시는 당대에 이르러 선식 · 주효 등을 전문으로 담당하는 관부로 변모하였다(『신당서』권46 백관지 광록시).

곧 오늘날 의전 부서의 장관지위에 있는 인물이 교외까지 나와 김춘추 일행을 맞이한다는 것은, 당이 신라 사행단에 대해 각별히 의미를 두고 있음을 보이는 것이라 생각된다. 실제로 당 태종으로서는 결심하기 어려운 군사적 지원을 김춘추가 요구하자 곧 수락하는 모습, 당의 복식사용을 청하자 이를 즉석에서 수락했던 사실, 아들의 숙위를 청하고 허락받는 모습 등은 정상간의 외교에서 실현될 수 있는 성격을 갖는다. 이는 김춘추가 진덕왕 초기 정치적 실권자로서 외교에 임했고, 당 또한 그러한 그의 '정치적 지위'를 인식하고 대우했음을 보여주는 것이다.[19] 사실 김춘추 일행의 사행 목적에는 중국 문물의

정 · 공포하여 시행할 수 있는 국가 권력의 강화와 그것을 뒷받침할 수 있는 지배체제의 성장이 그것이다.

18) 『온탕』, 『진사비』, 신찬 『진서』의 하사 등은 당시 당이 새로이 완성한 『정관례』의 일면을 보여주는 것으로 파악할 수 있다(박남수, 2011, 『한국 고대의 동아시아 교역사』, 주류성, p.106).

19) 박순교, 1999, 『김춘추의 집권과정 연구』, 영남대학교 대학원 박사학위논문, p.201 ; 김기흥, 2000, 『천년의 왕국 신라』, 창작과비평사, p.268 ; 김덕원, 2007, 앞의 책, p.225.

수용 이외에 당의 군사적 협력을 이끌어 내려는 의도가 있었고, 당역시 이를 중요한 의제로 인식하고 있었다.

사료 A-4에서 당 태종은 김춘추에게 개인적 소회가 있음을 묻고있다. 이에 대해 김춘추는 신라가 백제의 공격으로 인해 상당한 어려움을 겪고 있음을 말하며 청병을 하였다. 당 태종은 이에 흔쾌히 수락하며 출사를 명했다. 하지만 여기에서 군사적 현안을 논하며 당이신라의 요청만을 일방적으로 수용했다고 보기는 힘들다. 이 시기 당은 2차례에 걸쳐 고구려를 침공하였으나 안시성 전투(645)로 상징되듯 실패한 뒤였다.[20] 당으로서는 고구려의 군사력에 대비를 했겠지만 새로운 차원의 전략이 필요했다. 이러한 시기에 신라의 정치적 실권자가 사행을 한 것이다.

이에 양국은 서로의 현실적 이해, 즉 당은 고구려를 압박하고 신라는 백제를 압박하는데 상호 의견이 모아졌을 것으로 추측된다. 신라사행의 일행 가운데 대감의 직책을 지닌 인물이 보이고 있어 그러한가능성을 높게 한다.[21] 대감은 나·당 연합군의 군사 작전시 효율성

---

20) 수·당의 고구려 원정에 대해 책봉체제론 등의 인식에 입각하여 중국 중심으로만 이해하여 왔으나, 이를 비판하고 중국 왕조가 가진 국내 문제의 해결을위해 전쟁을 시도했다는 견해가 있다(박한제, 1993, 「7세기 수당 양조의 한반도진출 경위에 대한 일고찰」, 『동양사연구』43). 주보돈 역시 이 견해를 주목하고 중국왕조가 내부적인 문제를 대외전쟁을 통하여 해결하려 한 측면이 강하였다고 보았다(1993, 「김춘추의 외교활동과 신라내정」, 『한국학논집』20, p.21).

21) 『삼국사기』 직관지 무관조에 대감은 병부의 차관급 직책 및 6정의 부지휘관으로 나타난다. 필자는 대외관계상 병부가 역할을 했을 것으로 보아 전자가 김춘추 대당 사행시 동행했던 대감이 아닌가 생각하며, 후일 삼천당의 소모병제등 업무 세분화 등에도 일정한 영향을 주었을 것으로 여긴다.

을 제고하기 위한 기능도 수행했을 것이다. 두 나라가 군사활동을 전개함에 있어, 군사력을 운용하기 위해서는 병법이나 전술의 이해가 반드시 선행되어야 했으므로, 대감은 군사적으로 중요한 역할을 했을 것으로 보인다.[22]

당의 고구려 침공이 불과 2~3년 밖에 지나지 않은 시점에서, 고구려 침공을 계획하고 주도했던 당 태종과 長孫無忌, 房玄齡, 相里玄奬, 李靖, 李勣 등 측근들이 정치적으로 건재하고 있어,[23] 두 나라 간에 큰 이견없이 합의에 이를 수 있었다. 특히 장손무기는 방현령 등과 당 태종의 명으로 『정관율령』을 편찬하였고, 영휘 4년(653) 완성된 율령의 표문을 작성하여 바친 인물이다.[24] 김춘추가 이러한 인물들과 접촉했다는 것은 신라중대의 토대로서 율령체제의 정비에 힘을 기울이는 하나의 계기가 되었을 것이다. 이렇듯 김춘추는 당의 고구려 침공에 주요한 역할을 하였던 인물들이 건재하던 시기에 사행함으로써, 양국간 군사적 동맹의 터전을 닦고 당병의 出師를 이끌어 낼 수 있었다.[25]

....

22) 서영교는 나당 전쟁기 신라의 병법이 당으로부터 도입한 것이라는 견해를 제시한 바 있는데(2002, 「나당전쟁기 당병법의 도입과 그 의미」, 『한국사연구』 116), 이에 따르면 문무왕이 재위 14년(674)에 영묘사 앞에서 설수진의 '육진병법' 참관 기사를 토대로 하여 "설수진의 육진병법은 당나라 이정의 육화병법인 듯하다"고 한 이병도나 여러 학자들의 견해를 바탕으로 하였다. 필자도 이 시기에 당의 병법이 신라에 전해졌을 것으로 생각하며, 이 과정에 대감 등의 인물이 주요한 역할을 하였을 것으로 추정한다.
23) 당 태종의 측근 가운데 위지경덕 등 반대론자 등도 있었으나, 당 태종이 고구려 정벌을 추진하자 장손무기, 이적 등은 적극적으로 계획을 수립하고 참여하였다(방향숙, 2008, 「7세기 중엽 당 태종의 대고구려전 전략 수립과정」, 『중국고중세사연구』 19, pp.333~341).
24) 한국법제연구원, 1997, 『역주당률소의』 명례편, pp.47~78.

당시 당은 태종의 집권기로 소위 '貞觀의 治'라 불렸는데 문화적 우월감에 더하여 군사적 패권이 실현되던 시기였다. 동북방면의 진출을 도모함에 있어 신라의 자발적 지원요청은 그들의 패권 의도를 정당화하는데 부합되는 것이며, 중화적 질서를 확산시키는 계기가 되었다.[26] 사료 A-2, 4에서 김춘추 일행의 귀국시 당 태종이 3품 이상의 관료들로 하여금 환송케 하였는데, 협상내용이 당으로서도 매우 고무적이었음을 반증하는 셈이며, 귀국 후 김춘추의 정치적 행보에 한층 무게를 더하는 계기가 되었을 것이다.

이때 더하여 주목되는 것이 재상제이다. 사료 A-1의 國相이라는 표현은 단순히 김춘추를 당에서 존대했다기 보다는 실제 신라에서 그의 지위가 그러했음을 보여준 것으로 생각된다. 신라에서 재상의 사례는 사료와 금석문을 통해 상당수 확인되는데,[27] 분명한 것은 진덕왕대에 그러한 표현이 나타나고 있다는 점이다. 이는 이 시기가 신

---

25) 김영하, 2007, 앞의 책, pp.162~163.
26) 나당동맹의 결성은 당시 당의 동아시아 제패 전략과 밀접히 연관되어 있었다. 당의 한반도 진출전략은 7세기 고구려와 돌궐이 연합하고 백제와 일본이 연계되어 있는 상황을 주시하면서 전개한 정책이었다. 이기동은 당 태종이 즉위하면서 수의 멸망을 교훈삼아 전철을 밟지 않으려고 고구려 침략이 지연된 것이며, 640년 고창국을 멸망시킴으로써 고구려를 제외한 모든 적대세력을 정복했다고 한다. 따라서 다음 목표는 고구려가 분명하였고, 643년 9월 신라사신이 백제와 고구려와 연합하여 신라의 입공로를 막는다고 호소한 것이 발단이 되어 침략전쟁을 결심한 것이라 보았다(2004, 「수당의 제국주의와 신라 외교의 묘체」, 『신라문화』24, p.11).
27) 木村誠은 신라에서 재상제도가 『삼국사기』 직관지에 나타나지는 않지만 7세기 중반 존재한 것으로 보고 있다. 그는 관련 사료와 금석문을 통해 재상의 사례를 제시하였는데 총 51회에 이르며, 인물로는 41명에 이른다(2004, 『古代朝鮮の國家と社會』, 吉川弘文館, pp.239~258).

라에서 재상제의 시행과 관련하여 분기점이 아니었나 싶다.

　고려의 재상제도가 당의 제도를 직접 받아들인 것이 아니고, 신라가 당의 제도를 수용하여 시행하다가 고려시대에 이르러 신라의 재상제도를 계승한 것이라는 견해도 있어,[28] 재상제는 진덕왕대부터 시행된 것으로 보인다. 신라에서 재상제도가 시행되었고 당으로부터 도입되었다면, 또한 김춘추가 그것을 칭하고 있다는 사실을 고려한다면 가능성은 높다. 김춘추 세력이 진덕왕대 실질적인 집권자로써 정국을 주도했음을 고려할 때 당시 정국과 무관치 않아 보인다. 비담의 난을 진압한 후 김춘추세력은 정치적 주도권 확립을 위해 새로운 제도를 시행하였을 것이며, 그 결과로 나타난 것이 재상제도일 확률이 높은 것이다.[29] 곧 김춘추 세력은 중앙집권적 율령체제의 근간을 이루는 관료제의 정비와 관련하여 재상제도 등을 설치하고 내정개혁을 통해 신라중대 성립의 토대를 닦아 나간 것이다.[30]

　요컨대 김춘추는 비담의 난 이후 계속되는 대내외적 위기를 타개하고자 대당외교를 전개하였다. 신귀족세력의 정치적 입지 강화와 여제의 공세에 대비하여 수세적 입장에서 벗어나고자 전개한 사적·공적 목적이 모두 개재된 외교활동이었다. 이를 바탕으로 신라는 당의 팽창욕구와 맞물려 상호일치된 이해관계를 바탕으로 나당동맹을 이끌어냈고, 중앙집권적 율령체제를 운영하는데 근간이 되는

28) 이인철, 1993, 『신라정치제도사연구』, 일지사, pp.111~112.
29) 木村誠은 647년 김춘추 세력이 비담의 난을 계기로 하여 당시 권력을 장악하기 위한 수단으로써 설치한 것으로 보았고, 그 이후에는 정치적인 격동기마다 그 기능을 발휘한 것으로 이해하였다(2004, 앞의 책, p.263).
30) 김영하는 김춘추가 추진한 나당관계의 성립이 양국의 전략적 이해관계가 일치한 결과라 이해하였다(2002, 앞의 책, p.269).

재상제도를 성립시킴으로써 신라중대의 토대를 마련할 수 있었다.

2. 漢化的 통치질서의 지향

1) 中朝衣冠制의 시행과 唐 연호의 사용

대당사행에서 돌아온 김춘추는 새로운 정치질서의 정립을 위한 조치에 착수하였다. 바로 '정관율령'의 도입과 시행이었다. 정관은 당 태종간의 연호(626~649)를 지칭한다. 김춘추가 대당사행한 시기가 이 무렵이므로 그가 친견한 중국의 문물과 제도는 당연히 정관율령에 기초한 것이다.[31] 신라에서 중국율령의 시행으로 기존의 귀족적·토착적 질서에 커다란 변화가 나타나게 되었다. 다음의 기록이 참고된다.

> B-1 중국의 의관을 입기 시작했다(『삼국사기』 신라본기 진덕왕 3년 정월).

위의 사료 B-1은 진덕왕 3년(649)의 것으로 중조의관의 시행을 보

---

31) 사료상에 신라의 정관율령의 도입 기록은 나타나지 않는다. 하지만 필자는 김춘추 대당 사행시 중조의관의 도입이 중국율령의 도입에 따른 것으로 파악한다. 이는 색복규정이 신분과 관련되고 신분제라는 것이 율령의 틀 안에서 운영되었을 것이라는 점을 참고한다면 무리한 추론은 아닐 것이다. 이후 영휘 연간에는 영휘율령이, 개원 연간에는 개원율령이 도입되며 신라율령은 지속적으로 정비되었을 것이다.

여주고 있다. 신라가 기존의 전통적 복제를 대신하여 새로운 중국의 복제를 시행한 것이다. 하지만 이는 의복의 교체나 변경 등 단순한 형식적 변화가 아니라 새로운 질서의 시도를 의미하는 사건으로써, 김춘추 세력이 신라 조정의 중화화를 위하여 당의 장복을 요구하고 시행한 것이다. 의관제는 형식상 율령 가운데 신분제를 명확히 하는 데 가장 상징적 의미를 지닐 수 있었다.

특정 지역의 복식은 고유문화를 반영하는 한 형태로써 지배 계급의 그것이 갖는 상징성은 가시적인 것보다 매우 컸다.[32] 이를 생각할 때 그 변화의 파장은 컸을 것이다. 실제로 다른 나라의 것을 받아온 다는 것은 쉬운 일이 아니며, 상징적인 차원에서나마 그 국가의 종주권을 인정한다는 의미를 지니기도 했다.[33] 아마도 이 때 도입된 당의 장복은 제후복이 참고되었을 가능성이 크다. 다음 사료를 통해 추측할 수 있다.

> B-2 당 태종이 持節使를 보내어 前王을 追崇하여 光祿大夫를 삼고 이
> 내 新王을 册하여 柱國을 삼고 樂浪郡王을 봉하였다(『삼국사기』
> 신라본기 진덕왕 원년 2월).

위의 사료 B-2는 당 태종이 진덕왕을 책봉했던 사실을 전하는데, 당이 신라를 제후국으로 대우하고 있음을 확인할 수 있다. 김춘추가 당의 장복을 도입할 때 이를 기준으로 시행했을 것이다.

그런데 김춘추의 역할을 강조한 『삼국사기』와 달리 중조의관의 시행과 관련하여 자장의 역할에 주목한 견해가 있다.[34] 佛敎治國策의

---

32) 김영하, 2002, 앞의 책, p.269.
33) 하일식, 2006, 『신라 집권 관료제 연구』, 혜안, p.325.

시행으로써 여왕체제를 유지하며 국가를 운영하려는 선덕왕 중심의 온건 정치세력의 노선이라는 견해이다. 그것을 주도한 세력은 신라 중고기 왕실이 포함된 귀족사회를 배경으로 성장한 상층 불교계로 파악하였다.

물론 이 견해를 뒷받침하는 기록들이 『삼국유사』의 여러 곳에서 강조되고 있어 양측이 대립되기도 하지만, 그보다는 자장이나 김춘추 세력이 상호 보완적 기능을 하였을 것이라는 견해도[35] 있어 속단하기는 힘들다. 다만 중국측의 정사에 김춘추의 활동기록이 보다 확실하므로, 그들이 주요한 역할을 했을 것으로 보는 것이 합리적일 듯하다.

그러면 신라가 이처럼 중화질서를 일방적으로 수용하는 모습을 보이면서까지 대당교섭에 적극성을 띤 이유는 무엇인가? 전술했듯이 신라는 김춘추세력이 배타적으로 정치권력을 독점하는 과정에서 대내적으로 구귀족 세력을 억압하고, 대외적으로는 백제의 침공에 대비하기 위하여 당의 군사적 지원이 절실하였다. 곧 김춘추의 의도는 비담의 난 이후 드러난 대내외적 모순을 극복하고, 체제정비를 단행하여 이전보다 강력한 율령체제를 정립시키는데 있었다.[36]

---

34) 남동신, 1992, 「자장의 불교사상과 불교치국책」, 『한국사연구』76, p.28 ; 노중국, 1999, 「신라통일기 구서당의 성립과 그 성격」, 『한국사론』41 · 42, p.176.

35) 김상현, 1995, 「자장의 정치외교적 역할」, 『불교문화연구』4, 양산영취산불교문화연구원 ; 남무희, 2009, 「자장의 생애 복원」, 『한국학논총』32, p.18.

36) 율령체제라 해서 이 시기에 율령이 도입되었다는 의미는 아니다. 이미 법흥왕대 시행된 율령이 보다 체계적으로 정비될 필요성이 대두되는 시점에서 김춘추세력이 정국을 주도하며, 신라중고기와는 구분되는 강력한 중앙집권국가를 추구하였는데 이를 율령체제라 표현하고자 한다.

법흥왕대 제정된 신라의 의관제가 진덕왕대에 접어들면서 다시 개편되기에 이른다. 그렇다면 개편된 의관제는 기존의 것과 어떻게 다른가? 진덕왕대의 의관제 개편을 이해하기 위해서는 앞서 시행된 법흥왕대 의관제에 대하여 살펴볼 필요가 있다.[37] 법흥왕대는 율령 반포에 더하여 불교 공인 등 주요한 시책이 시행된 시기이다. 의관제의 실상과 관련하여 다음의 사료가 참고된다.

> B-3 법흥왕대의 제도에는 太大角干에서 大阿湌까지는 紫衣, 阿湌에서 級湌까지는 緋衣로 모두 牙笏을 가졌다. 그리고 大奈麻·奈麻는 靑衣, 大舍에서 先沮知까지는 黃衣였다. 伊湌·迊湌은 錦冠을 쓰고, 波珍湌·大阿湌은 衿荷·緋冠을 쓰고 上堂 大奈麻·赤位大舍는 組纓을 매었다(『삼국사기』 잡지 색복).

위의 사료 B-3은 법흥왕대 율령 반포에 따라 제정된 관료의 색복과 관련한 규정이다. 이를 보면 진골·6두품·5두품·4두품이 각기자·비·청·황의 색복을 착용했음을 알 수 있다. 나름대로 체계성을 유지하며 지켜온 의관제가 시대상황에 따라 변화하게 되었다. 의관제는 관등제와 연계되어 법흥왕대에 정비된 후, 130여 년이 지난 진덕왕대에 이르러 다시 새로운 질서 편제의 핵으로 등장했다. 위의 사료 B-3을 보면 진골 출신은 물론 6두품에 해당하는 9관등 급찬부터 6관등 아찬까지도 牙笏을 잡을 수 있었다. 하지만 진덕왕대의 조치로 기존의 관행은 더 이상 용인되지 않았다.

---

37) 법흥왕대 公服 제정이 당시 신라의 교류 상황으로 볼 때 북위나 양의 관모복식의 영향을 받은 것으로 이해한 견해가 있다(김동욱, 1963, 「이조전기 복식연구」, 『한국연구총서』 15, 한국연구원, p.31).

B-4 하교하여 진골로서 官位를 가진 자가 牙笏을 잡게 하였다(『삼국사기』 신라본기 진덕왕 4년 4월).

위의 사료 B-4는 진덕왕 4년(650) 아홀사용과 관련하여 내려진 조치이다. 아홀은 상아로 만들 홀이며, 홀은 관료가 관복을 입을 때 가지는 수판을 말하는데, 이제는 진골 이외는 더 이상 사용할 수 없게 되었다. 의관제 시행에 있어 형식적 제약이 강화된 것이다.[38]

이는 대아찬 이상의 관등을 소지한 경우에는 관직의 제수 여부와 상관없이 관리로서 대우한 것과 달리, 아찬 이하의 관등 소지자들은 관직을 제수 받지 못한 경우에 관리로써 대우하지 않았음을 의미했다. 진덕왕대부터 관료제 운영에 있어 대아찬과 그 이하 관등 소지자들 사이에 차별 대우가 이루어졌음을 방증한다.

그렇다면 법흥왕대 정비되었던 의관제가 왜 진덕왕대 이르러 다시 정비되고 있는 것인가? 여러 요인 가운데 법흥왕대의 의관제가 기존 신라의 전통적 질서를 완전히 불식시키지 못한데서 연유한 것으로 생각된다. 왜냐하면 전통이라는 것이 시간이 지나면서도 지켜져야 할 가치이지만, 새로운 정치질서의 형성과정에서 충돌이 생긴다면 그 지위를 유지하기 힘들었을 것이기 때문이다. 신라중고기 말엽이 그러했다. 다음을 참고한다.

B-5 신라 초기 의복 제도는 色彩를 살필 수 없다. 제23대 법흥왕대 처음으로 6部 사람들의 色服의 尊卑 제도를 정하였지만 오히려 東夷의 풍속 그대로였다(『삼국사기』 잡지 색복).

---

38) 김영하, 2002, 앞의 책, p.271.

위의 사료 B-5는 『삼국사기』 색복지의 첫 부분이다. 이에 따르면 "오히려 동이의 풍속 그대로였다"라고 하여, 의관제가 법흥왕대 정비되기는 하였어도 전통적인 신라의 특색을 탈피하지 못했음을 암시하고 있다. 환언하면 전형적인 중국식 의관제와 일정한 거리가 있었음을 나타내는 것으로, 법흥왕대 공복 제정이 전통적 복제에서 중국적 복제로 넘어가는 과도기였음을 보여주는 사례로 파악된다.[39] 신라중대에 왕권의 강화에도 불구하고 귀족세력은 율령체제 성립에 걸림돌이 될 수밖에 없었던 존재였다.[40] 이 시기의 과도기적 현상은 국가체제의 발전과 왕권 강화가 진전되면 언제든지 중국화할 수밖에 없으므로, 진덕왕대 의관제의 재정비는 필연성을 띠었던 셈이다.[41]

한편 당의 관리들은 「紫 · 緋 · 綠 · 靑」의 공복을 입었는데,[42] 이는 신라에서 진덕왕대 시행된 중조의관의 내용을 추론할 수 있는 단서가 된다. 사료 B-3에 따르면 법흥왕대 이미 '紫 · 緋 · 靑 · 黃'의 복식을 제정하고 착용하였다. 기록을 따른다면 신라는 당제 이전에 이미 상당히 정제된 복색규정을 가지고 있는 것이다.

하지만 이는 논리적으로 상치되는 부분이 없지 않다. 紫衣를 입을 수 있는 관등이 태대각간에서 대아찬까지로 명시되어 있는데, 태대각간이라는 관등이 처음 수여된 것은 신라중대에 들어서 문무왕이

---

39) 법흥왕대 의관제 정비를 신라적 전통과 중국적 복제의 절충기로 파악되기도 한다(김동욱, 1981, 앞의 책, p.44).
40) 김영하, 2007, 앞의 책, p.192.
41) 『삼국사기』 잡지 색복.
42) 당의 공복은 紫 · 緋 · 綠 · 靑이고, 서민은 皂(皁)色이나 白色이라 하였다(김동욱, 1963, 앞의 논문, p.48 ; 전덕재, 2000, 앞의 논문, p.314).

김유신에게 하사한 때이다(668).[43] 따라서 법흥왕대 율령반포시 태대각간이라는 관등은 존재할 수 없으므로 기록에 오류가 생긴다. 아마도 이는 사서의 편찬 당시 전통복색의 정비를 기술하는 과정에서 후대의 규정을 소급하여 기록으로 남긴 것으로 볼 수 있다.

그렇다면 진덕왕대 변화된 장복의 모습은 어떠했을까? 먼저 관제의 측면에서 살펴보면 『삼국사기』색복지 규정을 통해 당제가 시행되었음을 추정할 수 있다. 다음의 기록이 참고된다.

> B-6 진골대등은 幞頭를 임의로 쓰고 겉옷과 半臂 · 바지에는 모두 罽繡錦羅를 쓰고 …, 眞骨女는 겉옷에 罽繡錦羅를 禁하고 內衣와 半臂 · 袴(바지) · 襪(버선) · 履(신)은 모두 繡羅를 금한다(『삼국사기』 잡지 색복).

위의 사료 B-6 역시 색복지의 규정 중 일부인데, 특히 半臂라는 의관이 주목된다. 반비는 신라에서 조복을 입을 때 남녀 모두 衫위에 걸치는 반소매 정도의 등걸이형 복식이다.[44]

본래 반비는 당 고조가 내관의 옷소매를 없앤 것에서 유래하였으므로, 신라 고유의 복식이 아니라 당에서 전래된 것이다. 당연히 당고조 이후의 것이다.[45] 그러한 의복이 신라에서 사용되고 있다는 것은 당의 장복에 영향을 받았던 사실을 의미한다. 이는 반비 관련규정이 진골은 물론 4두품까지 적용되고 있음을 전한 것이며, 나아가 당의 장복이 신라 사회에 전체적으로 확산되어 갔음을 반영한 상징적

---

43) 『삼국사기』신라본기 문무왕 8년 10월 22일.
44) 김동욱, 1963, 앞의 논문, p.59.
45) 한국정신문화연구원, 1997, 『역주삼국사기』4, 주석편(하), p.106.

사례라 할 수 있다.[46)]

　그런데 진덕왕대 의관제 정비는 「여자」에 대한 규제까지 포함한 것 같지는 않다. 체제정비에 상징적 의미를 지니는 관료와 남자들을 대상으로 하여 우선 시행하고, 여자의 복색에 대한 정비는 미완의 상태였던 것으로 추측된다. 다음의 사료를 통해 그 개연성을 확인할 수 있다.

> B-7 왕이 하교하여 婦人들에게도 中朝의 衣裳을 입게 하였다(『삼국사기』 신라본기 문무왕 4년 정월).

> B-8 문무왕 재위 4년(664) 婦人의 복색을 개혁하였는데 이 이후로 의관이 중국과 같았다(『삼국사기』 잡지 색복).

　위의 사료 B-7, 8은 문무왕대 婦人의 복색이 개혁되었음을 보여준다. 이 시기부터 중국과 같았다고 하였는데, 진덕왕대 中朝衣冠制를 시행하면서 남녀의 의관을 모두 개혁하였다면 이러한 표현은 존재할 수 없었을 것이다. 따라서 진덕왕대 의관제 개편은 남성과 관료를 대상으로 하였으며, 미완으로 남있던 여자의 의관은 문무왕대 개편되면서 마무리되었다.

　이에 더하여 군제와 관련해 중앙군인 9서당의 색복도 주목된다. 주지하다시피 9서당은 衿의 색상으로 부대를 구분하였다. 본래 9서당은 일시에 정비된 것이 아니라 서당(진평왕 5년, 589)과 낭당(진평왕 47년, 625)만이 설치되었을 뿐, 통일 이후 서당이 녹금, 낭당이 자금으로 개칭되는 등 7개 서당이 차례로 완비되어 갔다.

---

46) 『삼국사기』 잡지 색복.

하지만 9서당 완비 전에 서당과 낭당의 복색규정은 전하지 않으므로, 그 전환 시점이 고려되어야 할 것 같다. 대체로 삼국통일 전쟁을 감안할 때 당제의 수용과 관련이 있을 듯하며, 바로 진덕왕대 중조의관의 도입이 무관하지 않을 듯하다.

앞의 사료 A-4의 대감은 병부의 대감으로써 군사적인 면에서 전술 및 색복같은 분야도 살폈을 것으로 생각된다. 신라가 중조의관을 도입하는 과정에 군제 분야도 포함되었고, 9서당의 성립시 색복도 편제 기준의 한 요소로 기능했을 것이다.

9서당 가운데 녹 · 자 · 비금은 신라인, 백 · 청금은 백제인, 황금은 고구려인, 벽 · 적금은 보덕국인, 흑금은 말갈인으로 각기 편성되었다.[47] 본래 골품의 색복 규정에 '진골-6두품-5두품-4두품'은 각기 '자-비-청-황'의 색복을 착용하도록 되어 있다. 9서당의 색복규정을 살펴보면 고구려인은 황색, 백제인은 청색, 보덕국인은 적색으로 파악되며, 이들은 신분상 공히 6두품 이상으로 편제되지 못하였다.[48] 이는 9서당이 편제에 있어서 삼국민을 모두 포함하여 민족융합을 도모하는 형태를 띠었지만, 실제 운영에 있어서는 일정한 한계와 차별이 존재했음을 보여준 것으로 생각된다.[49]

---

47) 『삼국사기』 직관지 무관.

48) 黑色은 역대 皂隸의 색이라는 견해가 있는데(김동욱, 1963, 앞의 논문, p.49), 이를 참고할 때 신라가 말갈인에 대해서 우대하지 않았던 것으로 보인다.

49) 노중국은 고구려인이 9서당 중 3개의 부대를 차지하고 있는데 비해, 백제인이 2개 부대 밖에 안되는 것이 백제인에 대한 차별정책의 유력한 증거 가운데 하나로 파악하고 있다(1988, 앞의 논문, pp.147~148). 또한 신문왕대 고승 憬興이 國師가 아닌 國老에 추대된 것을 백제계에 대한 차별로 파악한 연구들도 있다(김남윤, 1984, 「신라중대 법상종의 성립과 신앙」, 『한국사론』11, p.111).

신라가 통일 후 여제의 유민에게 수여한 경위를 보면 고구려인에게는 최고 일길찬(7관등, 6두품), 백제인에게는 최고 대나마(10관등, 5두품)를 제수하였다.[50] 이러한 점에서 9서당의 편성은 복색을 기준으로 하면서도 신분상 일정한 제약을 가한 것으로 골품과 밀접한 관련이 있다. 아마 군제의 복색 역시 진덕왕대 중조의관의 도입 이후 시행되었을 것이다.

결과적으로 중조의관제의 완전한 시행은 문무왕 4년(664) 이후의 일이며, 실제로는 신문왕대 들면서 보다 강화되어 갔을 것이다. 9서당의 명칭이 옷깃을 기준으로 한다는 점에서 의관제의 정비와 결코 무관치 않기 때문이다.

진덕왕은 재위 4년(650) 5언시 「태평송」을 지어 김춘추의 장자인 법민을 통해 당의 황제에게 전했다.[51] 형식적 의례감이 없지는 않지만 표현 그대로 받아들이는 것은 당시의 사건 흐름이 정확하게 반영되지 않은 것 같다.

태평송을 보낸 시기는 당에 새로운 변화가 일어나던 때였다. 곧 '정관의 치'를 이끌었던 태종이 죽고 그의 9子인 고종이 즉위하였다.[52] 신라로서는 새로운 황제가 즉위함에 따라 기존 나당관계를 손상하지 않고 지속시켜 나가야 하는 상황이었다. 특히 대당외교를 주도했던 김춘추 세력에게 있어 이는 매우 중대한 사안이며, 자신들의 정치적 입지와 직결된 현안이었다. 태평송을 지어 보낼 때 이를 가져

---

50) 『삼국사기』 직관지 외관.
51) 『삼국사기』 신라본기 진덕왕 4년.
52) 『구당서』 권4 본기 제4 고종 ; 『신당서』 권3 본기 제3 고종.

간 인물이 법민 곧 후일의 문무왕이라는 점에서 그 가능성을 엿볼 수 있다.

그런데 태평송은 당 태종의 치적을 칭송한 것이므로 당연히 수용 주체는 태종이 되어야 하는데, 이미 죽은 뒤여서 이를 받은 인물은 아들인 고종이다. 따라서 태평송은 고종에게 보내는 것이므로 先王의 업적을 칭송하여 우호 관계를 유지하려 했던 신라의 외교적 조치였다. 이는 나당관계를 지속하려는 의도로써, 당에 대해 신라가 자신들의 대외적 정책 의지를 완곡하게 표명한 것이라 하겠다. 이러한 신라의 조치에 대해 당은 긍정적으로 답하여 양국은 돈독한 관계를 유지한 것으로 생각된다. 다음의 기록이 참고된다.

> B-9 高宗이 (태평송을) 보고 좋아하여 法敏을 拜하여 大府卿을 삼아 돌려보냈다(『삼국사기』 신라본기 진덕왕 4년).

위의 사료 B-9는 당 고종이 태평송을 받고 나서 흡족해 하고 있음을 보여준다. 당 조정이 신라의 외교적 조치를 수용하고 있음인데, 여기에는 또 다른 조치들이 신라로부터 제시되었던 것 같다. 당 고종이 흡족해했던 이유는 태평송 이외에 그것들이 더욱 의미를 지녔기 때문이 아닌가 한다. 다음의 사료를 살펴본다.

> B-10 이 해 중국의 '永徽' 연호를 사용하기 시작했다(『삼국사기』 신라본기 진덕왕 4년).

사료 B-10은 진덕왕대에 신라가 기존 자신들의 연호 대신 중국 연호를 사용하기 시작한 사실을 전한다. 고대 국가에 있어 독자적 연호의 사용은 자주적인 세계관의 유지를 뜻하는 것인데, 신라가 그러한 자신들의 연호를 대신하여 중국의 영휘 연호를 사용한 것은 새로운 정치적 변혁을 시도한 예로 보인다. 한화정책의 시행은 중국적 질서로의 편제로써 자체 체제정비의 목적도 있지만, 중국으로부터 문명국가나 민족으로 대우받는 보조적 기능도 있었다.[53]

법흥왕 23년(536) 建元이라는 연호를 처음 시작하여 진덕왕대의 太和 연호까지 사용한 이래,[54] 100여 년 만에 중국의 연호를 따르는 것이다. 물론 당의 연호를 사용하기 이전에 중국 연호를 따르지 않는 데 대한 당의 불만이 있었으나,[55] 단순히 이 때문에 중국 연호를 쓰게 된 것만은 아니다. 신라가 당의 연호사용 요구를 사실상 수용한 것은 외형상 중국 질서에 동화되는 듯한 인상을 주지만, 태평송과 마찬가지로 정치적 의도가 다분히 내재된 것으로 이해된다.

중국연호 사용의 당위성 문제는 차치하더라도, 연호도입이 당시의 유교적 이념과 관련하여 유입된 중국문물은 신라가 선진적 문물 도입에 적극성을 띠고 있음을 보여준 사례였다. 다음의 사료가 참고된다.

> B-11 (진덕왕이) 朝元殿에 臨하여 百官의 新正 賀禮를 받으니 賀正의 禮가 이 때 시작되었다(『삼국사기』 신라본기 진덕왕 5년 춘 정월 삭).

위의 사료 B-11은 신라에서 처음으로 하정례가 시작되었음을 보

---

53) 北朝의 경우 공통된 특징이기는 하지만 拓跋氏가 세운 북위는 5호 16국에 속하면서도 적극적 한화정책을 통해 중국의 정통왕조와 같은 인식을 받고 있음을 한 사례로 생각해 볼 수 있다.
54) 『삼국사기』 신라본기 법흥왕 23년.
55) 『삼국사기』 신라본기 진덕왕 2년 동.

여준다. 이에 따르면 진덕왕은 5년(651) 정월 초하루에 백관으로부터 처음 '賀正之禮'를 받은 것으로 되어있다. 사실 이것은 김춘추가 대당사행하여 친견한 것 가운데 하나였던 것으로 생각된다.[56] 본래 하정례라는 것은 군신 간의 수직적 상하관계를 형식적 의례를 통해 가시화시킴으로써 국왕의 권위를 높이려는 의도가 있었다.[57]

따라서 하정례의 시행은 국왕 권위의 고양으로 이어졌지만, 진덕왕이 김춘추 세력에 의해 추대된 만큼 그들의 정치적 입지 역시 강화되었다. 여하튼 신라 국왕의 권위는 불교의 관념적 요소에 더하여 유교적 의례에 의하여 규정됨으로써 실제적으로 강화되었다.

김춘추 세력은 당제를 참고하여 새로이 관부에[58] 대한 개편작업을 단행하였다. 여기에서 당제와 비교가 필수적인데, 신라가 중앙관부를 정비함에 있어 당의 육전체제 확립을 목표로 했음은 분명해 보인다.[59] 당제가 당률을 토대로 정비된 체제이므로, 이는 곧 당율의

---

56) 진덕왕 5년의 하정례는 중국의 조관복을 갖춘 백관들이 중국의 새로운 의례인 『정관례』에 따라 하정례를 거행한 것으로 볼 수 있다(박남수, 2011, 앞의 책, p.107).

57) 김영하, 2002, 앞의 책, p.271.

58) 신라의 중앙관부는 部와 府로 구분되고 있으나 의미나 기능상의 차이가 사료 상에 설명되어 있지 않다. 이에 대해 이인철은 전자가 하위 부속관서가 있고 후자는 하위 부속관서가 없다고 했으며(1993, 『신라정치제도사연구』, 일지사, p.40), 김희만은 전자가 부족적 전통을 지닌 관부로서 후자보다는 한 단계 높은 기관을 뜻한다고 하였다(2000, 「신라 관직체계의 양상과 그 성격」, 『경주사학』29, p.5). 이인철의 견해는 관부의 외적인 형태상의 구분으로 파악되고, 김희만은 어원의 파생에 대해 근본적 구분을 시도한 것으로 생각되어, 후자가 전자보다 본질적 접근을 시도한 것이 아닌가 생각한다.

59) 이기동은 예작부와 공장부의 설치 기사를 공부와 같은 의미로 보며 당 6전을 확립하기 위한 의도로 파악하였다(1984, 『신라 골품제사회와 화랑도』, 일조각, p.123).

도입을 의미했다.

우선 관원조직의 구성이 기존 '令 - 卿 - 大舍 - 史'의 4단계 직제에서 '令 - 卿 - 大舍 - 舍知 - 史'의 5단계로 개편된 사실이 확인된다. 당 육전조직의 '尚書 - 侍郎 - 郎中 - 員外郎 - 主事'에 상응하는 편제로 전환된 것이다.[60] 특히 舍知와 같은 하급관직의 신설은 당의 5등관제에 맞추려는 인위적 성격이 없지 않았으나,[61] 확대된 하급 관인층의 수용과 더불어, 4두품을 3두품 이하의 평인층과 구별하려는 현실적인 이유도 있었다.

다만 신라 중앙정부의 직제에 있어 舍知의 설치가 주요 관부에 모두 이루어진 것이 아니라는 것과 사지가 통일기 이후에 설치되었다는 점은 유의할 필요가 있다.[62] 신라 중앙의 주요 13개[63] 관부의 직제가 670년(문무왕 10) 이전에는 4등관제였음이 나타난다. 사지가 설치된 관부는 집사부, 병부, 조부, 창부, 예부, 승부, 예작부, 선부, 영객부 등 9개이며, 가장 이른 시기에 설치된 것은 병부의 弩舍知로 문무왕 12년(672)이다. 하지만 노사지는 엄밀히 구분한다면 사지와 다르게 볼 수도 있어, 이 경우 사지의 설치는 집사부와 조부의 사지 설치시기인 신문왕 5년(685)이 된다.

----

60) 『신당서』 권46(1187~1201), 육부조(경인문화사, pp.308~313).
61) 이기동, 1984, 앞의 책, pp.123~124 ; 김영하, 2007, 앞의 책, pp.190~191.
62) 신라의 중앙관제를 고찰한 井上秀雄의 연구에서도 확인된다(1974, 「『三國史記』にあらわれた 新羅の中央行政官制について」, 『新羅史基礎研究』, 東出版, pp.236~237).
63) 井上秀雄은 주요 관부를 살피면서 14개 관부 중 공장부를 제외하였는데, 이를 포함하여 살펴보아도 舍知의 설치사례 분석결과는 달라지지 않는다. 그리고 표 1에서 공장부는 井上秀雄의 연구에서 제외되어 있으나, 필자는 이를 보완하였다.

표 1 _ 신라 중앙관부의 〈舍知〉 설치시기 비교

관부	執事部	兵部	調府	倉部	禮部	乘府	司正府	例作府	船府	領客府	位和府	左理方府	右理方府	工匠府
설치	685 神文5	672 文武12	685 神文5	699 孝昭8	연대미상	연대미상	/	연대미상	연대미상	연대미상	/	/	/	/
인원	2	1	2	1	1	1	0	2	1	1	0	0	0	0

위의 표 1을 보면 신라에서 5등관제로의 전환은 진덕왕대가 아니라 통일 이후의 시기로써, 엄밀히 말하면 신라중대가 정식으로 개창된 이후에 정비된 것임을 알 수 있다. 이는 김춘추세력이 진덕왕대부터 지속적으로 당제의 시행을 펼쳤지만, 관료제의 변화나 개혁이 쉬운 과제가 아니었음을 보여주는 것이 아닌가 한다.

그렇지만 한편으로는 당제의 도입을 통한 율령체제 정비를 시도하면서도 신라의 현실에 맞게 변용했음을 보여주는 것으로도 이해된다. 모든 관부가 5등관제로 전환된 것이 아니라는 사실이 이를 반증한다. 그것이 김춘추세력에 의한 것이든, 귀족세력에 의한 것이든 결과적으로 신라만의 특징으로 귀결되기 때문이다. 일단 이러한 관직제도의 정비는 신라의 관직체계 전체의 완성을 뜻했다.[64]

다만 한 가지 분명한 사실은 장관이라 할 수 있는 신라의 관부 책임자들의 호칭이 슈이나 卿이라는 점이다. 신라는 장관직에 당제의 상서를 사용하지 않았는데, 이를 단순히 명칭의 신라적 변용이라 할

----

64) 이기백·이기동, 1982, 『한국사강좌』 고대편, 일조각, p.330. 전덕재는 관료제가 정비된 진덕왕 3년(649)부터 녹읍제의 개정이 있었던 신문왕 9년(689)까지의 40년 동안을 관료제가 정착되기까지의 과도기라 보았다(1996, 『신라육부체제연구』, 일조각, p.173).

수 만은 없을 것 같다. 『구당서』나 『신당서』를 보면 령이나 경이 관할하는 부서는 部가 아니라 대체로 그보다 격이 떨어지는 관부들인 臺・署・寺 등이다. 단지 상서성・문하성・중서성의 3성 가운데 상서성과 중서성의 경우만이 령을 사용하였고, 문하성은 侍中이라 하였을 뿐이다.[65] 신라는 당의 관제보다 1~2단계 아래의 형식을 갖춤으로써 정치적・외교적 실리를 추구하고자 했던 것이다.[66] 그러한 모습은 권력의 핵심기관인 집사부의 장관직에 중시를 사용한 사실에서도 살펴지는데, 중시라는 호칭을 통해 집사부가 명실공히 기타 관부와 달리 정치적 위상이 달랐음을 알 수 있다.[67]

---

65) 『신당서』 권46, 백관지(경인문화사, pp.308~340).

66) 당의 관제를 살펴보면 기본적으로 3省 6部 9寺 5監의 편제로 되어 있는데, 각 部를 살펴보면 공히 장관직을 상서라 하고 있으며 이하 관부의 長은 령이나 경을 사용하고 있다. 곧 령이 책임자로 있는 당 관부는 격이 部에 상대적으로 낮거나 대체로 권력 핵심부서가 아니라 할 수 있다. 품계는 監이 正3품~從3품 정도, 卿은 從3품 이하, 令은 從5품 이하로 나타나고 있다. 따라서 이들 '監・卿・令'은 部의 장관이 아님에도 불구하고, 신라가 상대적으로 낮은 품계의 이들 관직을 각 부의 장관으로 하였다는 것은 쉽게 이해할 수 없는 부분이다. 여기에서 후대의 고려와 조선의 경우를 참고할 수 있지 않을까 한다. 고려는 원 간섭기에 관제가 격하되어 기존의 部가 司・使 등으로 낮아지고 각 부의 장관직인 상서도 폐지되었으며, 조선의 경우는 고려와 달리 타율적인 것은 아니지만 행정 각 부의 명칭을 部 대신 曹를 채택하고 있다. 본래 省은 1~2품, 部가 2~3품, 曹가 4~5품 정도의 관부임을 감안할 때(박종기, 1999, 『5백년 고려사』, 푸른역사, p.69), 조선이 고려보다 낮은 품계의 명칭을 채택한 것은 실리적 의도에서 비롯되었을 가능성도 있다. 이러한 고려와 조선의 사례를 참고할 때 신라의 경우도 진덕왕대 관제개편시 그러한 방식이 적용된 것이 아닌가 생각된다.

67) 이에 대해서 집사부의 시중이 법제상 최고 관직이지만 14개 관부를 모두 통괄하지 못하였고 단지 한 관부의 장이었다는 견해가 있으나(이인철, 1993, 앞의 책, pp.29~30), 신라의 정치 구도를 감안할 때 현실적으로 집사부나 시중의 정치적 영향력을 부인하기 힘들다고 생각한다.

즉 집사부는 행정계통상 신라 최고의 관부였다.[68] 『삼국사기』를 통틀어 상대등과 시중의 임면기사만이 유일하게 지속적으로 등장하는 것은 이들의 정치적 위상이 남달랐기 때문이다. 환언하면 관등이 아니라 관직의 성격이 해당 관부의 위상을 결정한 것이다. 집사부 시중의 격이 상대등이나 병부령과 같은 다른 관직자들의 관등보다 상대적으로 낮았던 것은, 시중이 기밀사무를 담당하는 집사부의 책임자로써 귀족세력에 의해 상당한 견제를 받았음을 반증한다고 볼 수 있다.[69]

요컨대 김춘추 세력에 의한 신라의 중조의관제 시행과 영휘연호의 사용은 형식적 의례를 통해 대외정책의 일관성을 추구하고 선진문물을 통해 체제정비를 지속하고자 했던 정치적 조치였다. 그리고 진덕왕대 관부 책임자인 장관에 각기 '슈'과 '卿' 이라는 호칭을 사용한 것은, 당시 집권세력인 김춘추 일파가 당에 대해 형식적 의례를 통하여 실리적 외교로 일관했음을 보여준 것이며, 태평송의 제작은 그것의 대표적 사례였다. 그리고 관부내 하위 관직의 설치를 통해서는 관료체계의 정비와 동시에 엄격히 신분을 구분하려는 의도도 내재되어 있었다. 이상과 같은 대당 협력을 통해 김춘추 세력은 내부적으로 자신들의 정치적 기반을 보다 공고히 할 수 있었다.

---

68) 이기백, 1974, 「신라 집사부의 성립」, 『신라정치사회사연구』, 일조각, p.152. 전덕재는 집사부가 행정상의 위상을 바탕으로 재정상으로도 일정한 역할을 수행했다고 하며 4가지 상황을 제시하였다(2005, 「신라 중앙재정기구의 성격과 변천」, 『신라문화』25, pp.87~90).
69) 김선숙, 2007, 『신라중대 대일외교사 연구』, 한국학중앙연구원 한국학대학원 박사학위논문, p.36.

2) 左理方府의 설치와 侍衛府의 개편

　中朝衣冠과 永徽연호 사용을 통해 정치적 입지를 다진 김춘추 세력은 제도적 측면에서 율령체제의 기반을 강화하고자 했다. 이방부의 설치가 그것이다. 이방부는 율령격식의 제정과 수정을 담당했던 관부이다. 그런데 격식의 경우 당제를 살펴보면 형부 뿐만 아니라 모든 관부가 격식을 가지고 있어, 신라도 이방부가 모든 관부의 격식까지 제정하지는 않았던 것 같다.

　하지만 이방부가 진덕왕 5년(651) 집사부・창부와 더불어 설치되고 있는 점은 주목할 필요가 있을 것 같다. 일본의 경우 중앙집권체제를 만들기 위해 가장 먼저 율령관제와 조세제도인 조용조를 정비한 사례를 참고할 때,[70] 집사부와 창부에 이어 이방부가 설치된 사실은 진덕왕대 신라의 관부정비 목적을 짐작케 한다. 다음 사료를 참고한다.

　　　B-12 左理方府를 진덕왕 5년에 설치하였다(『삼국사기』 직관지 좌이방
　　　　부).

　위의 사료 B-12는 좌이방부의 설치를 보여주는 기록으로, 설치와 관련해 외형상 문제는 없으나 명칭에 주의가 요망된다. 기록에 따르면 좌이방부라 되어 있다. 곧 우이방부가 함께 존재하고 있다는 의미인데 시기상 문제가 생긴다. 본래「좌・우」는 대칭적 개념으로서 당

---

70) 한경성, 1994, 「일본 고대 율령제 사회의 경제적 성격에 관한 연구」, 『정신문화연구』57.

연히 양 쪽의 존재가 전제되어야만 성립될 수 있다. 그런데 이 시기에 우이방부는 설치되지 않았다. 다음 기록은 사실 이해에 더욱 혼란을 주는 듯하다.

> B-13 春 정월에 파진찬 大曉를 좌이방부령으로 삼았다(『삼국사기』 신라본기 진덕왕 6년 춘 정월).

사료 B-13을 보면 진덕왕 6년(652)에 파진찬 大曉를 좌이방부령으로 삼았다고 한다. 이 기사는 『삼국사기』 본기의 기록인데 시기상 좌이방부라는 표현이 사용되어 고찰이 필요하다. 이는 『삼국사기』 직관지의 기록을 살펴볼 때 우이방부의 설치가 좌이방부와 다른 시기에 이루어지고 있기 때문이다. 다음의 기록이 참고된다.

> B-14 右理方府를 문무왕 7년에 설치하였다(『삼국사기』 직관지 우이방부).

위의 사료 B-14는 우이방부가 문무왕 7년(667)에 설치되었음을 보여주고 있다. 이를 보면 우이방부가 좌이방부의 설치와 동시에 설치 즉 병설된 것이 아니라 일정 기간의 시간차를 두고 설치되었음을 알 수 있다. 따라서 좌이방부가 우이방부와 동시에 설치되지 않았음은 그 명칭에 있어 정확한 검증이 필요함을 의미하며, 아마도 좌이방부 설치 초기부터 좌우 개념이 채택되지 않았을 것이다. 좌이방부가 아닌 이방부의 설치가 보다 명확한 기록이 되는 것이다. 다음의 기록을 통해서 그 가능성을 살펴 볼 수 있을 것 같다.

> B-15 理方府令 良首 등에 命하여 율령을 심사하여 理方府格 60여조[71]를 修定케 하였다(『삼국사기』 신라본기 태종무열왕 원년 5월).

사료 B-15는 무열왕이 즉위 원년(654)에 이방부격 60여조를 수정하도록 명했다는 기사이다.[72] 이를 보면 명칭이 좌이방부·좌이방부령이 아닌 이방부·이방부령으로 나타나고 있다. 무열왕 원년의 일이므로 우이방부가 설치되기 이전의 기록이 되는데, 처음의 정식 명칭이 이방부임을 보여주고 있다. 즉위 원년에 무열왕이 내린 조치가 시행됨에 있어 당연히 해당 부서가 정확히 명기되었을 것이므로 더욱 설득력을 갖게 한다. 그러므로 진덕왕대 설치에서 문무왕 7년(667)의 분치되는 시점까지는 이방부라는 공식 명칭이 사용되었을 것이며, 이후 업무 증가에 따라 좌우의 2개 관부로 나뉘어졌다고 파악해야 한다.[73]

그렇다면 이방부가 설치된 이후 신라 내부에서 어떠한 변화가 초래되었는가? 이방부의 관장 업무가 율령격식과 관련된 것이지만 설치 초기는 크게 역할했던 것 같지는 않다. 당시 김춘추 세력은 자신들이 정치적 우위를 점하고 있었지만, 현실적으로 구귀족·세력을 압도할 만큼 강력한 지도력을 성립시키지는 못하였으므로, 그 세력의

---

71) 수정된 이방부격 60여조는 법흥왕대 제정된 율령이기 보다는 진덕왕대 도입된 당률을 수정한 것으로 여겨진다.

72) 이방부격 수정 기사를 신라가 6세기에 租·調와 관련된 조세용어 등을 계수하였다가, 7세기 에 들어 영휘율령의 영향으로 부역체계를 정비한 것으로 본 견해가 있다(石上英一, 1974, 「古代における日本の稅制と新羅の稅制」, 『朝鮮史研究會論文集』11, pp.98~99).

73) 명칭에 있어 좌우이방부가 사용되게 된 것은 기능의 조정과 관련이 있을 가능성이 있다. 하지만 커다란 정치적 의미를 갖는 다기 보다는 왕권 강화 조치의 일부로서 업무가 증가하여 증설·분치된 것으로 볼 수 있다. 문무왕 17년(677) 좌사록관 설치와 21년(681) 우사록관의 설치 또한 한 예로 들 수 있다. 사료에는 각기 다른 시기에 설치된 것으로 되어 있으나 이방부와 유사한 과정을 거쳤을 것으로 판단한다.

우위가 명확해지지 않는 한 정치적 마찰의 빌미를 먼저 제공하지는 않았을 것이기 때문이다. 이방부는 본래의 율령격식과 관련된 부분에 중점이 두어졌던 것으로 여겨진다.[74]

하지만 시간이 지나면서 이방부의 기능은 강화되어 갔다. 위의 사료 B-15를 율령개정과 관련지어 신라의 '율령편찬 제2기'로 파악할 정도로 의미를 부여하는 견해가 이를 뒷받침한다.[75] 즉 신라중고기 왕권은 법흥왕대 율령을 반포함으로써 성문법적 근거를 마련한 바가 있으나, 귀족연합체제를 고수하려는 귀족세력이 온존하는 한 명실상부한 율령체제의 수립은 용이한 일이 아니었다.

이에 신귀족 세력은 이방부만이라도 우선 설치하여 율령 관계 업무를 관장케 함으로써, 중앙집권적 관료체제의 수립을 기대하였다. 실제로 진덕왕 5년(651)에 국가 업무를 분장하는 각종 행정관부 조직이 체계화되기 시작하였는데, 이 때 이들 부서를 규제할 이방부의 설치는 불가피하였다.

이방부의 설치를 기점으로 하여 율령체제의 기반을 조성한 김춘추 세력은 신라중대 개창의 마지막 작업으로써 군사조직 정비에 착수하였다. 시위부의 개편이 그것이다.[76] 본래 시위부는 진평왕 46년

---

74) 김영하, 1988, 「신라중고기의 정치과정시론」, 『태동고전연구』4, pp.38~39. 필자 역시 이방부가 적극적 역할을 했다는 의견에 동의한다. 다만 집사부가 설치되고 중심적 역할을 하면서 이방부는 율령이라는 제도적 측면에서 주된 역할을 하였을 것이라 생각해 본다. 큰 틀에서 본다면 대동소이하겠지만 기능상 차이가 있었을 것으로 파악하고자 한다.

75) 武田幸男, 1971, 「朝鮮の律令制」, 『岩波講座 世界講座』6(古代6), 岩波書店, p.68.

76) 시위부의 연구에 대해서는 이문기의 논고가 참고된다(1988, 「신라 군사조직 연구의 성과와 과제」, 『역사교육논집』12).

(624)에 대감 6인을 두어 설치하였는데,[77] 대감 6인의 설치는 이전에 비조직적으로 국왕을 시위하던 병졸집단을 지휘하는 관직의 설치를 의미했다.[78] 이를 통해 진평왕은 왕권 강화에 한 걸음 다가설 수 있었는데, 그러한 시위부가 진덕왕대 이르러 개편되었다.

　　B-16 侍衛府에는 三徒가 있는데 眞德王 5년에 설치하였다.[79]

　사료 B-16은 시위부가 3개 조직으로 편제되었음을 보여준다. 기존에 설치되었던 시위부가 다시 정비되는 배경은 무엇인가? 군사적인 면에서 신라중대 율령체제를 뒷받침하기 위한 조치라는 것이 당연한 이해이지만,[80] 이외에도 주요한 요인이 있었던 것으로 생각된다.[81]

　즉 시위부 개편은 정치적 변동 상황에서 왕권에 대해 무력적 도발을 감행할 수 있는 세력에 대한 대응책의 일환이었다.[82] 전술했던 비담의 난은 그 상징적 사례라 할 수 있다. 비담의 난이 진압되었지만 사실 이 시기 집권세력인 김춘추 일파의 권력기반은 확고하지 못했다. 정국 운영을 주도한다는 것과 절대적 권력을 행사한다는 것은 근

---

77) 『삼국사기』 신라본기 진평왕 46년 춘정월.
78) 이문기, 1986, 「신라 시위부의 성립과 성격」, 『역사교육논집』9, p.27.
79) 『삼국사기』 직관지 시위부.
80) 이기백 · 이기동, 1982, 앞의 책, p.340.
81) 시위부 개편은 왕권 강화 과정이나(井上秀雄, 1974, 앞의 책, pp.152~162), 전제왕권 구축을 위한 조치로 파악되기도 한다(신형식, 1984, 앞의 책, p.299). 대체로 시위부는 무열 · 문무왕대 국왕 측근의 군사력으로서 왕권을 지지하는 제도적 장치이며 왕권 강화 내지 전제화 속에서 성립한 군사조직이라 하겠다(이문기, 1986, 앞의 논문, pp.37~39).
82) 이문기, 1986, 앞의 논문, p.35.

본적 차이가 있었다. 전자는 상대적 우위를 통해 가능하지만, 후자는 상당한 집행력과 파괴력을 수반하지 않는 한 지속성이 담보되지 않기 때문이다.

난의 진압 이후에도 여전히 관료사회의 상층부는 귀족세력이 점하고 있었을 것이다. 이들이 모두 김춘추 등 신귀족세력에게 적대적 성향을 보이지는 않았겠지만, 그들이 정국 운영에 능동적으로 참여했을 가능성은 높지 않았다.

이러한 상황에서 취약한 권력기반의 강화를 위해 1차적으로 보완해야 할 사안은 군사적 기반의 확보였다. 비담의 난 이후 군사면에서 김유신이 이전보다 강화된 영향력을 행사했을 것이지만, 난과 직접적으로 관련되지 않은 채 잔존한 귀족세력의 무력적 기반을 무시할 수는 없었다.

따라서 군제의 정비가 시급했는데, 국가적 차원에서 진행되기에는 절차상이나 내용면에서 실효성을 담보하기 어려웠다. 시간이나 규모가 상당히 소요되기도 할 뿐더러, 우선적으로 긴요한 것은 국왕을 호위하는 친위군의 정비였기 때문이다. 김유신의 군사력이 뒷받침을 하더라도 공식적인 면에서 국왕호위를 수행하기에는 한계가 있었다.

특히 전왕인 선덕왕이 반란의 와중에서 사망한 것으로 볼 때,[83] 당

---

83) 이문기는 선덕왕이 비담의 난이 계속되고 있던 동왕 16년(647) 정월 8일에 죽었으므로 난중에 시해되었을 가능성도 있다고 보았다(1986, 앞의 논문, p.36). 필자는 선덕왕의 출생시기가 명확하지는 않지만 이 시기 고령이어서 자연사했을 가능성을 배제하지는 않으나, 일단 난의 발생과 진압 과정에서 훙거한 사실을 볼 때 사망에 직·간접적으로 영향을 받았을 것이라 생각한다.

시 국왕의 호위를 담당한 시위부의 취약성은 그대로 드러났을 것이다. 신라중고기 군사력의 핵심을 이루는 6정이 귀족구성의 장군단에 의해 통솔되었다는 견해를 참고할 때,[84] 6정이 국왕 군사력의 핵심으로 기능하기에는 현실적으로 한계가 있었다. 따라서 친위군의 실질적인 강화가 필요했다.

결국 집권세력의 현실적 필요성에 의해 친위군인 시위부는 사료와 같이 정비되었다.[85] 이 때 김춘추 · 김유신 세력의 의도나 지원이 절대적이었음은 물론이며, 이러한 연유로 시위부는 신라중대 왕권의 무력적 기반으로 일관되게 기능할 수 있었다.

그렇다면 정비를 시행함에 있어 전범으로서 작용한 사례는 없는가? 대당교섭을 통해 당제를 적극적으로 도입하던 시기이므로 당의 제도가 일부 수용되었을 것 같다. 이에 참고되는 것이 바로 당의 衛尉寺이다.[86]

본래 위위시는 진 · 한대 9개 관부의 하나로 설치되었으며 궁중의 경비와 각지의 이궁에 대해서도 경비를 맡았다. 그 후 수대에 이르러 기존 업무에 더해 군기, 천자의 의장, 장막까지 포함했으며 당대에 책임자를 위위경이라 칭하였다.[87] 아마도 시위부 역시 궁중과 국왕의 호위를 위하여 위위시의 기능과 조직을 고려했을 것이다. 다음의 사료를 참고한다.

---

84) 이문기, 1986, 「신라 6정군단의 운용」, 『대구사학』29, pp.13~17.
85) 김영하는 시위부의 조직 정비가 신귀족세력이 왕권 강화의 추진을 뒷받침할 무력장치가 필요했기 때문이라 보았다(2002, 앞의 책, p.275).
86) 『신당서』백관지 위위시.
87) 國書刊行會, 昭和 55年(1980), 『中國歷代職官辭典』, 日中民族科學研究所編, p.16.

B-17 衛尉卿의 직무는 나라의 器械・文物에 관한 政令을 관장하며, 武庫・武器・守宮의 세 官署의 官屬을 총괄한다. 少卿은 그 차관이다. 무릇 천하의 병기가 京師로 들어오는 경우 그 명목과 숫자를 모두 장부에 기록하여 보관해 둔다.[88]

위의 사료 B-17은 위위시 가운데 경과 소경의 직무에 관련된 기록 중 일부이다. 살펴보면 위위경은 무고・무기・수궁의 3개 조직을 총괄한다고 하였는데, 관서의 개별 명칭이 열거되어 있어 구체적으로 기능과 직무를 파악할 수 있다. 그런데 우연의 일치일 수도 있겠으나, 사료 B-17의 3개의 관속 구성이 사료 B-16의 시위부 삼도와 3개의 편제라는 점에서 공통되어 주목된다. 외형적 특징만으로 연결짓는 것이 무리일 수 있겠지만 그렇다고 전혀 무관치도 않아 보인다. 3개 조직이 각기 무고・무기・수궁을 관장했다고 했는데, 시위부 역시 직무 성격상 분장이 있었으며 유사하게 조직운영을 했을 가능성이 있기 때문이다.

물론 시위부의 3개 조직이 모두 동일한 형태로 편제되어 있어 같은 업무를 순환하며 시행했을 확률이 높다. 하지만 업무상 상호 연관된 다른 업무를 각각 수행했을 가능성도 배제할 수는 없다. 이러한 추측이 무리가 아니라면 시위부 개편에 있어 당의 위위시 조직이나 운영이 하나의 사례로서 활용되었다고 하겠다.

요컨대 집사부 등을 통해 정치적 입지를 강화한 김춘추와 김유신

88) 『당육전』 권 제16 위위시에 "尉卿之職 掌邦國器械 文物之政令 總武庫武器守宮三署之官屬 小卿爲之貳 凡天下兵器入京師者 皆籍其名數而藏之"라 하였다 (김탁민 주편, 2005, 『역주당육전』 중, 신서원, pp.457~458의 해석을 따랐음).

등 신귀족세력은 제도적 측면에서 권력 기반을 강화하고자 하였다. 이방부의 설치와 정비가 그것인데, 이를 기점으로 귀족세력을 견제하며 율령체제의 기반을 조성할 수 있었다.

그러한 토대를 바탕으로 신귀족세력은 왕권 강화책의 일환으로 당제인 위위시의 조직과 운영을 참고하여 친위군인 시위부를 3개 조직으로 개편하였다. 이는 비담의 난 당시 선덕왕이 죽었다는 사실을 볼 때 국왕을 호위하는 친위군의 취약성을 보완하려는 조치였다. 김유신의 군사력을 토대로 친위군을 정비하였으며, 이러한 개편과정을 토대로 시위부는 신라중대 왕권의 군사적 기반으로 일관되게 기능할 수 있었다.

3. 王室祀典의 수용과 武烈王系 의식의 형성

신라중대를 개창한 후 무열왕은 정권의 안정과 정치적 정통성의 확보가 우선적 당면 과제였다.[89] 하지만 삼국 통일 과업의 수행이라는 현실 앞에서 전도가 불확실한 것이 왕권의 현실이었다. 자칫 정권은 물론 국가의 존립마저 위태로울 수 있는 위험성이 내포되어 있었다.

---

89) 김영하는 김춘추가 태종무열왕으로 즉위한 이후에 제기된 정치적 과제는 두 가지였는데, 하나는 대내적으로 진골귀족의 억제를 통한 무열왕계의 안정이고, 다른 하나는 대외적으로 백제의 파상적 공세로부터 국가체제를 유지하는 것이라 지적하였다(2007, 앞의 책, p.171).

신라중고기에 동륜계가 불교에 의해서 자신들의 가문을 '聖骨' 관념으로 우월한 지위를 성립시켰던 사례와 유사하게, 무열왕계는 유교의 정치이념에 기반한 가조존숭과 혈연의식을 내세워 가문에 대한 우월적 의식을 성립시켰다.[90] 묘제의 정비와 새로운 출자관념의 표방이 그것이며,[91] 이러한 조치들을 바탕으로 '강력한 중앙집권정치'를 시행하여 나아갔다.

우선적으로 무열왕은 전쟁수행과 왕권안정이라는 두 축을 유지하기 위해 1차적으로 혈연에 기반한 인사 조치를 단행하였다. 누구보다 신뢰할 수 있는 인적 기반이 구축되어야 했으므로 자신의 혈족들을 주요 관직에 임명하고,[92] 김유신계와의 결속을 더욱 공고히 했다. 다음 사료를 참고한다.

> C-1 왕의 아버지를 추봉하여 文興大王이라 하고 어머니를 文貞太后라 하였다(『삼국사기』 신라본기 태종무열왕 원년 4월).

> C-2 원자 法敏을 세워 太子를 삼고, 서자 文王은 이찬, 老且는 해찬, 仁泰는 각찬, 智鏡·愷元은 각각 이찬을 삼았다(『삼국사기』 신라본기 태종무열왕 2년 3월).

---

90) 김덕원, 2007, 앞의 책, p.245, 주)162.
91) 이영호는 신라중대 왕실이 성골이 아닌 진골이었기에 그 전과는 다른 시대인식을 가지고 있었으며, 무열왕은 즉위하면서 역대 김씨 왕실이 가졌던 계보인식을 완전히 폐기하고 김씨 왕실의 소호금천씨 출자설을 표방함과 동시에 새로운 조상제사제도인 오묘제를 실시하였다고 보았다(2004, 「신라의 천도문제」, 『한국고대사연구』36, p.102).
92) 문무왕대의 배타적 권력독점은 필연적으로 나머지 진골귀족의 불만을 야기시켜 태업과 모반으로 나타났다(김영하, 2007, 앞의 책, p.175).

C-3 왕녀 智照를 대각간 김유신에게 시집보냈다(『삼국사기』 신라본기 태종무열왕 2년 10월).

C-4 文王을 중시에 임명하였다(『삼국사기』 신라본기 태종무열왕 5년 정월).

C-5 상대등 金剛이 죽었으므로 이찬 김유신을 拜하여 상대등에 임명하였다(『삼국사기』 신라본기 태종무열왕 7년 정월).

위의 사료 C-1~5는 무열왕 초반과 전반기 가운데 무열왕의 혈족과 관련된 인물의 임명기록이다. 사료 C-5의 김유신 임명은 전임자인 金剛의 죽음에 따른 임명이라는 점에서 제외하더라도, 사료 C-1, 2, 4에서 무열왕의 직계들이 핵심 요직에 임명된 사실은 무열왕 초기의 정권 안정 노력을 가늠하기에 부족하지 않다. 특히 왕녀 智照와 김유신의 혼인은 이전의 신라중고기 사륜계와 금관가야계의 결속이 신라중대에 들면서 보다 강화되고 있음을 상징한다. 이 시기 중앙의 정치권력이 이 두 가문에 기반하고 있음을 보여주며, 이들이 무열·문무왕대 율령체제 성립에 중심적 역할을 했을 것으로 생각된다. 이러한 조치들이 성공적으로 귀결되었는지 명확히 드러나지는 않지만, 김유신을 상대등으로 임명한 그 해(660)에 백제를 멸망시킴으로써, 일단 목표는 달성했다고 평가할 수 있다.

이후 신라중대 왕실은 자신들의 우월의식을 의례적으로 규정하고자 시도하였다. 종묘제[93]가 시행된 것인데, 오묘제는 구체적 사례였

---

93) 『당률』에 따르면 宗이란 존귀한 것이고 廟는 그 형상이며, 나무를 깎아 神主를 만들어 선조를 공경하는 상징물로 삼아 宮室에 모시고 절기에 따라 祭享을 지

다.[94] 이는 중국문화의 적극적 수용과 무관치 않았다. 근본적으로 오묘제를 포함한 종묘제가 중국적 제사이기 때문이다.[95] 하지만 신라의 오묘제 설치에 대한 명확한 기록이 없으며 관련 사료가 일부 존재할 뿐이다. 다음을 참고한다.

> C-6 4월에 대신을 祖廟에 보내어 致祭하여 가로되 "王某는 머리 숙여 재배하고 삼가 太祖大王 · 眞智大王 · 文興大王 · 太宗大王 · 文武大王의 靈에 아룁니다. 某가 천박한 자질로 커다란 基業을 계승하여 자나 깨나 근심하고 애쓰느라 편안한 겨를이 없었는데, 종묘의 愛護支持와 乾坤의 복을 입어 사방이 안정되고 백성이 화목하며,

---

내는 것을 宗廟라 정의하고 있다(한국법제연구원, 1997, 『역주당률소의』 명례편, p.109).

94) 신라의 오묘제 시행에 대한 연구 견해는 크게 3시기로 나뉜다. 첫째 무열왕대 설(이병도, 1983, 『국역삼국사기』 상, 을유문화사, pp.495~496 ; 박순교, 1997, 「신라중대 시조존숭과 관념의 형성」, 『한국 고대의 고고와 역사』 ; 이문기, 2000, 「신라 오묘제의 성립과 그 배경」, 『김정학박사미수기념논총』, 학연문화사 ; 이영호, 2004, 앞의 논문, p.102), 둘째 문무왕대 설(노명호, 1981, 「백제의 동명신화와 동명묘」, 『역사학연구』X, p.81, 주)41 ; 황운용, 1982, 「신라 태종 묘호의 분규시말」, 『동국사학』17, pp.11~13), 셋째 신문왕대 설(변태섭, 1964, 「묘제의 변천을 통하여 본 신라사회의 발전과정」, 『역사교육』8 ; 浜田耕策, 1982, 「新羅の神宮と百座講會と宗廟」, 『東アジア世界における日本古代史講座 -東アジアおける儀禮と國家』 ; 米田雄介, 1987, 「三國史記に見える新羅の五廟制」, 『日本書紀研究』15, 塙書房, p.317 ; 황선영, 1989, 「신라의 묘제와 묘호」, 『동의사학』5, pp.6~7 ; 신종원, 1992, 『신라초기불교사연구』, 민족사, p.87 ; 강종훈, 1994, 「신궁의 설치를 통해 본 마립간 시기의 신라」, 『한국고대사논총』6 ; 최광식, 1994, 『고대 한국의 국가와 제사』, 한길사, p.336 ; 나희라, 2003, 『신라의 국가제사』, 지식산업사, pp.173~175 ; 김영하, 2007, 『신라중대사회연구』, 일지사, p.176 ; 채미하, 2008, 『신라 국가제사와 왕권』, 혜안, p.146) 등이다.

95) 채미하, 2008, 앞의 책, p.111.

異域의 來賓이 보물을 바치고, 刑政이 청명하고 다툼이 그치어 오
늘에 이르렀습니다.[96]

　위의 사료 C-6은 오묘제 시행과 관련하여 흔히 주목되어 온 사료
이다. 일단 오묘제의 시행이 확인되어 신문왕대 오묘제가 시행된 것
으로 보기도 하지만, 제례와 밀접한 국가의 禮樂을 담당했던 음성서
를 살펴보면 오묘제 시행시기는 그 이전으로 추정된다. 진덕왕 5년
(651)에 음성서의 실무관원인 大舍가 설치된 바 있으므로,[97] 국가제
례 관련업무는 이미 실행되고 있었다. 아마 신라 고유의 음악이나 唐
樂을 관장했을 것인데, 이와 관련해 나당 간에 교류가 활발했던 것으
로 보인다. 다음을 살펴본다.

　　C-7 星川 · 丘日 등 28인을 府城(웅진도독부)에 보내 唐樂을 배우게 하
　　　　였다(『삼국사기』 신라본기 문무왕 4년 3월).

　위의 사료 C-7은 문무왕 4년(664)의 것으로써, 삼국통일전쟁 속에
서도 신라가 당제를 수용하는데 적극적임을 보여주고 있다. 물론 이
때 당악을 처음 접하는 것은 아니었을 것이며, 이미 진덕왕대 당제수
용과 더불어 도입되었을 것으로 여겨진다. 일단 사료상에서 唐樂이
구체적으로 무엇인지 알 수 없지만,[98] 표현 그대로 이해해도 무리는
아니라고 본다.

---

96) 『삼국사기』 신라본기 신문왕 7년 4월.
97) 『삼국사기』 직관지 음성서.
98) 당시 도입된 당악을 행진음악인 鼓吹였을 것으로 파악한 견해가 있다(권오성,
　　2009, 『한국문화사 -기록과 유물로 본 우리 음악의 역사』 25, 국사편찬위원회,
　　p.33).

그렇다면 신라는 음성서의 설치에 더하여 당악을 지속적으로 수입함으로써 제례를 정비하였을 것이다. 그러한 모습은 김유신이 죽었을 때, 문무왕이 군악의 고취수 100명을 보낸 사실에서[99] 유추할 수 있다. 오례에 필요한 예악이 모두 정비되었다고 보아도 억측은 아닐 것이다. 이러한 사례들을 볼 때 진덕왕대부터 정비된 음성서와 예악은 신라중대에 들면서 제도적으로 확립되기에 충분했다.

앞의 사료 C-1에서 김춘추가 즉위 원년(654) 자신의 아버지를 문흥대왕으로 추봉했음이 보인다. 이에 대해 대왕은 갈문왕의 변형으로 중국의 追諡와 비슷한 관념에서 행해진 것이라는 견해가 있다.[100] 위의 사료를 단순히 갈문왕의 전례를 따른 것으로 파악하기도 하지만,[101] 종묘제와 관련된 시원적 성격을 갖는 것은 분명하다.[102]

그러므로 사료상에 오묘나 종묘와 같은 직접적인 표현이 없더라도, 사료 C-1에서 보이는 「추봉」이라는 조치가 지니는 의미는 결코 간과될 수 없으며, 오히려 이 시기를 오묘제의 공식적 始行으로 보아야 할 것이다.

이는 오묘제만을 놓고 본다면 다른 시기를 생각해 볼 수 있지만, 중국적 질서의 확산이라는 당시의 시대배경을 고려할 때 추봉이 갖는 의미는 무시될 수 없기 때문이다. 무열왕이 "율령을 詳酌하여 理方府格 60여 條를 수정하라"[103] 명한 기록과 양자를 연결하여 보면

---

99) 『삼국사기』 열전 김유신 하.
100) 이기백, 1974, 앞의 책, pp.23~26.
101) 채미하, 2008, 앞의 책, p.117.
102) 이명식, 1989, 「신라 중대왕권의 전제화과정」, 『대구사학』38, p.101.
103) 『삼국사기』 신라본기 문무왕 원년.

그 의미가 보다 뚜렷해진다. 단순히 오묘제 정비라는 하나의 사건이 아니라 율령체제와 연계된 새로운 지배이념과 질서의 도입이었다.

결과적으로 오묘제는 무열왕의 즉위와 더불어 진행되던 당제의 도입으로서 율령과 불가분의 관련을 갖는 것이며 당연히 이 시기에 시행되었을 가능성을 보여준다. 이를 바탕으로 무열계 왕실은 자신들의 우월적 의식을 새로이 표방하기에 이른다. 전술했듯이 신라중고기에 동륜계 혈연집단이 권력을 배타적으로 독점하는 과정에서 폐쇄적인 혈연관념인 성골의식을 성립시킨데 반하여,[104] 신라중대 왕실은 이에 상응하는 조치로서 자신들이 '少昊金天氏'의 후예라는 새로운 출자의식을 표출하였다.[105] 다음의 사료를 참고한다.

> C-8 [4행] ·· 我 新羅
> [5행] … 신령스러운 근원은 멀리서부터 내려와 火官之后에 창성한 터전을 이었고 높이 세워져 바야흐로 융성하니, 이로부터 □枝가 영이함을 담아낼 수 있었다. 稘侯祭天之胤이 七葉 …
> [6행] … 15代祖 星漢王은 그 바탕이 하늘에서 내리고, 그 靈이 仙岳에서 나와, □□을 개창하여 玉欄을 대하니, 비로소 조상의 복이 祥林에 많아 石紐를 보고 金輿에 앉아 …[106]

---

104) 이기동, 1984, 앞의 책, pp.84~89.
105) 이문기는 신라의 중국적 예제에 입각한 새로운 왕실 조상 제도인 오묘제를 신라중대 왕실이 표방한 '소호금천씨 출자설'과 관련지어 고찰한 바 있는데 (1992, 「신라 오묘제의 성립과 그 배경」, 『김정학박사미수기념고고학·고대사논총』, 학연문화사), 필자는 오묘제와 소호금천씨 출자설 모두 신라중대 율령체제 시행과도 매우 밀접하게 연관되었던 것으로 생각한다.
106) 문무왕릉비에 "我新 … 君靈源自敻 繼昌基於火官之后峻構方隆由是克□□枝載生英異稘侯祭天之胤傳七葉以□ 焉□□十五代祖星漢王降質圓穹誕靈仙岳

C-9 [1행] 나라의 중요한 일을 맡을 만한 재목이라

[2행] 兵符는 □爪를 만들고, □龍薰孤의 경사는

[3행] □오지군이라 小□는 □墟하여 별빛을 나누고 시퍼런 바다를 뛰어 넘었으며, 金天은

[4행] 太祖 漢王은 천년의 □를 열고, □聖은 百谷의 □에 임…

[5행] 漢나라 장수 孫策은 三江을 근거지로 하여 …

[6행] 할아버지 文興大王께서는 사물의 기미를 미리 알아차림이 신과 같은 분으로

[7행] □号의 驗을 □하니, 本枝가 □盛하여지고, 여유로움이 후손에게 드리웠다.[107]

위의 사료 C-8과 C-9는 각기 〈문무왕릉비(681)〉와 〈김인문비(701)〉의 일부이다. 내용 가운데 '火官之后'나 '秺侯祭天之胤' 등이 보이는데, 전자는 火官이 炎帝 神農씨이므로 그의 아들인 黃帝를 지칭하고, 후자는 흉노 휴도왕의 태자로서 漢 武帝의 총애를 받은 金日磾를 말한다. 두 비문을 고찰한 연구에 따르면 신라중대 김씨 왕족이 그들의 연원을 중국 상고시대의 전설 속에 등장하는 소호금천씨에 결부시키는 출자관념이 반영된 것으로 파악된다.

본래 신라 김씨 족단은 김알지로부터 출자했다는 시조 관념을 가지고 있었는데, 이 시기 그러한 관념이 변화되는 것은 어떠한 정치적 변화로 인한 때문으로 여겨진다. 신라중대 왕실이 이전의 신라중고

肇臨□□ 以對玉欄始蔭祥林如觀石紐坐金興而"라 하였다(허흥식 편저, 1984 『한국금석전문』고대편, 아세아문화사, p.100).

107) 김인문비에 "□□□□□則□□□□□棟梁之材存 □□師之兵符作其 □爪 □龍薰孤之經史 吾之君少□□墟分星于而超碧海金天命□太祖漢王啓千齡之 聖臨百谷之 □□彊漢將孫策限三江而則土 其日 祖文興大王知機其神多 □□ 号之驗本枝□盛垂裕後昆"이라 하였다(허흥식 편저, 1984, 앞의 책, p.119).

기와는 분명히 다르다는 차별성을 강조하기 위한 것이다. 오묘제[108]의 시행을 통해 자신들의 기원을 소호금천씨에서 연원한 태조 성한왕과 직계 4조를 계승한 존재라는 점을 부각시킴으로써 자신들의 王者로서의 정통성을 과시하려는 의도가 있었다. 이러한 새로운 출자의식은 무열왕에 이어 문무왕, 신문왕, 효소왕대에도 변함없이 지속되었다고 한다.[109]

이는 비문 자체가 자신들의 가조전승을 과시하려는 대내외적 목적이 있었겠지만, 시대상과 연계하여 이해할 때 타당한 분석이라 생각된다. 기존의 성골관념이 완전히 불식되지 않은 정치적 상황에서 왕권의 정통성문제로 인한 혼란을 확실히 차단하기 위한 정치적 행동이다. 특히 신라중대 왕권의 양대 축인 김유신 가문 역시 소호금천씨 출자설을 표방했다는 점에서[110] 그 의미가 남다르다는 것을 지적할 수 있다.

요컨대 신라중대를 개창한 무열왕은 대내외적 안정과 정치적 정통성을 확보하기 위해 새로운 국가적 의례제도를 시행하였다. 바로 오묘제로서 유교적 통치이념에 기반한 가조전승과 우월적 혈연의식을 성립시켰으며 이를 바탕으로 정국을 주도하여 나아갔다.

또한 기존의 김씨 족단이 지녔던 시조인식을 대신하여 소호금천씨 출자의식을 표방하였는데, 이는 오묘제의 시행의 정치적 목적과

---

108) 오묘제의 확립이 왕위계승에 있어 직계상속의 존중과 왕실의 권위를 과시하고자 한 것이며 법규 반포는 왕권의 권력집중을 꾀한 것이다(최근영, 1990, 『통일신라시대의 지방세력연구』, 신서원, p.154).
109) 이문기, 1999, 앞의 논문, p.670.
110) 이문기, 2004, 「금관가야계의 시조 출자전승과 칭성의 변화」, 『신라문화제학술발표논문집』 25.

연계된 것으로써, 김유신 가문 역시 이를 칭하여 가문의 결속을 공고
히 하였다. 즉 오묘제를 통한 당제의 도입과 율령격식의 정비에 더하
여 독자적 출자관념을 표방하여 새로운 중앙집권적 율령체제를 구
축하고자 했던 것이다.

제2장
神文王代 地方制度와 軍制의 정비

1. 중앙집권적 관료체제의 지향

　신문왕은 무열 · 문무왕대의 통일 전쟁 후 획득한 영토와 증가한 민을 새로이 편제하였다. 재위 5년(685)에 9주를 정비하였는데,[1] 통일 후 지속된 체제 정비가 일단락된 것으로 평가할 수 있다.[2]

　이러한 개편이 갖는 의미는 통치 체제에 있어 일원적이고 체계화된 정비임은 물론이지만, 또 다른 정비를 수반한 것이라는 점이다. 그 편린은 다양한 모습으로 나타났는데, 그 상징적 사례가 곧 지방제와 군제의 분리이다. 삼국시기 이래 지속되어 온 '지방관=군관' 이라

---

1) 『삼국사기』 신라본기 신문왕 5년.
2) 신라와 발해, 일본에서 집권적 율령국가의 성립이 7세기 후반에 집중된다는 견해가 있는데, 이를 참고할 때 신라중대의 체제정비는 당시 동아시아사회 사회 변화의 흐름속에서 진행되었음을 추측할 수 있다(栗原益男, 1980, 「唐帝國の盛衰-統一新羅 · 渤海の成立と唐」, 『律令制と國家』八世紀の日本と東アジア 4, 江上波夫 · 川崎庸之 · 西嶋定生 編, 平凡社, p.57).

는 등식이 '지방관≠군관'이라는 이원적 편제로 새로운 변화를 맞게 되었다.

문관의 인사를 위화부에서 담당했듯이, 무관의 인사는 병부에서 관장했을 것이다. 병부령 설치 이후 관료 증원은 군사 조직의 업무 분장과 증가에 따른 것으로써, 그 가운데 무관에 대한 인사 행정도 포함되었을 것이다. 이처럼 병부가 무관의 인사와 관련된 업무를 수행하였다면 문관에 대한 인사를 담당하던 관부도 존재했을 것이다. 여기에서 주목되는 것이 위화부이다. 이에 다음 사료가 참고된다.

> A-1 위화부 진평왕 3년 처음 설치 … 衿荷臣(令)은 2인으로 신문왕 2년 에 처음 두고, … 上堂(卿)은 2인으로 신문왕이 두었으며 … (『삼국 사기』 잡지 직관지 위화부).

사료 A-1을 보면 진평왕대 처음 설치된 이래 신문왕대에 본격적으로 관부 관원의 증원이 이루어지고 있음이 나타난다. 이것은 위화부 성격상 문관과 관련된 업무를 처리함에 있어 당연한 조치라 할 수 있다. 그러한 관료의 선발과 감독에 대한 기능이 수행되었을 것이다. 그러한 가능성은 다음의 기록에서 살펴진다.

> A-2 位和府令 2인을 두어 選擧의 사무를 맡게 하였다(『삼국사기』 신라 본기 신문왕 2년 4월).

사료 A-2는 「신라본기」의 기록이 「직관지」에 비해 선거라는 직접적 표현으로서 업무의 성격을 보다 명확히 하고 있다. 아마도 국학에서 넘어 온 학생 성적과 골품을 중심으로 관직을 배치하는 일 등을 담당했던 것 같다.[3] 물론 구체적 선발과정이나 내용은 알 수 없고, 과거제가 고려시대에 가서 처음 이루어진다는 것은 주지하는 바이지만, 그에 준하는 형태로서 관리선발이 국가 차원에서 제도적 장치로 정형화된 것으로 볼 수 있다. 적어도 관리선발이 제도적으로 시행되었음을 말한다.[4]

위화부의 설치 이전에는 혈연 등 사적 기준을 우선하여 충원되었을 것이나, 이제는 령과 격에 근거한 투명한 인사행정을 통해 관료를 임명하게 되었다. 관료질서에 율령체제가 침투하기 시작한 것이다.

그렇다면 이 시기 신라에 문무관료제가 성립되었다고 할 수 있는가 하는 의문이 생긴다. 일단 후대의 관념이 투영된 표현으로 생각되는데, 이는 고려와 조선을 거치며 문무관료제가 성립됨을 생각할 때 현실적으로 어렵기 때문이다. 다만 체제정비에 있어 일대 진전을 강하게 나타내는 증거로써 그 의미를 이해하는 하는 것이 바람직해 보인다. 진덕왕대부터 정비되기 시작한 관료제가 신문왕대 정착되는 모습이다.[5]

더하여 국학의 정비는 위화부 정비에 더하여 관료질서에 변화를 유도했다. 위화부가 기성관료에 대한 관리기능을 수행했다면, 국학은 신진관료의 양성에 주안점을 두었다. 다음을 살펴본다.

> A-3 6월에 국학을 세웠는데, 卿 1인을 두었다(『삼국사기』 신라본기 신
> 문왕 2년 6월).

---

3) 이인철, 1993, 『신라정치제도사연구』, 일지사, pp.38~39.
4) 김수태는 위화부가 관료선발, 국학은 관료양성 및 배출과 깊은 관련이 있으며, 이는 신문왕이 즉위한 후 가장 시급한 정치적 과제의 하나가 바로 관료제도와 관련 있음을 나타내는 것으로 보았다(1996, 앞의 책, pp.27~28).
5) 전덕재, 1996, 『신라육부체제연구』, 일조각, p.173.

A-4 국학은 예부에 속하며 신문왕 2년에 설치하였는데, … 卿은 1인으로 경덕왕이 司業으로 고쳤는데 혜공왕이 다시 卿으로 고쳤다. 박사·조교가 약간인 있고, 大舍는 2인으로 眞德王 5년에 두었으며 경덕왕이 主簿로 고쳤으나 혜공왕이 다시 大舍로 고쳤다. … 史는 2인이다. … 敎授는 『周易』·『尙書』·『毛詩』·『禮記』·『春秋左氏傳』·『文選』으로 나누어 학업을 닦게 했는데, 박사나 조교 1인이 『禮記』·『周易』·『論語』·『孝經』을, 혹은 『春秋左傳』·『毛詩』·『論語』·『孝經』을, 혹은 『尙書』·『論語』·『孝經』·『文選』을 가르친다. … 모든 학생의 位는 大舍 이하로부터 無位에 이르며, 연령은 15세부터 30세까지로 모두 충원케 한다. 9년을 한도로 하되, 만약 朴魯해서 교화되지 못한 자는 그만두게 하고, 만약 才器가 이루어질 수 있으나 미숙한 자는 비록 9년이 넘더라도 재학을 허락한다. 位는 大奈麻·奈麻에 이르면 이후에 출학케 한다(『삼국사기』 직관지 국학).

위의 사료 A-3·4는 국학의 설치와 그 관련 내용을 보여주고 있다. 사료 A-3은 간략하게 국학의 설치만을 전하지만, A-4는 국학설치는 물론, 교육과정과 입학자격 등에 대해서 세부적으로 기술하고 있다.

우선 설치시기를 보면 사료 A-3에서는 신문왕 2년(682)임을 보여주고 있다. 사료 A-4 역시 신문왕 2년임을 보여주지만, "대사 2인을 진덕왕 5년(651)에 두었다"는 기록에서, 이미 진덕왕대 국학의 실무자가 있음을 알 수 있다. 따라서 국학은 진덕왕대 설치되어 신문왕대 최종 완비된 것으로 생각된다.[6]

----

6) 국학의 설치에 대해서는 단계적 정비론과 일시 성립론의 두 견해가 있다. 전자는 진덕왕 5년(651)부터 시작되어 신문왕 2년(682)에 완비되었다는 견해로 이병도(1983, 『국역삼국사기』상, 을유문화사, p.583), 이기동(1980, 『신라골품제사회와 화랑도』, 일조각, p.124), 김희만(1994, 「신라 국학의 성립과 운영」,

관원의 구성은 책임자인 卿 아래에 교육을 담당하는 박사와 조교, 행정을 담당하는 大舍와 史의 이원적 편제였다.[7] 국학의 전범으로 여겨지는 당의 국자감은 행정체계가 '祭主 - 司業 - 丞 - 主簿 - 錄事'로 되어있는데,[8] 책임자인 경이 당의 司業에 해당해 최고직인 좨주를 칭하지 않는 점이 다르다. 이는 양국 제도의 위상 차이를 보여준다는 점에서,[9] 형식적 의례를 통한 양국간 마찰을 예방한 조치로 이해된다.

다음으로 교육내용에 있어서 『논어』·『효경』을 필수로 하고, 5경과 『문선』이 더해져 있음을 알 수 있는데, 기본적으로 유교의 도덕률인 충과 효를 중시했음을 보여준다.[10] 이는 신라중대 왕실이 『논어』·『효경』을 통해 충효의 윤리와 더불어 忠孝一本論의 사회적 확산을 기대한 것으로,[11] 귀족세력에게도 예외는 아니었다.

입학 및 수업연한도 규제가 있음이 확인되는데, 우선 입학은 '大舍 이하로부터 無位이며, 15세부터 30세까지'로써 신진관료의 양성

『소헌남도영박사고희기념논총』, pp.14~19), 이인철(1993, 앞의 책, p.142), 권덕영(1996, 앞의 논문, p.232), 박순교(1997, 앞의 논문, pp.12~13), 김영하(2007, 앞의 책, p.211) 등이 있으며, 후자는 신문왕 2년(682) 일시에 성립되었다는 견해로 이기백(1986, 앞의 책, p.228), 고경석(1997, 「신라 관인선발제도의 변화」, 『역사와 현실』23, pp.92~98), 이희관(1998, 「신라 중대의 국학과 국학생」, 『신라의 인재양성과 선발』, p.112), 정호섭(2004, 「신라의 국학과 학생녹읍」, 『사총』58, p.48) 등이다. 국학의 연구성과에 대해서는 김덕원의 논고가 참고된다(2011, 「신라 국학의 설립과 그 주도세력」, 『진단학보』112).

7) 김영하, 2007, 앞의 책, p.211.
8) 『신당서』 백관지 국자감.
9) 김영하, 2007, 앞의 책, pp.211~212.
10) 이기백, 1986, 앞의 책, p.226.
11) 김영하, 2007, 앞의 책, pp.215~216.

이 주된 목적이었음을 보여주고 있다. 하지만 입학자격이 신분에 따른 구분을 하고 있지만 구체적으로 제한을 명시하지는 않고 있다. '대사 이하' 라는 표현만으로는 추론하기가 어려워 이에 대한 견해는 다양하게 나타나 있다.[12)]

여기에서 국학의 설치 배경에 대해 살펴볼 필요가 있다. 신라중대 초기에 등용된 유학자로 강수와 설총이 있는데, 이들이 국학을 설립하는데 주도적 역할을 했을 것이라는 점에서,[13)] 대체로 진골귀족 이하의 두품계층을 대상으로 했을 것이라 여겨진다. 이때 6두품에서 4두품까지 모두 해당되었을 가능성이 없지 않지만, 당시 신라의 사회구조 속에서 설립을 주도한 6두품이 그만큼 개방적 인식체계를 소유했는지는 의문이다.

신라하대이기는 하지만 최치원의 경우를 살펴보면 그 일면을 볼 수 있다. 그는 〈聖住寺郎慧和尙白月葆光塔碑〉에서 "나라에 5품이 있는데 聖而·眞骨·得難 등이다. 貴姓이 얻기에 어려움을 말한다. 『文賦』에 구하기가 쉽지만 얻기는 어렵다고 했다. 따라서 6두품을 말한다. 수가 많음을 귀하게 여기는 것은 마치 一命에서 九命에 미침과 같다. 그 4품과 5품은 족히 말할 바가 못된다"고 했다.[14)]

---

12) 국학생의 신분에 대한 제 견해는 다음과 같다. 첫째 6두품 중심이라는 견해(이기백, 1986, 앞의 책, p.229 ; 김영하, 2007, 앞의 책, p.212), 둘째 6두품 이상의 신분이라는 견해(고경석, 1997, 앞의 논문, p.101), 셋째 진골~5두품이라는 견해(이인철, 1993, 앞의 책, p.144 ; 정호섭, 2004, 앞의 논문, p.53), 넷째 진골~4두품이라는 견해(이희관, 1998, 앞의 논문, pp.106~109) 등이다.
13) 이기백, 1986, 앞의 책, p.229.
14) 〈성주사낭혜화상백월보광탑비〉에 "國有五品 曰聖而曰眞骨曰得難 言貴姓之難得 文賦云或求易而得難從言六頭品 數多爲貴猶一命至九 其四五品不足言"이라 하였다(『조선금석총람』상, p.74).

그는 신라 사회에서 진골 아래에 자리한 6두품의 위상을 강조하고, 군왕의 선정이 6두품 출신 유학지식인에 의해서 비로소 가능하다는 점을 부각시킨 것이지만,[15] 4두품과 5두품은 족히 비교할 바가 못 된다는 인식을 보임으로써, 6두품 계층 스스로 신분적 관념에 머무르고 있다. 즉 그들 자신이 신분제의 희생자인 동시에 그 관념에 동화되어 한계를 극복하지 못하고 있음을 보여준다.

이를 볼 때 상대적으로 신분제가 보다 공고히 유지되었던 신라중대에 6두품 이하 계층을 대상으로 했다고 하기는 현실적으로 어렵다. 곧 국학의 입학대상자는 6두품 계층에 국한되었을 것이다.

이상에서 살폈듯이 신문왕대 위화부령과 국학의 설치는, 신라중대 왕권의 강화를[16] 이념적으로 뒷받침해 줄 유교정치 이념의 수립과 관료군 형성을 위한 인재 양성의 필요성에서 나온 조치로써,[17] 신문왕대 귀족세력에 대한 본격적 억압조치와는 불가분의 관계였다. 신문왕대 왕실의 유교적 통치질서 확립 의도는[18] 다음에서도 찾아진다.

---

15) 장일규, 2008, 『최치원의 사회사상 연구』, 신서원, p.251.

16) 신라중대 초기의 정치적 과제는 귀족의 관료화를 통한 중앙집권적 귀족관료 체제의 성립이었으며 그것은 귀족세력의 상대적 자립성을 약화시켜 왕권에 대한 예속도를 강화하는 방향이었다(김영하, 2007, 앞의 책, p.188).

17) 김철준, 1990, 『한국고대사회연구』, 서울대 출판부, p.259.

18) 문무왕의 유조 명칭에서 敎가 아닌 詔라는 표현이 주목된다. 이는 나당 전쟁 기간 중 신라의 자의식 강화에 따라 중국과는 다른 독자적인 세계질서 시도로서 문무왕 재위기간내 지속되었을 것이라는 견해가 있다(양정석, 1999, 「신라 공식령의 왕명문서양식 고찰」, 『한국고대사연구』15, p.173). 필자는 신문왕 원년에 다시 敎라는 표현으로 바뀌어 나타나는 점에서 그러한 견해가 설득력 있다고 보며 율령의 시행을 넘어 대내외적 정치 상황에 따라 상당히 신축적으로 운영하고 있음을 보여주는 사례로 파악하고자 한다.

A-5 사신을 唐에 보내 禮記와 文章에 관한 서책을 청했더니, 唐主 측천
이 所司로 하여금 吉凶要禮를 寫하게 하고, 또 文館詞林 중에서 規
箴에 관한 글을 선택하여 50권을 만들어 주게 하였다(『삼국사기』
신라본기 신문왕 6년).

사료 A-5를 보면 신문왕이 재위 6년(686)에 당에 사신을 보내 유교
적 통치 이념과 관련된 문헌을 청하고 있다. 길흉요례와 규잠이라는
표현에서 보이듯 유교적 통치질서의 확산이다. 재위 7년(687)에 문
무관료전이 지급되고, 또한 지급될 당시 차등이 있게 했다는 것은 관
료들의 서열화를 더욱 강화했다는 의미가 아닐까 한다.[19]

이러한 조치들은 귀족세력을 관료화하려 했던 신라중대 왕실의
의도로 파악된다. 위화부를 설치하여 인사행정을 정비하고, 관료예
비군 양성을 관리하며, 신관료질서 수립에 주요한 역할을 한 것이다.
당의 율령체제를 참고한 구체적 사례였다.

아마도 신문왕대 9주라는 지방제도 정비와 맞물려 관료질서 역시
당연히 변화가 수반되었을 것이다. 문무왕대의 왕권 강화책이 귀족
세력의 군사적 기반 약화와 문무관료질서의 확립을 목표로 추진되
었다는 점에서,[20] 충분히 가능하다.

즉 사료 A-5는 관료질서의 확립과 이를 시행한 국가 정책이 사료
에 그대로 투영된 것이다. 국학 설립을 통한 유교적 정치 이념의 시
행과 더불어 그에 따른 통치 질서 정비의 한 부분으로서 관료제의 정
비 강화가 나타난 것이다. 아마도 국학 설치는 삼국통일기 이후 관리

---

19) 『삼국사기』 신라본기 신문왕 7년.
20) 김수태, 1996, 앞의 책, p.16.

충원을 위한 관료 양성이 1차적 목적이었을 것이나, 근본적 배경은 신라중대 왕실에 친위적인 성격의 새로운 정치 세력을 공급하려는 의도에서 시도된 것이라 생각된다. 관직체계의 발전을 위해서는 관료 양성과 교육을 전담하는 기관이 필요했고 국학이 그 기능을 수행한 것이다.[21]

요컨대 신문왕은 율령체제의 성립을 위하여 체제운용의 주요세력인 측근관료의 형성과 관료제의 효율적인 운영을 위하여 위화부를 정비하였고, 귀족세력에 대한 정치세력의 형성과 율령관련 정책의 시행을 위해 유교적 통치이념을 겸비한 관료를 양성하고자 국학을 정비했으며, 유교적 통치질서의 확립과 확산을 위해 길흉요례와 규잠을 강조한 것이다. 특히 국학의 설치과정에 역할했던 것으로 생각되는 설총과 강수같은 인물들은 6두품으로써 신문왕대 율령체제의 성립에 실무적 역할을 충실히 수행했을 것이다.

2. 9州의 편성과 군현제로의 전환

위화부와 국학의 정비를 통해 새로운 통치질서의 수립을 시도한 신문왕은 지방제도 개혁에 나섰다. 바로 9주제의 정비였다. 이는 사해 안에 9주를 설치한데서 유래한 것이지만, 백제와 고구려의 멸망 이후 一統三韓의 이념을 구현하려는 인위적인 지방구획 의도였다.[22]

---

21) 이인철, 1993, 앞의 책, p.140.

한편으로는 통일 이후 체계적으로 정비되지 못한 지방에 대한 중앙의 적극적인 지배력 강화의 표현이었다. 7세기 후반의 지방제도가 '주군제'에서 '군현제'로의 전환이라고 언급되듯,[23] 지방통치에 있어 큰 변혁의 시기였다. 더하여 군현제에 입각한 지방지배는 신라 중대 왕권의 민에 대한 지배확대를 의미했다.[24] 다음의 사료를 참고한다.

> B-1 지금 살피건대 新羅에서 州郡을 설치할 때 그 田丁과 戶□가 縣에
> 미치지 못하면, 或은 鄕을 설치하고 或은 部曲을 설치하여 所在의
> 邑에 속하게 했다(『신증동국여지승람』 여주목 등신장).

위의 사료 B-1은 『신증동국여지승람』 여주목 등신장조의 일부분으로 신라의 군현편제와 관련하여 자주 인용되고 있다. 일반적으로 경덕왕대 군현 개명이 전면적으로 이루어지는 것은 각 군현의 건치 연혁을 보면 쉽게 알 수 있다.

그런데 경덕왕대 이전의 시기로서 '신라'라고 표기되는 경우 언제 인지 명확하지 않아 혼란을 줄 수 있으므로 고찰이 필요하다. 사료상에 '新羅建置州郡時'라 하여 주군을 설치할 때라고 했으므로, 신라 지방제도 정비의 효시로 일컬어지는 '지증왕 6년(505)'과 9주 5소경이 정비되는 '신문왕 5년(685)'이 우선적으로 고려된다.

신라는 나당연합 이후 여제멸망시까지 당과 행보를 같이했다. 하

---

22) 김영하, 2007, 앞의 책, p.210.
23) 木村誠, 1976, 「新羅郡縣制の確立過程と村主制」, 『朝鮮史硏究會論文集』 13, pp.11~14.
24) 김영하, 2007, 앞의 책, p.186.

지만 당이 웅진도독부 설치와 안동도호부 설치 등 침략의 본색을 드러내자, 여제의 유민을 모아 당군을 축출하고 삼국통일을 달성하였다. 반면 신라 중앙정부는 이들 여제의 故地에 대한 영역편제를 신속히 전개하지 못했다.[25] 사료상에는 삼국통일(676)부터 신문왕 5년(685)까지 이 지역에 대한 지방통치의 정비가 실질적으로 나타나지 않는다. 물론 약 10년의 공백기 동안 이들 지역이 방임적 상태로 놓였던 것은 아니었지만, 적어도 적극적인 지방통치가 실현되지는 못했다.

다만 여제의 고지에 대한 지배는 꾸준히 강화해 온 것으로 파악된다. 당군을 축출한 시기부터 9주 5소경 정립시기까지의 제도정비 기록을 정리해 보면 다음과 같다.

> B-2 좌사록관을 처음 설치하였다(『삼국사기』 신라본기 문무왕 17년 3월).

> B-3 북원에 소경을 설치하였다(『삼국사기』 신라본기 문무왕 18년 정월).

> B-4 아찬 天訓을 무진주 도독으로 삼았다(『삼국사기』 신라본기 문무왕 18년 4월).

---

25) 청주의 북쪽과 서북지역에 위치했던 군현고찰을 통해 이곳이 고구려, 백제, 신라의 치열한 공방전이 전개되었던 까닭에 삼국의 첨예한 교전지역이 되었으므로 삼국 모두 그곳에 안전한 지배권을 구축하지 못해 군현급의 지방행정단위가 설치되지 못한 것으로 본 견해가 있다(전덕재, 2005, 「서원소경의 설치와 행정체계에 대한 고찰」, 『호서사학』 41, p.12).

B-5 加耶郡에 금관소경을 설치하였다(『삼국사기』 신라본기 문무왕 20
년 5월).

B-6 우사록관을 설치하였다(『삼국사기』 신라본기 문무왕 21년 정월).

B-7 완산주를 復置하고 龍元을 摠管, 거열주를 분립하여 菁州를 두어
비로소 9州를 始備하고 대아찬 福世를 摠管으로 삼았다(『삼국사
기』 신라본기 신문왕 5년 춘).

B-8 서원소경을 두었고 아찬 元泰로 仕臣을 삼았으며, 남원소경을 두
고 여러 주군의 민호를 분거케 하였다(『삼국사기』 신라본기 신문
왕 5년 3월).

B-9 泗沘州를 郡으로, 熊川郡을 州로, 發羅州를 郡으로, 武珍郡을 州로
삼았다(『삼국사기』 신라본기 신문왕 6년 2월).

위의 사료 B-2~9까지는 문무왕 17년(676)부터 신문왕 6년(686)까
지의 기록 가운데 일부이다. 사료 B-2, 6은 지방제도는 아니지만 이
와 관련하여 주목된다. 관리의 녹봉을 담당하던 사록관이 먼저 설치
되었다는 것은, 통일 이후 귀족의 군공에 대한 포상 등 녹봉제도의
체계적 정비를 보여준다.[26] 나아가 지방통치체제의 정비 이전에, 이
를 정비한 것은 그만큼 귀족세력에 대한 경제적 배분이 급선무였음
을 방증한다. 아마도 이의 실행을 위해 해당 지역에 대한 호구파악
등 경제적 조치가 뒤따랐을 것이다.

---

26) 전덕재, 1996, 앞의 책, p.176.

다만 사료 B-3에서 좌사록관이라 했지만 처음 설치되던 당시는 사록관이라 칭했을 것이다. 그 뒤 분배에 대한 사무가 간단치 않았기에 4년 뒤 우사록관이 증치된 것으로 보이며, 이때 기존의 사록관이 좌사록관으로 개칭된 것으로 생각된다. 1차적으로 군공에 대한 포상업무가 진행되면서 관료에 대한 지배도 조금씩 강화되어 갔다.

이때 우사록관의 설치는 국학정비와도 무관치 않아 보인다. 우사록관 설치 다음 해(682)에 국학이 완비되는데, 그곳에서 수학하는 관료나 예비관료 역시 복무 댓가로써 상응하는 녹봉 등을 지급받았을 것이다. 이는 신문왕대 관료전 지급 이전의 단계로써 이미 관료체제에 대한 운영실태가 점검되는 모습이 아닐까 한다. 율령체제가 정비되면서 국왕과의 친소관계가 아닌 관련 절차에 따른 제도의 정비였다. 이상의 관료제 정비를 바탕으로 지방제도가 정비되었다.

먼저 주요 거점에 대한 지배를 확고히 하고자 소경이나 주가 설치되었다. B-3의 北原小京, B-5의 金官小京, B-8의 西原小京 및 南原小京 등은 그러한 모습을 보여준다.[27] 中原小京은 언급이 없으나 진흥왕 18년(557) 國原小京 설치 이후, 失地한 기록이 없으므로 이 시기까지 계속 유지된 것으로 생각된다.

이 때 소경이나 주를 설치하며 민호를 이동시킨 사실에서 지방의 실상이 파악되었던 것으로 보인다. 사료 B-7 "居列州를 분립하여 菁州를 두어"라는 부분과 B-8 "南原小京을 두고 여러 주군의 민호를 분거케"라는 부분에서 이를 간접적으로 확인할 수 있다. 지방 통치

---

27) 전덕재는 신라가 전라도 지역의 옛 백제지역을 통제하기 위해 남원소경을 두었고, 충청도지역의 백제 고지를 통제하기 위해 청주지역에 서원소경을 설치한 것으로 파악하였다(2005, 앞의 논문, pp.12~14).

의 거점으로서 주나 소경의 기능과 위상이 유지되기 위해서는 기본적으로 적정 수준의 인구가 필요했을 것이므로, 그에 따라 사민정책이 시행되고 그 기초 작업으로서 호구파악이 선행되었다고 하겠다.

양전 또한 시행되었을 것인데 신문왕 7년(687) 관료전 지급시 차등 지급을 한 사례를 볼 때, 이미 양전 사업[28]은 진행되었고, 이 때 결부제를 바탕으로 한 국가적 양전 사업이 법제화되었던 것으로 추측된다.[29]

즉 삼국통일 과정에서 당군축출 이후, 바로 여제의 고지에 대해 지방통치가 동시에 정비되지는 못했지만, 단계적으로 대응작업이 진행되었고 신문왕 5년과 6년에 이르러 9주 5소경 체제로 최종 완비된 것같다.

다만 사료상에 토착질서를 완전히 불식시키는 조치의 시행이 없다는 점에서, 이는 중앙집권력의 약화시 언제든지 반신라적 성향의 요인으로 표출될 가능성이 있었다는 점을 한계로 지적할 수 있다.[30] 신라하대 여제지역에서 발생했던 지방세력의 모반과 농민반란 등은

----

28) 이우태는 당시 양전이 결부제에 의했고 결부제는 문무왕대를 전후해서 법제화되었으며 삼국통일을 전후한 시기에 성립하였다고 보았다(1992, 「신라의 양전제 -결부제의 성립과 변천과정을 중심으로」, 『국사관논총』37). 박찬흥은 결부제에 의한 전국적인 양전이 전쟁 직후부터 시작되었을 것으로 추측하고 대략 9주 5소경제가 마련되어 군현제도 정비가 일단락되는 신문왕 7년(687)에 일단 끝을 맺었다고 하였다(2001, 「신라의 결부제와 조(租)의 수취」, 『역사와 현실』42, p.69).

29) 백영미, 2005, 「신라통일기 호구와 호등에 대하여」, 『한국고대사연구』40, p.189.

30) 최근영은 이를 여제 유민의 국계의식으로 표현하며 신라하대 중앙집권의 불안정시 언제든지 발화할 수 있는 토양을 제공한 것으로 보았다(1990, 『통일신라시대의 지배세력연구』, 신서원, pp.28~29).

그와 무관치 않다.

　이러한 지방통치의 정비방식은 주나 소경 이하의 군현과 기타 향·부곡의 편제에도 적용되었다. 먼저 전정과 호구를 살펴서 현이 되지 못하는 곳은 향이나 부곡으로 삼았다고 하여 단순히 명칭이 아닌 군현의 실상이 파악되었음이 보인다. 이를 토대로 할 때 지증왕 6년과 신문왕 5년의 두 시기 가운데 어느 쪽이 현실적으로 가까운지 접근할 수 있을 것 같다.

> B-10 향덕은 웅천주 板積鄕 사람이다. 부는 善이고 자는 반길이다. …
> 鄕司에서 주에 보고하고, 주에서 왕께 알리니 왕(景德王)이 하교
> 하며 조 300斛, 택 1區, 구분전 약간을 주었으며, 유사에 명하여
> 비를 세워 일을 기록하고 지표로 삼도록 했다. 지금 사람들이 그
> 땅을 불러 孝家라 한다(『삼국사기』 열전 향덕).

　위의 사료 B-10은 경덕왕대 향덕과 관련된 것인데 지방제도 측면에서 주목된다. 사료에는 板積鄕, 鄕司라는 표현이 보인다. 경덕왕대 향의 존재가 확인되는 것인데 그 설치시기가 궁금하다. 일반적으로 『신증동국여지승람』에 기록된 각 군현의 건치연혁조를 보면, 구신라 지역은 물론 여제의 고지까지 해당하고 있어 시간상 삼국통일 이전의 지증왕대로 파악하기에는 무리가 있다.

　또한 신라중고기는 주군단계이고, 통일기 이후는 군현단계까지 정비된 것으로 파악하는 것이 일반적 견해임을 감안할 때,[31] 지증왕대 정비되었을 가능성은 높지 않다. 한 예로 사료 B-10의 판적향은 바로 현재의 공주 지역이므로, 삼국통일 이전의 신라 지증왕대에 군

---

31) 木村誠, 1976, 앞의 논문, pp.11~13.

현으로 편제되었다고 볼 수 없기 때문이다.

따라서 『신증동국여지승람』 여주목 등신장조의 건치연혁에 나타나는 '新羅時'는 지증왕대가 아닌 신문왕 5년(685) 9주 5소경 정비 당시라고 보아야 옳을 것이다. 아마도 이 시기부터 향과 부곡이 설치되었을 것으로 추측되는데,[32] 이에 대한 제도적 이해는 이전 시기부터 진행된 것으로 생각된다. 김춘추가 대당사행하며 중국의 문물을 도입할 당시 근간이 되었을 「唐令」이 전범이 었을 가능성이 높기 때문이다. 『당률소의』에는 부곡과 관련하여 여러 조항이 규정되어 있다.

본래 부곡은 고대 중국으로부터 존재하였지만 당대에 이르러 최종적으로 개념이 정립되었다. 당에서는 부곡이 개별천인으로 대우받았으나, 신라에서는 집단예민과 비슷한 존재로 인식되기도 한다.[33] 그렇기에 신라 부곡제의 시원을 지증왕대 주군제 개편과 관련

32) 향과 부곡의 설치시기에 대해서는 두 가지 견해로 나뉜다. 하나는 신라중고기 성립설로서 『삼국사기』 초기의 현 관련기록을 긍정적으로 파악하고 향·부곡을 신라중고기에 성립한 것으로 보는 견해(서의식, 1990, 「신라 '중고' 기 육부의 부역동원과 지방지배」, 『한국사론』23)와, 신라시대의 향을 왕도인 경주나 그 근교에 존재한 것으로 비정하고, 소국병합과정에서 병합된 소국의 지도자들의 왕경내 거주지로 이해하는 견해가 있다(井上秀雄, 1974, 「新羅王畿の構成」, 『新羅史基礎研究』, 東出版, pp.405~410). 다른 하나는 통일전후 시기로 보는 견해로서 통일 이후인 8세기 무렵 군현제로 이행하며 촌의 성격이 변화하며 성립된 것으로 보는 견해이다(이우태, 1981, 「신라의 촌과 촌주」, 『한국사론』7, pp.116~124). 이에 대해 박종기는 8~9세기 성립설에 대해 회의적인 견해를 보였고(1990, 『고려시대부곡제연구』, 서울대학교출판부, pp.123~124), 최근 5세기 후반 신라가 활발한 대외진출과 영토확장을 하는 과정에서 발생한 것으로 보았다(박종기, 2006, 「한국 고대의 노인과 부곡」, 『한국고대사연구』43, pp.160~161).

지워 보기도 하는데,[34] 신라가 영역확장 과정에서 신정복지 주민에 대한 대민편제를 했다는 것이다.

하지만 이 견해는 신라가 지증왕대 이후 삼국통일이라는 커다란 변화를 경험한 새로이 편제된 여제의 고지에 대해 군현 질서를 재편했을 가능성이 고려되지 않은 것 같다. 그런 측면에서 지증왕대 지방제도 정비를 부곡제와 관련하여 이해하는 것은 약간의 무리가 따른다. 오히려 삼국통일 이후 확대된 영토와 민에 대해 지배력을 강화할 목적으로 지방사회에 대한 개편이 시도되었다고 보는 것이 타당할 듯하다.

곧 삼국통일 과정에서 피폐해진 지역과 그렇지 않은 지역이 구분

---

33) 현재 부곡의 신분을 보는 시각은 천인과 양인으로 대별되며 최근에 들면서 후자의 견해가 주를 이루고 있다. 전자의 견해로는 백남운(1933, 『조선사회경제사』), 임건상(1963, 『조선의 부곡제에 관한 연구』), 오일순(1985, 「고려전기 부곡민에 관한 일시론 -전시과제도 일품군과의 관련을 중심으로」, 『학림』7), 이홍두(1998, 「부곡의 의미변천과 군사적 성격」, 『한국사연구』103) 등이 있으며, 후자의 견해로는 藤田亮策(1953, 「新羅九州五京攷」, 『朝鮮學報』5), 이우성(1966, 「고려말기 나주목 거평부곡에 대하여」, 『역사학보』29 · 30), 井上秀雄(1974, 앞의 책, pp.405~410), 김용덕(1980, 「부곡의 규모 및 부곡인의 신분에 대하여」상 · 하 『역사학보』88 · 89), 이우태(1981, 앞의 논문, pp.116~124), 木村誠(1983, 「新羅時代の鄕」, 『歷史評論』403), 박종기(1986, 「고려의 군현체계와 계수관제」, 『한국학논총』8) 등이 있으며 군현의 전신이었던 村이 삼국통일 이후의 사료에 나타나지 않는다는 사례를 들어 부곡의 발생 시기를 삼국통일 이후로 파악하고 있다.
34) 박종기, 2006, 앞의 논문, pp.160~161. 이에 따르면 신라의 경우 노인과 노인촌은 대체로 5세기 후반 신라가 활발한 대외진출과 영토확장 과정에서 다른 국가의 영토와 주민을 신라의 지배질서로 편제하는 과정에서 발생하였다. 한편으로 신라의 지배 영역 내에서 축성을 통한 새로운 수취 행정단위의 수립과 영역의 재조정, 축성과 사민을 통해 이주된 주민에 대한 편적 과정에서 발생되기도 하였다고 한다.

되었고, 사료내 표현대로 '전정과 호구'가 미달한 곳은 향과 부곡으로 편제되었을 것이다. 특히 향과 부곡이 기존의 견해와 달리 천민집단이 아니라는 설을 참고한다면 더욱 그러하다. 9주를 삼국의 영역에 3개 주씩 형식상 균등하게 배치한 것이 대민지배의 안정과 관련되어 있음을 볼 때 설득력이 있다.

그리고 지방제도 정비과정에서 지방관과 군관의 이원제 가능성도 엿보이는데, 이는 관부나 관직의 분화와 같은 맥락으로서 제도와 기능의 세분화라는 측면에서 의미를 부여할 수 있다. 가령 9주의 표기가 10정의 표기와 그 순서가 상이하고, 또한 10정의 주둔지가 일부의 경우 주치가 아닌 나름대로의 거점에 위치한 것은, 지방관과 군관이 분리되어 파견되었으며 관할 영역이 달랐음을 뜻한다. 신문왕대 지방제도 정비가 형식적 측면뿐만 아니라 내용에 있어서도 실질적 변화를 수반했음을 보여준 것이다.[35]

즉 지방제와 군제의 분리 운용이라는 이원적 체제가 정착화된 것으로 볼 수 있다.[36] 다만 지방관의 성격이 전적으로 행정적인 것으로만 국한될 수 있는가 하는 점이 대두되는데, 일부 군사적 성격 자체를 부정할 수는 없을 것 같다. 상대적으로 일반 군현이라 할지라도 국가 행정 전반에 걸친 실제적 업무 수행을 위해서는 일정한 수준의

---

35) 문무 분리시 전반적인 부처간 통합·조정기능이 문제될 수 있는데 집사부 시중이 주요한 역할을 수행하였을 것으로 생각된다. 이에 대해서는 일부 반론의 시각이 있으나 이 시기 시중의 역할이 무시될 수는 없을 듯하다.

36) 주보돈은 당주의 성격 변화를 통해 신라의 병제와 지방제가 진흥왕·진평왕·통일기를 거치면서 분리되어 간 것으로 파악하였다(1979, 「신라 중고의 지방통치조직에 대하여」, 『한국사연구』23, pp.17~30). 아마도 '시대의 변화와 발전'에 따라 지방제와 군제가 분리되어 갔을 것이다.

병마권이나 치안력을 보유해야 하기 때문이다.[37] 율령체제에 기반하여 지방사회의 통제, 중앙집권 체제의 강화 등을 목적으로 한 신라 중대 왕권의 의도가 개재된 것이지만, 반면에 중앙집권체제의 이완시 지방통제의 약화는 당연한 귀결이기도 하였다.[38]

요컨대 신문왕대 9주의 정비는 지방 통치 제제의 정비와 더불어 지방제와 군제의 이원적 운용이라는 통치 과정의 재편이었다. 지방관과 군관을 별도로 존치시켜 이원적 체제를 형성함으로써, 지방통치에 따른 권한 집중을 방지하고 상호 견제시켜 지배 질서를 강화하였다. 이 과정에서 지방관의 이원화로 인해 파생되어 상대적으로 중앙집권에 대해 부정적으로 기능하는 현상에 대해서는 예측하지 못하는 한계를 보이기도 하였다.

하지만 9주의 획정시 단순히 행정구역만을 조정한 것이 아니라, 전정과 호구를 토대로 군현의 경제적 상황까지 파악하여 향, 부곡 등을 설치함으로써, 이전보다 강화된 대민 지배를 펼 수 있었다. 이후 신문왕은 정비된 지배체제를 토대로 정치세력재편[39]까지 시도함으로써, 정제된 '율령체제'를 신라중대에 구현할 수 있었다. 다만 시행 과정에서 기존의 여제지역의 정서를 완전히 불식시키지 못하고 잔

---

37) 소수 혹은 현령이 군사적인 성격이 박약한 행정적인 지방관일지라도 일정한 수준의 군사적 성격은 유지하고 있었다(이문기, 1990, 「통일신라의 지방관제 연구」, 『국사관논총』20, p.34).

38) 신라하대 지방군현들이 각처에서 일어난 농민반란들을 제대로 제압하지 못하는 상황이 이를 보여준다(김종수, 2004, 「신라 중대 군제의 구조」, 『한국사연구』126, p.31).

39) 최홍조는 신문왕대 정치세력이 김흠운 등 왕실의 측근, 진복·문영 등 소수의 진골귀족, 6두품 세력, 여제의 유민 등 4부류로 재편되었다고 보았다(1999, 「신문왕대 김흠돌의 난의 재검토」, 『대구사학』58).

존시킴으로써, 훗날 새로이 지방제가 개편될 수 밖에 없는 한계를 내
포하고 있었다.

3. 軍制의 재편과 律令軍制의 수립

1) 6停의 해체와 10停의 성립

신라중고기 군사력의 요체는 6정이었다.[40] 이러한 6정을 통일기
에 대체하여 기능적으로 계승한 것이 10정이라 보이는데,[41] 6정이
어느 시기까지 존속하고 해체되었는지 사료상 언급이 없어 구체적
으로 파악하기는 힘들다. 다만 신라 통일기라고 인식하는 것이 일반
적 견해인데, 세부적으로 그 시기를 추론해 볼 여지가 없지는 않다.
다음을 검토해 보고자 한다.

----

40) 6정 체제라는 표현에 대해 신라중고기는 6정이 아닌 그 선행부대의 시기로 완
   비 이전이므로 정체제이며 신문왕 5년(685) 완산정 설치 이후 6정 체제의 표
   현이 가능하다는 지적이 있다(이문기, 1992, 「신라 중고기 『정』제의 성립과 전
   개」, 『대구사학』44, pp.13~14). 필자도 이에 동의하며 편의상 6정이라 표현하
   고자 한다.
41) 김철준은 통일 전의 6정이 통일된 뒤에 9주에 두어진 지구적인 10정으로 발전
   한 것으로 보았다(1990, 앞의 책, pp.63~65). 이에 대해 주보돈은 원론적으로
   동의하면서도 군관조직을 볼 때 양자의 직접적 관련성은 찾기 어려워 5정과
   10정을 바로 연결하는데 이의를 제기하고 있다(1987, 「신라 중고기 6정에 대
   한 몇 가지 문제」, 『신라문화』3·4, pp.47~48).

C-1 첫째 大幢은 진흥왕 5년에 설치했으며 금색은 자색이다. 둘째 上州
停은 진흥왕 13년에 설치했으며 문무왕 13년에 이르러 귀당으로
고쳤고 금색은 청색이다. 셋째 漢山停은 본래 신주정으로 진흥왕
26년 남천정을 파하고 한산정을 두었는데 금색은 황청이다. 넷째
牛首停으로 본래 비열홀정인데 문무왕 13년 비열홀정을 파하고 우
수정을 두었으며 금색은 녹백이다. 다섯째 河西停은 본래 실직정
으로 태종무열왕 5년에 실직정을 파하고 하서정을 두었고 금색은
녹백이다. 여섯째 完山停은 본래 하주정으로 신문왕 5년에 파하고
완산정을 두었으며 금색은 백자이다(『삼국사기』 잡지 직관하 무관
조 육정).

사료 C-1은 『삼국사기』 직관지 무관조 6정의 기록으로 6개 군단이
차례로 성립된 것으로 보이나,[42] 완산정이 최종 정비된 신문왕 5년
(685)에 6정으로 확립되었을 것이다. 그러므로 6정은 시기상 빨라도
신문왕 5년 이전으로 소급해 성립되었다고 보기는 힘들다.[43] 또한
완비되던 해에 바로 해체되었다고 보는 것도 논리상 무리이므로, 6
정은 신라중대 전반기에 존속했던 것으로 파악된다.

하지만 6정의 군사조직 성격상[44] 중앙집권이 강화되던 신라중대

---

42) 末松保和, 1954, 『新羅史の諸問題』, 東洋文庫, pp.323~347.
43) 6정의 성립시기에 대해서는 첫째 6세기 초~7세기 초 설(末松保和), 둘째 6세
기 초·중반 설(井上秀雄, 이성시), 셋째 7세기 중·후반 설(주보돈, 강봉룡),
넷째 7세기 후반 신문왕대 설(이문기) 등이 있는데 필자는 신문왕대 이르러 완
산정이 최종 완비된 것으로 보아 이문기의 견해를 따른다.
44) 이성시는 대규모 전쟁 수행을 위해 편성된 임시적인 행군조직이라 하였으며
(李成市, 1979, 「新羅 六停の再檢討」, 『朝鮮學報』 92, pp.22~32), 강봉룡은 무
열·문무왕대 걸쳐 전국을 6개 광역권으로 나누어 편성한 6개의 임시군단이
라 하였다(1994, 앞의 논문, p.178).

의 그것과 양립한다는 것은 현실적으로도 어려움이 있었다. 6정은 전통적인 귀족의 사병적 성격이 잔존하던 군사조직이었는데,[45] 신라중고기 권력구조의 특징인 귀족연합적 지배방식이 병권에도 그대로 재현된 것이고,[46] 사병적 성격이 잔존하는 한 당연했다. 이것은 신라 사회내 진골귀족의 정치적 성격 변화와 연계되어 있었다. 그렇다면 6정은 어느 시기에 재편되기 시작했는가. 다음을 살펴본다.

> C-2 대당총관 眞珠와 남천주총관 眞欽이 병을 핑계로 국사를 돌보지
> 않으므로 그 族과 함께 주살하였다(『삼국사기』 신라본기 문무왕 2
> 년조).

사료 C-2를 보면 문무왕 2년(662)에 6정의 핵심군단인 대당총관 眞珠와 최전방 군단인 남천주총관 眞欽이 모두 처형되었다. 이들은 통일전쟁 수행에 있어 상당한 전공을 세웠던 인물들인데 모두 제거된 것이다. 이는 신라 통일기 국왕 중심의 군사제도 확립의지의 발현으로써, 당시 귀족연합적 운용을 시행하던 6정이 기존의 질서에 더 이상 안주할 수 없었음을 나타낸 것으로 보인다.

6정의 해체와 10정의 설치[47]는 신라중대에 맞는 새로운 질서의 편제로써, 신문왕의 개혁정치 과정에서 그것을 뒷받침해 줄 수 있는 물리적 기반이 필요했기에 진행되었다.[48] 시위부의 개편과 9서당 완

---

45) 井上秀雄, 1974, 앞의 책, pp.187~190.
46) 이문기, 1986, 「신라 6정군단의 운용」, 『대구사학』 29, pp.17~18.
47) 10정과 관련해서는 주로 소재지 비정에 연구가 치중된 편이며 다음의 논고가
    참고된다(末松保和, 1954, 앞의 책 ; 정영호, 1986, 「신라 남천정지의 연구」,
    『변태섭박사화갑기념논총』, 삼영사 ; 김륜우, 1988, 「신라십정과 소재지명 변
    천고」, 『경주사학』 7 ; 서영일, 1999, 『신라 육상 교통로 연구』, 학연문화사).

비[49] 등은 모두 그러한 정책과 궤를 같이 하였다. 다음을 참고한다.

C-3 州郡의 兵器를 거두어 農具를 만들라(『삼국사기』 신라본기 문무왕 21년 7월).

위의 사료 C-3은 문무왕의 유조이다. 부왕의 유언인 만큼 신문왕은 그 뜻을 계승하려 노력했을 것이다. 유조의 내용이 무엇인지 구체적 사항은 보이지 않지만, 아마도 당시 신라의 상황을 고려한 조치를 취하라는 의도가 내포된 것으로 추정된다.[50] 곧 군사력의 축소를 통

---

48) 이기백은 신라의 관부 · 관직 설치 추세에 대해 살피고, 정비가 4단계 과정으로 이루어졌으며 문무 · 신문왕대가 완성기라 하였다(1974, 앞의 책, pp.140~141). 이문기 역시 이에 동의하며 나아가 지증왕대 동시전 설치와 군주, 도사 등 지방 통치 조직의 설치를 근거로 지증왕대 관직 및 관부 분화의 초기적 면모가 나타난다고 하였다(1996, 「신라 문한기구와 문한관」, 『역사교육논집』 21, p.84).

49) 9서당에 대한 연구는 크게 부대 성격과 구성으로 나누어 볼 수 있다. 먼저 성격에 대해서는 삼국 통일 후 민족을 융합하려는 정책이었다는 견해(末松保和, 1954, 앞의 책, pp.357~359) 이래, 다수 연구자들이 동의하고 있다(변태섭, 1973 : 1995, 『한국사요론』, pp.207~208 ; 井上秀雄, 1974, 앞의 책, p.179 ; 김철준, 1978, 『한국사』 3, p.60). 다음으로 구성에 대해서는 포로이거나 일종의 천민적 존재라는 견해가 지배적인데(백남운, 1933, 『조선사회경제사』, p.336 ; 이기백, 1978, 「한국의 전통사회와 병제」, 『한국사학의 방향』, 일조각, p.200 ; 이명식, 1988, 「신라 통일기의 군사조직」, 『한국고대사연구』 1, p.74 ; 이인철, 1993, 앞의 책, p.347 ; 이문기, 1997, 앞의 책, p.397), 이러한 견해와 달리 김희만은 통일기 이후의 9서당을 전적으로 중앙군으로 비정하기 보다는 6정의 새로운 모습으로의 성립으로 기대해 본다고 하였으며(1992, 「신라 신문왕대의 정치상황과 병제」, 『신라문화』 9, p.85), 노중국은 기병 조직 특성상 장비를 완비하려면 경제력이 있어야 하므로 '경제력을 갖춘 재지세력' 이라 하였다(1999, 「신라 통일기 구서당의 성립과 그 성격」, 『한국사론』 41 · 42, pp.196~199).

한 정비로서, 귀족세력의 사적인 무력기반을 제거하려는 시도가 아니었을까?[51)]

이미 삼국통일을 달성한 시기이므로 더 이상의 군사력 증강은 필요치 않았다. 전시체제에서 평시체제로의 전환이 요구되었는데, 이 과정에서 국왕과 귀족세력은 일치된 견해를 보이지는 못했던 것 같다. 신문왕은 부왕의 유지를 받들어 율령체제의 정립을 목표하였지만, 귀족세력은 기존 귀족적 성격의 관료나 지휘관에서 탈피하지 못했을 가능성이 많기 때문이다. 결국 율령체제를 추구하는 신문왕과 전통질서 유지와 전공에 따른 기득권을 유지하려는 귀족세력이 대립하였다.

신문왕은 원년 국구인 김흠돌을 난을 이유로 처형하고, 3주 뒤 상대등과 병부령을 역임한 軍官을 불고지죄로 처형하였다.[52)] 당시 김흠돌은 고구려 정벌시 인문·군관 등과 함께 전공을 세운 인물로써 국왕의 장인이었는데, 그러한 그들이 제거되었다는 것은 병부령의 지위가 신라중고기와 확실히 달라졌음을 보여준다. 신라중대 왕실

---

50) 문무왕의 유조는 기본적으로 「율령」에 따른 조치의 시행을 의미한 것으로 생각되나, 당시 신라의 현실이 여러 가지 이유로 인해 그에 이르지 못했을 가능성이 높다. 김흠돌의 난으로 상징되는 귀족세력의 반발은 신라중대의 왕실이 추구했던 이상과 현실의 괴리에서 파생된 모습이 아닐까 한다.
51) 문무왕대 정책의 기본 방향은 김수태에 의해 이미 지적된 바와 같이 귀족세력의 군사적기반 제거와 문무관료질서의 확립이었다(1990, 앞의 논문, pp.25~27). 결국 신문왕대 귀족세력과의 충돌은 문무왕대부터 시작된 율령체제 강화 정책에 그 뿌리를 두고 있다고 생각된다.
52) 김흠돌의 난에 참여하였던 주요 귀족들이 문무왕대 후반 강화된 일련의 진골 귀족 숙청사건을 보면서 상당한 정치적 위기감을 느꼈고, 이에 김흠돌을 중심으로 세력을 결집하여 나갔던 것으로 이해한 견해가 있다(최홍조, 1999, 앞의 논문).

의 정치적 의지를 가늠할 수 있는 사건이었다.[53]

사료에는 난의 원인이 구체적으로 나타나지 않는데, 문무왕의 유조를 시행하는 과정에서 마찰이 발생하여 결국 상징적 조치로 김흠돌이 희생된 것이 아닌가 한다. 즉 김흠돌 난의 원인은 왕비의 출궁 등의 문제보다는 문무왕의 유조에 그 원인이 있었던 것이다.

문무·신문왕대 시행된 일련의 조치들은 신라중고기 귀족질서 해체와 무관하지 않거나 그 연장선에 있었다. 신문왕은 왕권의 강화를 위해 여러 조치들을 단행한 바 있다. 신라중대 왕실이 의도하던 정치질서를 현실화한 셈이다.[54] 신문왕은 김흠돌의 딸을 출궁시킨 후 김흠운의 딸을 계비로 들였다.[55] 김흠운은 무열왕대 낭당대감으로 출전하여 조천성 전투(655)에서 전사한 후 일길찬을 추증받은 인물이다.[56] 그러한 인물의 소생을 왕비로 맞이한다는 것은 신문왕이 지지기반을 어디에 두고 있는지 보여준다. 즉 삼국통일전쟁에 참전하였다 하더라도 귀족의 사적이익이 아닌 왕실에 충성하는 인물들을 등용하는 방식이다. 이는 율령체제의 성립에 있어 측근관료의 형성에 준하는 효과를 나타냈을 것이다.

또한 납비하는 과정에서 일정한 역할을 한 이찬 文穎, 파진찬 三光 등도 신문왕대 집권세력의 핵심구성원으로 여겨진다. 삼광의 경우 김유신의 아들이라는 점에서 더욱 중요한 역할을 했다고 생각된다.

---

53) 신형식, 1984, 앞의 책.
54) 김흠돌의 난을 성공적으로 진압하여 신라 중대적 성격을 보다 확고히 할 수 있었으며(김수태, 1996, 앞의 책, p.8), 중대 왕권 강화의 결정적인 계기가 되었다(신형식, 1990, 『통일신라사연구』, 삼지원, p.128).
55) 『삼국사기』 신라본기 신문왕 3년 2월.
56) 『삼국사기』 열전 김흠운.

결국 신문왕대 율령체제 성립에 근간을 이룬 세력은 김흠운 등 통일 전쟁시 왕실에 절대적 충성을 하였거나 혹은 삼광 같은 혈연관계에 기초한 인물들이라 하겠다.

신문왕은 그러한 세력기반을 발판으로 귀족세력을 제어하는 정책들을 추진해 나갔다. 그런데 시행된 여러 조치들 가운데 6정의 변화와 관련하여 주목되는 사건이 있다. 다음은 6정 가운데 하나인 완산정의 정비와 관련지을 수 있는 사료이다.

> C-4 (재위) 3년 10월에 보덕왕 안승을 불러 소판을 삼아 김씨의 성을 내리고 京都에서 머무르게 하여 좋은 집과 良田을 내렸다(『삼국사기』 신라본기 신문왕 3년).

> C-5 4년 11월에 안승의 族子인 장군 大文이 금마저에서 謀叛하다 발각되어 복주되었다(『삼국사기』 신라본기 신문왕 4년 11월).

사료 C-4 · 5는 신문왕 초기의 기록들이다. 보덕왕 안승이 경주로 사민된 후 그 족자인 장군 대문이 모반을 하다 실패하였다. 이 사건은 신문왕이 고구려 유민세력에 대해 통제를 취하자 이에 대한 반발로서 일어난 것이다.[57] 당시 대문의 모반과 관련하여 안승의 정치적 위치를 살펴보면, 그는 고구려 유민의 구심점으로 문무왕 20년(680)에 義官의 딸과 혼인하여 귀족세력과도 밀접히 연계되었다. 안승을 경주로 사민시킨 조치는 고구려 유민세력을 약화시키려는 것[58]과

---

57) 김수태, 1996, 앞의 책, pp.29~30.
58) 최근영은 삼국통일 이후 신라 정부가 여제의 유민에 대해 제도적 정치를 만들어 차별하였기 때문에, 그들 유민은 나라가 망한 원인을 버리지 못하고 오히

더불어 지방통치를 정비하려는 목적도 내재되어 있었다. 특히 의관이 원성왕의 증조부라는 점을 고려할 때, 신라중대 말 원성왕계의 반발이 이 시기부터 시원적 모습을 보였을 가능성도 있다.

우선 모반 지역이 금마저인데 지방에 소재했던 5정 가운데, 상대적으로 下州停이 지리적으로 근접해 있어 난의 진압에 1차적인 역할을 했을 것이다.[59] 당시 하주정으로 불리던 완산정이 개편된 것은 바로 이와 관련이 있는 듯하다.

난의 발생에서 진압까지 하주정이 주요한 역할을 했더라도 원거리에 있어 이동상 제약이 있었다. 또한 문무·신문왕대 진행된 귀족억압책으로 인해 귀족적 영향이 잔존하던 하주정이 신문왕과 친위세력이 의도한 만큼 기능을 원활히 수행하였는지도 의문이다. 다음의 사료를 살펴본다.

> C-6 文明 원년(신문왕 4년, 684)에 고구려의 잔적이 보덕성에 웅거하여 叛했다. 신문대왕이 장수를 명하여 이를 토벌케 하였는데, 逼實을 귀당제감으로 삼았다. (중략) 그리고 對陣하게 되자 혼자서 나가 분격하여 십수인을 참살하고 전사했다(『삼국사기』 열전 취도).

위의 사료 C-6에서 핍실이 귀당제감으로서 보덕성의 반란 진압에 참전하여 싸우다 전사했다고 한다. 여기에서 주목하고자 하는 것은 貴幢이다. 귀당은 본래 상주정인데 문무왕 13년(673) 귀당으로 개칭되었다.[60] 바로 이 귀당이 보덕성의 반란진압에 동원되었다는 것은

려 신라에 대한 경계심과 적개심을 갖게 된 것이며, 이로 인해 그들 內心에 잠재한 국계의식을 쉽사리 버리지 못했다고 한다(1990, 앞의 책, pp.63~64).

59) 반란을 진압할 당시 고구려인으로 편성된 황금서당이 참전하였음을 지적한 논고가 있다(전덕재, 1997, 「신라 하대 진의 설치와 성격」, 『군사』 35, p.48).

반란의 초기대응에 실패했다는 것을 의미하며, 곧 초기 반란진압에 동원되었을 것으로 여겨지는 하주정이 제대로 역할하지 못했음을 말한다.

그러므로 난이 진압되었지만 지방에도 역시 왕경과 유사한 친위군의 필요성이 대두되었을 것이기에 하주정이 금마저에 근접한 완산정으로 전진·개편이 이루어진 것이다.[61]

즉 문무왕 5년(665)의 삽량주 및 거열주 설치로 인해 기존의 상주와 하주가 소멸되자, 이에 따라 지역적 기반이 없어진 하주정이 소멸되고 상주정 또한 군사조직으로서는 한계를 드러냈기 때문이다. 다만 이때의 개편은 구조적 차원 보다는 임시적 조치였던 것 같다. 이는 6정에 대한 전체적인 개편 구도가 설정되지 않은 상태에서 시행될 경우 실효성 면에서 그 결과가 미비할 수 있기 때문이다.

신문왕은 강력한 왕권 강화책의 일환으로 시위부를 즉위 원년에 정비한 이래, 9주체제의 정비차원에서 6정의 정비를 추진하였다.[62] 물론 전후 관계로 보아 모반 때문인지 아니면 그 반대의 경우인지 단언하기 어렵지만, 9주 5소경의 정비과정에서 이미 익산지역으로 사민되어 있던 고구려 유민 등 재지세력 해체가 원인이 되었을 가능성

---

60) 『삼국사기』 직관지 무관 육정.
61) 이문기, 1997, 앞의 책, p.119 ; 2004, 「신라 문무왕대의 군사정책에 대하여」, 『역사교육논집』32, pp.174~176. 한편 서영교는 이에 대해 하주정을 완산정으로 개칭하여 백제 영역인 全州에 배치한 것으로 파악하였다(2002, 「나당전쟁기 당병법의 도입과 그 의의」, 『한국사연구』116, p.155).
62) 신라가 통일전쟁의 마무리 시점인 신문왕 5년(685)에 지방제도를 9주 체제로 개편함과 동시에 정제의 변화에 따라 군제개편도 단행하여 6정을 설치한 것으로 파악된다(이문기, 1997, 앞의 책, p.81).

이 높다. 이는 신문왕대 9주 5소경의 정비가 재위 5년(685) 봄이라 하였으므로 재위 4년(684) 11월 발생한 난을 진압한 후, 체제 정비를 시도한다는 것은 체제 정비의 규모나 계획에 필요한 시간상 현실적으로 무리가 따르기 때문이다.

그러므로 모반의 원인은 다른 것이 아니라 통치체제 정비와 귀족세력의 관료화를 염원했던 신문왕의 왕권 강화 의도에 있었다. 곧 지방제도 정비를 통한 대민지배력 강화가 직접적 요인이었다 하겠다. 여하튼 대문의 난을 진압한 이후 임시적으로 정비된 완산정이 지속성을 유지하기는 어려웠을 것이다. 전술한대로 6정의 성격상 신라중대의 그것과는 일정한 거리가 있었기 때문이다.

신문왕은 국가체제 정비의 일환으로 관료전을 지급하며 귀족세력이 관료화되기를 열망했다.[63] 하지만 신문왕의 달구벌 천도가 무산된 것에서 보이듯[64] 귀족세력의 반발은 강고했는데,[65] 바로 이 무렵

---

63) 관료전의 지급은 녹읍으로 상징되던 귀족적 질서를 대체하기 위한 사전적 조치였을 것이다. 이는 녹읍 혁파(689)보다 2년 앞서 재위 7년(687)에 시행된 사실에서 가능성을 추론할 수 있는데, 녹읍 혁파가 먼저 시행되지 않은 것은 그에 따른 귀족의 반발이 야기될 수 있었기 때문이다.

64) 이영호는 신라중대 왕실에 비판적인 진골귀족세력의 굴레를 벗어나 통일왕국으로서의 새로운 출발을 도모하기 위한 것이라 하였다(2004, 앞의 논문, pp.101~102). 전덕재는 달구벌 천도의 시도를 도성제 정비의도와 관련지어 보았는데(2009, 『신라 왕경의 역사』, 새문사, pp.150~152), 조방제의 측면에서 볼 때 타당성이 높다고 생각된다.

65) 『삼국사기』 신라본기 신문왕 9년 9월조. 『삼국유사』 신주 혜통항룡조에 보이는 鄭恭 설화는 바로 그러한 전통 귀족세력의 뿌리 깊은 기반을 반증한다고 여겨지는데, 정공과 혜통의 제거 실패는 신라중대 왕실의 전제주의가 철저하지 못한 결과를 반영한 것이다(김두진, 1995, 『의상 -그의 생애와 화엄사상』, 민음사, pp.381~382).

이 6정 개편의 한 획이 되는 시기가 아니었나 추측된다.

즉 신문왕 5년 하주정에서 완산정으로 임시 개편된 후 유지되다가, 동왕 7년(687)에서 10년(690) 사이의 시기에 6정의 근본적 정비가 이루어진 것이다. 그리고 그것은 군사적 측면에서 율령체제를 의도한 조치였다.[66]

요컨대 국학 설립 등을 통해 관료양성의 토대를 닦은 신문왕은 김흠돌의 난 이후 출궁한 왕비를 대신하여 김흠운의 딸을 왕비로 들였는데, 이는 신문왕대 율령체제 성립에 근간을 이루는 인물들과 밀접한 관련이 있었다. 김흠운 등 통일전쟁시 왕실에 절대적 충성을 하였거나 혹은 삼광 같은 혈연관계에 기초한 인물들이 그러했다.

신문왕은 그러한 세력기반을 발판으로 귀족세력을 제어하는 정책들을 추진하였고, 신라중고기 군사력의 핵심이었던 6정은 신문왕 5년(685) 완산정의 정비를 끝으로 최종 완비되었다. 하지만 이는 단순한 군사조직의 개편을 넘어 신라중고기 질서의 탈피였다. 대문의 모반사건을 계기로 하주정이 완산정으로 개편되었다. 신라중고기의 군사적 질서가 잔존하던 6정은 신라중대의 그것과 병존할 수 없었고, 귀족의 사병적 성격이 온존한 나머지 5정 역시 용인될 수 없었다. 따라서 신문왕대 9주 5소경의 정비와 병행하여 6정은 10정으로 전환되었다. 이러한 군사적 조치가 귀족세력의 관료화를 통한 신라중대 율령체제의 정립을 목표로 했음은 물론이다.

---

66) 김종수, 2004, 앞의 논문, p.22. 평시에도 각 군관들이 전시체제에서의 자신의 위치를 숙지하고 있어야 유사시 제 기능을 다할 수 있으며, 신라중대의 무관들은 평상시 전시체제의 여러 군관직에 임명·배속되었을 것으로 보았다. 필자는 이 무렵이 신라 군사조직의 운영 체제가 전환되는 시기가 아닌가 생각한다.

2) 10停의 성격과 三邊守幢의 설치

6정과 10정의 상호계승 측면에서 보면 두 군사조직의 衿色과 소재
지가 주목된다. 6정 가운데 大幢을 제외한 5정의 금색을 10정의 금색
과 비교하여 정리하면 다음과 같다.

표 2 _ 5정과 10정의 衿色 비교

구분	5정	금색		10정	금색
가)	귀당	青赤		음리화정	青色
나)	한산정	黃青	→	남천정 · 골내근정	黃色
다)	우수정	綠白		벌력천정	綠色
라)	하서정	綠白		이화혜정	綠色
마)	완산정	白紫		거사물정	黑色

표 2를 보면 5정의 금색이 10정으로 이어지고 있음을 알 수 있다.
5정의 금색은 각기 청적 · 황청 · 녹백 · 녹백 · 백자로서 앞의 색상이
기준이 된다고 할 수 있는데,[67] 마) 완산정의 경우를 제외하면 5정의
금색이 그대로 10정의 해당 정에 승계되고 있음을 볼 수 있다.

완산정의 경우는 전술했던 금마저 모반 진압 과정에서 원활한 대
처가 이루어지지 못함으로써, 재정비 차원에서 완산정이 폐지되고
거사물정으로 설치되었다고 생각된다. 그러므로 기존 완산정의 금
색이 유지되기 보다는 신설되는 군사조직 성격상 금색규정이 새로

---

67) 衿色과 관련하여 9서당의 경우가 참고 된다. 『삼국사기』 직관지 무관조 9서당
기사를 살펴보면 녹자, 자록, 백청, 황적, 흑적, 벽황, 적흑, 청백으로 각기 녹
금, 자금, 백금, 황금, 흑금, 벽금, 적금, 청금서당으로 명명된 사실에서 유추할
수 있다. 다만 비금서당에 대해서는 금색 조항이 별도로 기록되어 있지 않다.

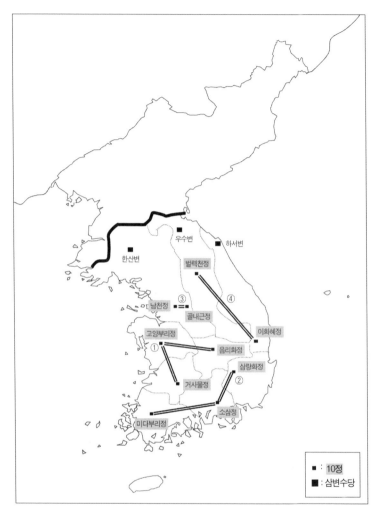

10정 및 삼변수당68) 위치 비정

---

(68) 삼변수당의 위치는 명칭에서 드러나듯 북쪽 변방에 근접해 있을 것으로 생각되는데, 위치 비정이 어려워 임의로 표기하였음을 밝힌다. 또한 상기 지도의 반영 시기는 신문왕대 浿江 유역이 아직 확보되지 않은 것으로 보아 삼국통일 직후의 영역(676년)을 추정한 것이다.

마련된 것이라 하겠다.

곧 기존 5정은 외형상 그 틀을 유지하면서도 내부적으로 귀족의 사병적 성격은 제거되었으며, 엄연한 국가의 공병적 군사조직으로써 10정 가운데 절반을 담당하며 일부 이동하게 되었다. 10정은 군사적·경제적 거점으로 역할하면서 기동군단으로 성격전환이 이루어졌는데 주둔지를 통하여 확인할 수 있다. 10정의 소재지는 지도와 같다.

지도에서 보이듯 10정을 금색으로 표시하면 4개 영역으로 구분할 수 있다. 청색(①) 음리화정 - 고양부리정 - 거사물정, 흑색(②) 삼량화정 - 소삼정 - 미다부리정, 황색(③) 남천정 - 골내근정, 녹색(④) 벌력천정 - 이화혜정이다. 이를 앞의 금색과 연결지워 살펴보면 6정 가운데 대당을 제외한 지방에 소재한 5정이 거점으로 이용되고 있음을 알 수 있다.

10정의 기재 순서를 보면 음리화정, 삼량화정, 남천정, 벌력천정 4정이 해당 금색의 처음에 나타나고 있어 서열상 기준이 되고 있음을 알 수 있다. 이는 각기 4정이 청색, 흑색, 황색, 녹색인 停의 기준 부대 역할을 하며 우선적 위치에 존재했다고 하겠다.

이 때 이들 정의 위상은 다른 것들에 비해 달랐을 것이나, 그 위상이 수직적 상하관계가 아닌 만큼 크게 군사적 의미는 부여하기 힘들 것 같다. 다만 군사 조직 운용상 일정한 역할은 추측해 볼 수 있을 것 같다. 10정의 소재지를 『삼국사기』 지리지와 비교하여 정리하면 다음과 같다.[69]

---

69) 『삼국사기』 지리지의 군현을 참고하면 10정이 설치된 지역이 주 직할 영현과 일반 군현으로 나누어져 있음을 살펴볼 수 있다.

표 3 _ 주 직할지 주둔 停과 일반군현 주둔 停

구분	10정	주둔지	현재 위치	5정 관련
주 직할지	음리화정	상주 청효현	상주 청리	상주정
	미다부리정	무주 현웅현	나주 남평	신설
	남천정	한주 황무현	경기 이천	한산정
	벌력천정	삭주 녹효현	강원 홍천	우수정
일반 군현	고양부리정	웅주 임성군 청정현	충남 청양	신설
	거사물정	전주 임실군 청웅현	남원 산동	완산정
	삼량화정	양주 화왕군 현효현	달성 현풍	신설
	소삼정	강주 함안군 현무현	경남 함안	신설
	골내근정	한주 소천군 황효현	경기 여주	신설
	이화혜정	명주 곡성군 녹무현	경북 청송	하서정

위의 표 3을 보면 10정은 크게 '주 직할지 주둔 정'과 '일반 군현 주둔 정'으로 분류할 수 있다. 표 3에서 5정은 10정으로 이어지고, 그 가운데 음리화정·남천정·벌력천정 등 3개 정이 주 직할지에 주둔하고 있음이 보인다. 나머지 2정 가운데 거사물정은 전술한대로 완산정에서 이동한 것이며, 이화혜정은 하서정의 후신으로 이 또한 통일기 이후 군사 전략에 따라 이동 배치된 것으로 파악된다. 즉 5정은 10정 편성 이후에도 군사 거점으로서의 기능과 역할은 그대로 계승한 것이라 할 수 있다.[70]

그런데 10정 주둔지의 특징이라고 지적할 수 있는 점이 바로 군사적 기동로 및 교통로라는 것이다.[71] 10정의 주둔지를 교통로와 연계

---

70) 6정의 10정으로의 계승에 대해서는 사료상에 기록이 없으며 가설 검증을 통해서 추론해 볼 수 있다. 먼저 명칭이 고려되는데 무관조 23군호 가운데 '정'이라는 명칭을 사용한 군사조직은 6정과 10정 이외에 없다는 사실과 더불어 금색을 비교해 볼 때도 10정 보다 유사성을 갖는 군사조직이 살펴지지 않는 다는 점을 생각할 때 10정 이상의 추론은 힘들 것이다.

71) 서영일, 1999, 앞의 책, pp.126~173.

하여 살펴보면 미다부리정은 대중국 교역로인 서해 항로 가운데 하나인 영산강 유역에 위치했고, 음리화정은 6~7세기 한산주와 왕경을 잇는 가장 중요한 군사 작전로였다. 남천정과 골내근정은 고구려와 발해의 남침시 방어전을 수행하는 거점이었고, 거사물정은 무진주에서 왕경으로 가는 군사적 거점으로 김우징(신무왕)이 왕위계승전 당시 이 지역을 지났다.[72] 삼량화정은 하양 부근으로 '계립령로'의 중간 지점으로 철광산지와 근접한 곳이고, 소삼정 역시 영남지방 주요 철광산지 부근 교통로에 위치하였다. 그리고 벌력천정은 북한강 수계에 위치하며 원산에 이르는 '죽령로'의 일부로 역시 교역로 상의 거점이었다. 다만 고양부리정과 이화혜정이 살펴지지 않는데, 이들 역시 군사적 혹은 경제적 요충지였을 것으로 추정된다.

곧 10정은 새로이 확대된 영토에 대한 효율적 지배목적으로 설치한 것으로 관도·우역정비와도 관련이 있었다. 또한 위치가 군사작전로 또는 경제적 자원의 관리와 밀접한 곳이라는 점에서, 9주와는 별도의 지휘체계를 유지하며 존치했음을 보여주기도 한다. 10정이 주 직할 영현과 일반 영현에 모두 위치한 것이 이를 반증한다고 생각된다.

기존 6정이 소백산맥을 축으로 한 방어적 군사운용이었다면, 10정은 이를 탈피하여 9주 5소경의 정비로 새로이 국토관을 정립함에 따라 전개된 적극적인 군사력 재편이었다. 이러한 과정을 통해 7세기 후반 군제의 전면적 개편을 거친 10정은 국가적 공병 조직으로 상징되며, 9주를 통괄하면서 지방군을 대표하는 위상을 차지할 수 있었다.[73]

---

72) 『삼국사기』 열전 김양.

그렇다면 10정은 어떻게 하여 지방군단으로서의 위상을 정립할 수 있었을까? 10정의 군사조직상 특징이 반영된 것이 아닌가 생각된다. 단순히 주둔지만으로 전략적 군단이 될 수는 없다고 본다. 바로 10정의 편제에 있어 새로운 기능이 강화되었기에 그런 것으로 여겨진다.

『삼국사기』 직관지 10정의 군관을 살펴보면 '隊大監 - 少監 - 火尺 - 三千幢主 - 三千監 - 三千卒'로 구성되어 있다. 일반적으로 일원적인 지휘체계를 구축하고 그에 따른 운용이 이루어진 것으로 보이지만, 구성에 있어 다른 군사조직과 차별성을 보이고 있다. '삼천당주 - 삼천감 - 삼천졸'로 이어지는 지휘체계는 다른 군사조직에서는 살펴지지 않는 10정만의 특징이다.

삼천당의 성립은 사료상에 명시되어 있지 않고, 무관조 10정에 '십정 혹은 삼천당'이라 한 것에서 유추할 따름이다. 기록대로 한다면 진흥왕 5년(544)이 되므로 이를 그대로 믿기는 어렵다.[74] 10정의 위치가 진흥왕대 여제의 영역을 점하므로 시기상 성립될 수 없기 때문이다. 그러므로 선행작업으로서 삼천당에 대해 살펴볼 필요가 있다.

---

73) 7세기 후반 신라의 군제가 전면적으로 개편되었는데, 이는 삼국통일 후 확대된 영역을 중앙집권적으로 통치하려는데 그 배경이 있었다(이문기, 1999, 「7세기 후반 신라의 군제개편과 그 성격에 대한 일시론」, 『한국고대사연구』16, p.182).

74) 10정과 다른 삼천당의 설치로 파악한 견해(井上秀雄, 1974, 앞의 책, pp.191~192 ; 이문기, 1997, 앞의 책, pp.130~133)와 진흥왕 5년 신라 내에 가능한 4개의 설치로 파악한 견해가 있다(김윤우, 1988, 앞의 논문, p.21 ; 이인철, 1993, 앞의 책, p.337 ; 서영교, 2002, 「신라 통일기 기병증설의 기반」, 『역사와 현실』45, p.133).

삼천당에 대해서는 구체적으로 살핀 연구들이 있다.[75] 이문기는 삼천당이 신라중고기 왕경인으로 구성된 중앙 군사조직으로 보병군단이었는데, 문무왕대 지방으로 확대되어 10곳에 진주하게 됨으로써 10정으로 재편되었다고 한다.[76] 이 시기에 군사력의 보강을 위해 기병 군단이 증강되었고, 이를 반영한 것이 대대감 계열의 군관 조직으로 기존의 삼천당주 계열의 조직과 결합된 것이라 하였는데, 삼천당 이해의 틀을 제시한 것으로 생각된다. 관련하여 다음 사료를 살펴본다.

C-7 音里火三千幢主 及湌 高金□[77]

사료 C-7은 〈高仙寺誓幢和尙碑〉 가운데 삼천당과 관련한 부분이다. 삼천당이라는 표현은[78] 『삼국사기』에 '10정 · 신삼천당'과 관련하여 군사활동 사례가 있는데, 이로 미루어 볼 때 삼천당이 10정과

----

75) 삼천당에 대한 제 견해를 보면 井上秀雄은 보병 중심의 6정군단을 지원하는 기병부대(1974, 앞의 책, pp.191~192), 강봉룡은 귀족 휘하의 병단(1987, 「신라 중고기 「주」제의 형성과 운용」, 『한국사론』16, pp.74~75), 주보돈은 6정 자체(1987, 앞의 논문, p.16), 이인철은 10정의 지원 부대로서 승병부대라 하였다(1993, 앞의 책, p.339).
76) 이문기는 삼천당의 명칭을 계승한 신삼천당을 구성하는 부대가 문무왕 12~18년 사이에 설치되고 있어 이 무렵을 삼천당이 10정 군단으로 확대 개편된 시기로 추정하였다(2004, 앞의 논문, p.179).
77) 〈고선사서당화상비〉(허홍식 편저, 1984, 『한국금석전문』고대편, 아세아문화사, p.149).
78) 삼천당의 명칭에 대해 불교와 관련된 것으로 보아 승병 부대로 파악한 견해(이인철, 1993, 앞의 책, p.339), 병단의 규모에서 유래했다는 견해가 있다(강봉룡, 1987, 앞의 논문 ; 이문기, 1997, 앞의 책, p.134). 그러나 사료에서 취도가 '법의를 벗고 군복을 입었다'는 기록을 참고할 때 승병일 가능성은 낮다.

밀접하다는 것은 확실하다. 현재 문장의 해석은 3가지 정도인데,[79] 여기에서는 음리화정 소속 삼천당주, 즉 음리화정 예하 부대 가운데 하나인 삼천당의 당주라는 의미로 이해하고자 한다. 왜냐하면 정과 당의 관계가 먼저 고려되어야 하기 때문이다. 아마도 정이 당보다 상위 조직이라 생각되므로 정에 당이 배속되었을 것이다. 음리화정을 포함한 10정에는 여러 종류의 예하 부대가 존재했을 것인데, 삼천당은 그 가운데 하나이므로 음리화삼천당주는 '음리화정 예하의 삼천당 당주'라는 의미로 이해되어야 한다.

본래 6정과 삼천당은 전혀 별개의 군단이었다. 신라중고기 6정이 운용될 당시에 삼천당 역시 활동했으므로 6정을 계승한 10정이 삼천당과 동일시 될 수는 없다. 10정 정비시 삼천당이 보병중심 군단이었으므로, 보병적 기능이 주를 이루던 6정이 기병중심으로 개편되며 주축을 이룬 후 그 아래에 삼천당이 배속되었던 것으로 보인다. 이는 군관 조직상 삼천당주보다 상위 계열로 보이는 대대감 계열의 기병 군관들이 존재한 사실에서 확인된다. 바로 少監과 火尺이 그러하다. 이들은 領騎兵하였으며 10정에 각기 2인씩 총 40인이 배속되어 있었다.[80]

여기에서 대두되는 문제가 6정과 10정의 상호 관련성인데, 6정이 10정으로 이어졌다면 군관조직 역시 유사성을 보여야 하나 사료를 보면 전혀 그렇지 않다. 정리하면 다음과 같다.

---

79) 이문기, 1990, 「『삼국사기』 직관지 무관조의 사료적 검토」, 『역사교육논집』 15, pp.275~276. 이에 따르면 첫째 음리화정 소속의 삼천당주, 둘째 음리화 삼천당의 당주, 셋째 음리화 삼천당의 삼천당주라 하고 세 번째 경우를 제시하였다.

80) 『삼국사기』 직관지 무관 제군관.

표 4 _ 6정과 10정의 군관조직 비교[81]

군단 \ 군관	장군	대관대감	대대감	제감	감사지	소감	화척	군사당주	대장척당주	보기당주	흑말의보장당창주	삼천당주	군사감	대장대감	보기감	삼천감	삼천졸
6정 대당	4	5	0/3	5	1	15/6	15/6	1	1	6	30		2	1	6		
6정 상주정/귀당	0/4	0/5	0/2	0/5	1/0	0 15/4	0 10/4	1/0	1/0	0/4	0 22		2/0	1/0	0/4		
6정 한산정	3	4	3	4	1	15	10	1	1	6	28		2	1	6		
6정 완산정	3	4	2	4	1	13	10	1	1	4	20		2	1	4		
6정 우수정	2	4	2	4	1	13	10	1	1	4	20		2	1	4		
6정 하서정	2	4	0	4	1	12	10	1	1	0	0		2	1	0		
10정 음리화정			1			2	2					6				6	15
10정 고양부리정			1			2	2					6				6	15
10정 거사물정			1			2	2					6				6	15
10정 삼량화정			1			2	2					6				6	15
10정 소삼정			1			2	2					6				6	15
10정 미다부리정			1			2	2					6				6	15
10정 남천정			1			2	2					6				6	15
10정 골내근정			1			2	2					6				6	15
10정 벌력천정			1			2	2					6				6	15
10정 이화혜정			1			2	2					6				6	15

표 4를 보면 6정에 보이는 장군, 대관대감, 제감, 감사지 등의 군관이 10정에는 전혀 보이지 않는데, 이에 대한 이해는 두 가지로 해석해 볼 수 있다. 하나는 사료상의 기록 누락이며, 다른 하나는 새로운 편제에 따른 군관 구성이다. 이 가운데 전자의 가능성은 거의 없다고 생각되며, 후자의 가능성이 높다고 생각된다.

따라서 경덕왕대 웅천주정 장군 설치기록은 『삼국사기』 지리지 기

---

81) 이문기는 『삼국사기』 무관조에 삼천졸이 총원 150명으로서 어디 소속인지 기록되지 않은 채 그 인원수와 상당위계만 적혀있을 뿐이라 하며, 이들을 10개의 부대로 나누어 10정에 15인 배치하여 표를 작성하였는데(1997, 앞의 책, p.131), 필자는 선생의 견해를 따라 삼천졸을 추가하였다.

록과 연계한 고찰이 필요하다. 경덕왕대는 이미 9주정 체제로서 웅천주정의 장군 증원은 매우 이례적인 경우라는 견해를[82] 참고할 필요가 있다.

위의 표 4에서 6정과 10정의 군관의 수가 매우 상이한 것은 신문왕대 9주 체제의 정비에 따른 군사력 재편과 관련된 것으로 추측된다. 즉 표 4에서 나타난 군관수의 부정합은 9주 정비 후 이루어진 군사조직 정비의 결과이며, 군관·군사력을 균질화 한 작업의 산물이었다.

표 4에는 장군이나 대관대감 등이 6정 내에서도 서로 다르게 배분 편제되어 있으나, 10정은 상대적으로 전체 군관이 균등하게 분포되어 있다.[83] 곧 6정과 삼천당이 통일기에 군단 통합과정을 거치며 군관 조직 역시 단일화되었고, 이 때 새로이 증강된 기병이 주축을 이루며 보병은 보완적 역할을 맡게 된 것이다.[84] 대체로 7세기 후반을 전후한 시기에 이와 같은 지휘계통으로 전환되었다고 하겠다.[85] 그 결과 삼천당이 각 정에 배속된 것이므로 '음리화삼천당주' 는 음리화 정에 배속된 삼천당의 당주가 된다.[86] 그래야만 대대감에서 삼천졸

---

82) 이문기, 1997, 앞의 책, p.401.

83) 10정의 군관 '격' 이 6정에 비해 상대적으로 낮게 나타나는데, 오히려 이는 당시 상층부 지휘관의 다수를 점하던 귀족 세력을 배제하려는 신문왕과 친위세력의 의도가 내재된 것으로써, 소수 정예의 상비 친위군이 운용되었음을 반증하는 것으로 볼 수 있다.

84) 서영교는 하서정의 군관직 고찰을 통해 기병군관이 결여된 것은 대규모 병력의 진입이 제한될 수밖에 없는 지형을 반영한 것으로 보았는데(2000, 앞의 논문, pp.13~17), 이화혜정 설치 또한 이와 유사한 전략으로 파악할 수 있다.

85) 사료의 사다함 5천 기병과 무관조 진흥왕 5년 10정 설치 기사를 근거로 볼 때 이를 무시할 어떠한 근거도 없다는 반론이 있으나(서영교, 2002, 앞의 논문, p.134), 신라가 통일전쟁을 거친 후, 평시체제에 맞게 군사조직을 재편하면서 변화를 보였을 것으로 생각한다.

로 이어지는 군관조직이 자연스럽게 해석될 수 있는 것이다.

그런데 10정과 관련하여 살펴야 할 부분이 하나있다. 표 3에서 라)
하서정의 경우 이화혜정(경북 청송)으로 상당히 후방 배치된 것으로
보여, 군사조직 특성상 신속한 대응은 어려운 것으로 생각된다. 일반
적으로 군사 조직의 특성은 기동력과 신속성인데 이와는 거리가 있
는 것이다. 하지만 신라의 중앙 정부에서 이에 대한 준비 없이 군단
배치를 시행한 것 같지는 않다. 5정의 이동과 관련하여 군사적 조치
가 시행되었음을 엿볼 수 있는 기록이 있다. 바로 삼변수당의 설치로
써 이 시기 복수 부대를 하나의 군호로 편성하는 군단화 작업이 진행
되었음을 보여주고 있다.[87] 관련 기록을 제시하면 다음과 같다.

> C-8 삼변수당(또는 邊守)은 신문왕 10년에 설치하였는데 一은 한산
> 변, 二는 우수변, 三은 하서변이며, 衿은 없다(『삼국사기』 직관지
> 무관).

사료 C-8은 삼변수당의 연혁과 구성을 보여주고 있다. 특이한 점
은 설치 시기가 다른 군단과 달리 신문왕 10년(690)이라 하여 일시에
성립된 것으로 되어 있다. 신라 군사 조직 가운데 해당 군단이 특정
시기에 일시 성립된 것으로는 10정, 5주서, 삼변수당, 이절말당이 있
다. 그러나 10정과 5주서의 구성부대가 동시에 성립되었다는 기록은
杜撰이므로,[88] 삼변수당과 이절말당만이 유일하게 일시에 성립된

---

86) 당시 음리화정에는 삼천당을 비롯한 여러 병종의 당이 배속되어 있었으며 삼
천당은 그 가운데 하나였을 것이다. 다른 정 또한 이와 유사한 구조로 편제되
었을 것임은 물론이다.
87) 이문기, 1999, 앞의 논문, pp.200~203.
88) 이문기, 1999, 앞의 논문, p.12.

군사조직이라 하겠다. 신라 군사 조직 가운데 그 사례가 드문 경우로서 최전방에 3개 군단이 일시에 증설된 것은 나름대로의 배경이 있었을 것이다.

우선 고려되는 것이 고구려 유민의 부흥운동이나 말갈의 움직임이다. 『삼국사기』 열전 소나전에 의하면 말갈첩자라는 구절[89]이 확인되는데, 통일 이후에도 북변에 말갈같은 위협세력이 존재했음을 보여주고 있다.[90] 고구려 유민과 더불어 말갈은 신라가 삼국을 통일한 이후에도 독자적 세력체로 존재하고 있었고, 당시 신라중대 왕권은 이에 대해 대응책을 강구하지 않을 수 없었던 것이다.[91] 이에 한산변 · 우수변 · 하서변에 각각 군단이 배치되었다.

한산변은 한산주가 특성상 다른 주에 비해 광역이며 평야 지형이므로, 남천정과 골내근정 등 2정 배치에 더하여 추가로 두어진 것으로 보이며, 우수변은 우수정이 벌력천정으로 이동한 후 그 역할을 대신한 것으로 보인다. 그리고 하서변의 경우는 하서정이 이화혜정으로 후방 이동함에 따라 역시 기능을 대신한 것이라 할 수 있다. 그러한 점에서 삼변수당의 설치는 5정의 이동에 따른 군사적 공백을 메우고 전력을 보강한 조치로써, 중앙 정부의 치밀한 준비 하에서 시행된 것이라 하겠다.

요컨대 신문왕 7년(687)에서 10년(690) 사이에 귀족의 사병적 질서가 해체된 5정은 10정으로 계승되어 군사 · 경제적 요충지에 배속

---

89) 『삼국사기』 열전 소나.
90) 노중국은 7세기 이전 말갈이 함경남도와 경기, 강원도 일부에 흩어져 있던 읍루세력의 후예를 지칭하는 것으로 보았는데(1999, 앞의 논문, p.195), 이 무렵의 말갈도 그와 유사한 것으로 생각된다.
91) 조이옥, 2001, 『통일신라의 북방진출 연구』, 서경문화사, pp.87~89.

되어 거점으로서 각기 역할을 수행하였으며, 국가의 공병으로서 국왕 중심의 친위 군사력으로 재편성되었다. 새로이 정비된 10정은 기존 5정을 계승하고 새로이 5정이 신설되었는데, 금색 규정을 통해서 확인된다. 그리고 '주 직할지 주둔 정'과 '일반 군현 주둔 정'으로 나뉜 10정의 배치와 삼천당의 10정 배속은 사회경제적 변화를 반영한 조치로써, 새로운 공병조직의 성립을 의미했다. 6정장군, 대관대감, 대대감 등 복수의 지휘관들이 감소 내지 폐지된 것도 통일 이후 군사 전략의 변화에 따라 조직의 정예화, 경량화 차원에서 이루어진 정비과정이었다. 이 무렵 북변의 3주에는 6정이 10정으로 전환되는데에 따른 군사적 공백을 메우고자 삼변수당이 설치되었다. 10정의 정비는 율령체제에 근거한 군제의 성립으로서 율령군제로의 전환시도였다.

3) 병졸 충원 제도의 운용과 그 한계

6정이 해체되면서 삼천당 역시 귀족의 사병적 잔영이 소멸되어 갔다. 바로 10정의 성립은 6정과 삼천당의 성격 변화로 인해 나타난 산물임을 보여주는 것인데, 국왕에 집중되는 친위 군사력으로의 전환이었다. 이와 더불어 중앙관부인 병부의 위상과 역할은 이전보다 행정적인 모습으로 변화되었다. 그러한 모습을 가늠해 볼 수 있는 자료가 있다.

> C-9 태종대왕때 백제가 와서 助川城을 공격하므로 … 이에 道玉이 …
> 法衣를 벗고 軍服을 입은 다음 이름을 고쳐 驟徒라 하니 그 뜻은 급히 달려가 무리가 된다는 것이었다. 이에 兵部로 나가 三千幢에 속

하기를 청하고 드디어 군대를 따라 … 자신도 죽었다(『삼국사기』
열전 취도).

사료 C-9는 『삼국사기』 열전 취도의 내용 중 일부이다. 이에 따르
면 무열왕대 취도가 승려로 활동하다가 병사로 지원하고 있음이 보
인다. 그런데 그가 지원한 곳이 주변의 군사조직이 아닌 병부였음이
주목된다.

이 때 김모(召募)의 주체를 삼천당주로 파악한 견해가 있으나,[92] 사료상
에 병부라 했으므로, 국왕에 의해 소모된 왕경인 출신의 병졸집단으
로 구성된 중앙의 군사조직이라는 견해가 옳을 듯하다.[93] 이는 병부
가 병사 사무를 관장한 증거이기도 하다.[94] 만일 귀족의 사병이었다
면 국가 군사조직의 정비와 운용을 담당하던 병부가 아닌 귀족의
'당'에 직접 지원하는 것이 순리일 것이다.[95]

하지만 사료에는 취도가 병부에 지원한 것으로 되어있다. 이는 삼
천당, 곧 10정의 소모 방식이 신라중고기의 지방 5정과는 다른 방식
으로 충원되었음을 나타내는 것이다. 10정은 주력부대인 삼천당을
왕경인 및 일부 지방민으로 충원하고, 다른 기타 부대는 지방민을 대
상으로 편제했을 것이다. 정예화되고 기동성이 요구되는 군사작전
에는 상비군 체제의 삼천당이, 기타 군단의 경우 지방민 중심의 운용
이 용이했을 것이기 때문이다.

무열왕대는 통일 전쟁의 수행으로 인해 본격적인 왕권 강화와 일

---

92) 이기백, 1978,「한국의 전통사회와 병제」,『한국사학의 방향』, 일조각, p.196.
93) 이문기, 1988, 앞의 논문, p.137.
94) 주보돈, 1988, 앞의 논문, p.16.
95) 이문기, 1990, 앞의 논문, p.203.

정한 거리가 두어질 수밖에 없으므로,[96] 문무·신문왕대 조치가 갖는 의미는 상징성이 더욱 컸다. 곧 귀족 세력의 핵심이 일거에 제거됨으로서 병부에 잔존하던 귀족적 질서나 영향은 배제되고 친위기능은 강화되었다. 이는 신라중고기의 병부와는 다른 신라중대 병부의 위상정립이었다.

삼천당이 각지의 10정에 배속됨에 따라 소모에 따른 병력 충원은 확대되어 갔는데, 소모 방식 확대로 이를 주관하고 집행할 국가 행정력의 실행으로 나타났고, 병부가 그 중심적 기능을 했던 것으로 파악된다.

여기에서 삼천당이 10정에 배속되는 과정에 대한 고찰이 필요한데, 군사조직 운용과 삼국통일기라는 시대상황이 고려되어야 할 것 같다. 10정이 정비된 후 기병이 존재하게 되었는데, 고대 군사전술을 보면 대체로 기병 단독의 작전 수행은 희박하고 보병과 기병 합동으로 이루어지고 있다. 이러한 점에서 10정 역시 보병과 기병 운용이 이루어졌을 것인데, 이 때 별도의 일반 보병 조직을 필요시마다 운용할 경우 효율성이 떨어졌을 것이다. 그러므로 10정 내에 정예화 된 보병조직이 편제되었을 것이고 삼천당이 그 역할을 했다고 보여진다.

또한 이 시기는 삼국통일 직후이므로 대민안정 차원에서 일정기간 무리한 동원은 자제되었을 것이므로,[97] 징발병 성격의 의무병보다는 지원병인 소모병이 국왕의 친위군사력으로 보다 적합했을 것이다.[98] 물론 율령체제라면 의무병이 적합한 것은 당연하겠지만, 통

---

96) 김수태, 1996, 앞의 책, p.16.
97) 문무왕이 말년에 도성을 축조하려다 의상대사의 말을 듣고 그만둔 것과 유조에서 '兵器를 녹여 農具를 만들라'고 한 기록이 참고된다.

일전쟁 직후라는 특수한 상황으로 인해 일시적으로 소모병이 효율적으로 기능한 것이다. 시간의 경과하면서 체제가 안정되고 징발형태의 의무병은 확대되어 갔을 것이다.

다만 이 시기 소모와 관련해 병부의 역할변화가 주목된다. 병부는 사료상에 법흥왕 3년(516) 설치된 후, 진흥왕 5년(544)과 무열왕 6년(659)에 각각 병부령이 증원되어 총 3인이 되었다.[99] 이 무렵 병부령의 증원은 군제에 대한 국가적 통일지배의 목적이었다. 사실 신라중고기의 병부령은 병부의 병사업무를 관장하고 나아가 대당의 장군으로서 중앙군단의 병마권을, 그리고 지방의 병마권까지도 장악하였던 명실상부한 군사 최고지휘관이었다.[100]

그러나 김흠돌의 난에 연루되어 병부령 軍官이 처형된 것은 병부령의 지위에 대한 변화를 예고했다. 병부령이 갖고 있던 병권을 국왕의 직속으로 환원하기 위한 조치였으며, 그러한 변화는 이전부터 준비되어 병부의 조직과 기능 전반으로 확대되었다. 이것은 병부의 조직과 기능이 더욱 정비되고 세분된 사례에서 살펴볼 수 있는데, 관원구성을 살펴보면 표 5와 같다.

표 5에 따르면 병부의 조직은 상층 조직부터 정비되고 하급 실무관리의 추가 증원으로 이루어졌음을 볼 수 있다. 문무왕대 들어와

---

98) 오스만투르크 제국의 '예니체리' 군단이 참고된다(버나드 루이스 저·이희수 옮김, 1998, 『중동의 역사』, 까치, pp.116~117). 오스만제국은 정복된 유럽지역의 기독교도 중에서 젊은 장정 일부를 뽑아 이슬람으로 개종시킨 뒤, 사회경제적 차원의 예우를 시행한 후 술탄의 상비친위군으로 운용했는데, 이 무렵의 신라가 유사한 방식을 전개하였을 가능성이 있다.

99) 『삼국사기』 신라본기 법흥왕 4년 및 『삼국사기』 잡지 직관하 무관 병부.

100) 주보돈, 1987, 앞의 논문, pp.37~38.

표 5 _ 병부 관원의 증감 변동

구분	관직	인원	설치 및 증치	관위
가)	令	3	법흥왕 3년(516) 진흥왕 5년(554) 무열왕 6년(659)	大阿湌 ~ 太大角干
나)	大監 (侍郎)	3	진평왕 45년(623) 무열왕 5년(658)	~ 阿湌
다)	弟監 (郎中·大舍)	2	진평왕 11년(589)	舍知 ~ 奈麻
라)	弩舍知 (司兵)	1	문무왕 12년(672)	舍知 ~ 大舍
마)	史	17	문무왕 11년(671) 문무왕 12년(672)	先沮知 ~ 大舍
바)	弩幢 (小司兵)	1	문무왕 11년(671)	先沮知 ~ 大舍

라) 弩舍知, 마) 史, 사) 弩幢 등 하급 실무관원의 증원이 주목되는데, 대체로 새로운 무기체계나 병법 도입 등 군사정책 수행에 따른 것으로 풀이된다.[101]

문무왕 14년(674) 설수진에 의해 李靖이 고안한 〈六陣兵法〉이 신라에 도입되었다.[102] 병법의 도입은 일원적 명령체계의 확립과 무조건적 복종 없이는 유지될 수 없으므로, 신라군이 통일된 지휘하에 운영되기 위해서는 필연적 조치였다.[103]

---

101) 弩舍知와 弩幢은 弩와 관련된 관직으로 신라 무기체계에서 중요한 비중을 차지하던 弩의 생산과 관리를 전담하기 위한 조치였다(이문기, 2004, 앞의 논문, pp.201~202).
102) 『삼국사기』 신라본기 문무왕 14년.
103) 문무왕 14년(674) 설수진의 육진병법 도입은 신라군의 규율 확립을 위한 혁신이라 했으며(서영교, 2002, 앞의 논문, p.54), 이문기는 이를 문무왕대 군사정책 가운데 하나로 이해하였다(2004, 앞의 논문, pp.202~203).

이러한 무기체계나 병법의 도입은 당시 백제 부흥 운동의 진압이나 당군 축출의 국가적 요청에 의한 것이겠지만, 삼천당이 지방으로 확대되면서 병력 충원에 지방민을 소모하게 되고 이들의 전투력을 극대화하기 위한 병부의 정비 역시 필수적이었다. 표 5는 바로 그러한 병부의 변화를 나타냈다.

그러고 보면 신문왕대 10정의 정비는 문무왕대 귀족세력의 숙청 및 병부의 정비와 통하는 면이 있다. 바로 중앙집권적 병권의 확립을 통한 군제의 확립이고 나아가 율령체제의 시도였다. 신문왕 원년 병부령 軍官이 처형된 이후 경덕왕대까지 병부령 기록이 나타나지 않는다. 이는 병부령의 공석이 아니라 신라중고기부터 지녀왔던 특수한 위상이 소멸되고, 다른 관부와 마찬가지로 일반 행정관부로 정의되었음을 보여준다.[104] 곧 귀족세력의 관료화 정책에 다름이 아니다.

요컨대 통일기에 일시적으로 소모병 방식으로 충원되었던 10정은 시간이 경과하면서 평시체제로 전환된 후 징발병 성격의 의무병으로 대체되어 갔다. 귀족적 성격은 불식되고 일반 행정관부로서의 위상 변화가 이루어졌다. 이 때 무기체계의 정비와 새로운 당 육진병법의 도입은 변화하던 병부의 모습을 보여준 것이다. 병부의 관부로서의 위상 정립은 국왕의 병권 강화와 더불어 국가체제정비에 있어 일대 진전이었으며 귀족세력 관료화 의도에 다름 아니었다.

---

104) 김철준은 경덕왕이 당제를 모방하면서도 병부령 3인은 그대로 두고 병권을 분산시켜 상호견제하고 있다(1990, 앞의 책, p.70) 하여 병부령이 복수제로 지속되었을 것으로 보았으나, 신형식은 신라중대에 '1인'으로 축소되어 진평왕대 이후 추구된 1개 관부의 長으로 변질된 것으로 파악하였다(1974, 앞의 논문, p.84).

제3장
聖德王代 均田制와
府兵制의 변용

1. 개혁의 배경과 추진세력

1) 즉위과정과 귀족세력과의 갈등

효소왕 사후 국인[1]의 추대를 받아 즉위한 성덕왕에게 재위 초반

---

1) 국인의 의미에 대해서는 견해가 다양하다. 첫째 왕경 중심의 중앙 귀족 세력으로 화백회의 구성원이라는 견해(이종항, 1971, 「화백 -그 기원과 구성과 권한을 중심으로」, 『국민대학교논문집』3 ; 이기백, 1974, 「대등고」, 『신라정치사회사연구』, 일조각 ; 이종항, 1980, 『신라상대왕위계승연구』, 영남대학교출판부 ; 이병도, 1985, 「고대남당고」, 『한국고대사연구』, 박영사 ; 신형식, 1985, 『신라사』, 이대출판부 ; 이명식, 1992, 『신라정치사연구』, 형설출판사), 둘째 국민이라는 견해(井上秀雄, 1976, 『東アジア民族史』2, 平凡社, p.335), 셋째 귀족층 혹은 지배층이라는 견해(임상선, 1990, 『발해사의 이해』, 신서원, p.151 ; 강봉룡, 1994, 『신라 지방통치체제 연구』, 서울대학교 대학원 박사학위논문, p.158), 넷째 상고기의 경우 소국의 간 계층이라는 견해(남재우, 1992, 「신라상고기의 '국인'층」, 『한국상고사학보』10, pp.381~382), 다섯째 신라하대 국인의 경우 왕경의

왕권의 안정은 1차적 당면 과제였다.

A-1 성덕왕이 즉위하니 휘는 興光이다. 본명은 隆基인데 당 현종의 휘
    와 같은 까닭에 先天 중에 고친 것이다(唐書에서는 金志誠이라 한
    다). 신문왕의 둘째 아들이고 효소왕의 동모제인데 효소왕이 승하
    하자 국인이 세웠다(『삼국사기』 신라본기 성덕왕 즉위).

사료 A-1을 보면 성덕왕은 부왕인 신문왕의 2자로 효소왕의 동모제
였으며, 효소왕이 죽자 국인이 그를 세웠다고 한다. 효소왕의 동모제
로서 왕자가 없는 상태에서 즉위하였으므로 당연한 것으로 보인다.

그러나 외형상 추대라는 절차를 거치기는 했지만, 본질적으로 지
지기반의 취약성은 그대로 노출될 수밖에 없었다. 신라중대의 특징
가운데 하나인 태자책봉의 과정을 거치지 않았으며, 왕자가 아닌 왕
제의 신분으로 즉위했기 때문이다. 태자책봉[2]은 왕위계승에 있어 진

중심 집단을 형성하는 일반 왕경인계층으로 범주화 된 세력이 아니라는 견해
(전기웅, 1996, 『나말려초의 정치사회와 문인지식층』, 혜안, pp.45~46), 여섯째
집권층이 흡수하려던 세력 내지 집권자에 밀착하려던 세력이라는 견해(박순
교, 2003, 「진지왕의 개혁과 화랑도의 동향」, 『청계사학』18, p.14) 등이 있다. 시
기마다 다르게 이해해야 함을 보여주는 것으로 신라상대 진지왕 폐위시의 국인
이 동륜계 혈연집단이라는 견해처럼 명확히 하기는 힘들다(김두진, 1988, 「신
라 진평왕대의 석가불신앙」, 『한국학논총』10, p.20). 다만 성덕왕 즉위시 국인
에 대해서 김수태는 진골귀족이라 보았으며(1990, 『신라 중대 전제왕권과 진골
귀족』, 서강대학교 대학원 박사학위논문, p.80 : 1996, 『신라중대정치사연구』,
일조각), 박해현 역시 귀족세력이라 보았다(1996, 「신라 중대 정치세력 연구」,
전남대학교 대학원 박사학위논문, p.331 : 2003, 『신라 중대 정치사 연구』, 국학
자료원).
2) 이기백은 신라중대의 태자책봉에 대하여 신라에서도 전제왕권의 확립을 말하
   여 주는 것으로 받아들일 수 있다고 하였다(1982, 『한국사신론』, 일조각,
   p.312).

골귀족의 간여를 제도적으로 배제하는 기능이 있었고,[3] 이로 인해 왕권이 강화될 수 있었다.

그런데 그러한 과정이 생략된 채 즉위하였으므로 왕권의 강화에 근본적 한계가 있었다. 성덕왕은 이러한 현실을 극복하지 않는 한 군주의 위상을 지키기 어려웠다.

한편 『삼국유사』 탑상편 「대산오만진신」조와 「명주오대산보질도 태자전기」조에는 조금 다른 기록이 전하고 있어,[4] 성덕왕의 즉위과 정이 그리 순탄치 않았음을 보여준다. '성덕왕의 즉위전말'이라는 견해를 따르지는 않더라도 즉위 당시의 정치세력 구도를 반영하기 때문이다. 곧 성덕왕 즉위과정에 귀족세력이 연관되어 있음을 보여 주는 사료로 이해된다. 효소왕 말년의 정국동향을 성덕왕대 정치세 력과 연계해 보면 그 일면이 나타난다.

---

3) 전덕재, 1996, 「신라 중대 대일외교의 추이와 진골귀족의 동향」, 『한국사론』 37, p.1.
4) 『삼국유사』 탑상 「대산오만진신」과 「명주오대산보질도태자전기」 기록의 신빙 성에 대해서는 여러 견해로 나뉘어 있다. 첫째 기록에 나오는 왕자의 이름과 부 왕의 이름이 사실과 부합하지 않아 단순한 불교설화로 파악한 견해(황패강, 1975, 「불국토 재현사상」, 『신라불교설화연구』, 일지사 ; 이기백, 1987, 「부석사 와 태백산」, 『김원룡박사정년기념논문집』, p.581), 둘째 신앙결사의 예로 파악 하는 견해(김문경, 1970, 「의식을 통한 불교의 대중화운동」, 『사학지』 4, p.97 ; 채상식, 1979, 「고려후기 천태종의 백련사 결사」, 『한국사론』 5, pp.119~120 ; 김 상현, 1985, 「통일신라시대의 화엄신앙」, 『신라문화』 2 ; 김복순, 1988, 「신라하 대 화엄의 일례」, 『사총』 33 ; 김두진, 1992, 「신라하대 오대산신앙과 화엄결사」, 『가산이지관스님화갑기념논총 한국불교문화사』 상), 셋째 사료 고찰을 통해 이 기록이 '성덕왕의 즉위전말'이라는 견해(신종원, 1988, 『신라초기불교사연구』, 고려대학교 대학원 박사학위논문) 등이다.

A-2 이찬 경영이 謀叛하여 복주되었고, 중시 순원은 연좌 파면되었다 (『삼국사기』 신라본기 효소왕 9년 5월).

A-3 이찬 순원의 딸을 왕비로 삼았다(『삼국사기』 신라본기 성덕왕 19 년).

사료 A-2를 보면 '경영의 모반'에 연좌되어 중시 順元이 파면된 것으로 나타난다. 그런데 모반과 같은 중죄에 연루된 혐의를 받았던 순원이 그 이후에도 정치적으로 건재했음이 사료 A-3을 통해서 확인된다.

고대 삼국에 있어 연좌라는 것이 결코 가벼운 처벌로 끝나는 경우가 없다는 점에서 상당히 이례적이라 할 수 있다. 연좌는 혈연, 지연, 직무 등으로 나뉘는데 신라는 기본적으로 혈연 연좌가 많았다.[5] 김순원의 경우 이 가운데 구체적으로 어떠한 형태로 관련된 것인지 알 수 없으나 지연이 아니었을까 여겨진다.

혈연이나 직무였더라면 대역 죄인으로 처벌을 면하기 어려웠음은 사료에서 확인할 수 있다. 신문왕대 '김흠돌의 난'이 그러하다. 신문왕은 國舅인 김흠돌을 반역죄로, 3주 뒤 병부령 軍官을 불고지죄로 각각 처형하였으며, 왕비 또한 출궁시켰다. 원인이 무엇이든 직무나 혈연상 책임을 묻고 있다. 반면에 김순원의 경우 상대적으로 극형에 미치는 않는 파면으로 끝났으며, 그 이상의 조치도 없었던 것 같다. 더구나 20여 년 후 성덕왕의 國舅로 정치적 재기까지 하였다.

그렇다면 어떻게 하여 김순원이 재기할 수 있었는가? 위의 사료 가

---

5) 주보돈, 1985, 「신라시대의 연좌제」, 『대구사학』 25.

운데 '謀叛'에 대해 구체적 분석이 필요할 듯하다. 『당률』에 따르면 謀叛과 謀反은 구분되어 있다. 그 이유는 양자가 성격상 조금 다르기 때문이다. 전자의 경우는 '병사를 모아 난을 일으킨 것'을 말하며, 후자의 경우는 '군주시해' 자체를 의미한다. 죄를 논함에 있어 경중이 고려될 수밖에 없으므로, 이를 참고할 때 경영은 謀叛을 시도하였다는 점에서 군주 자체의 시해가 목적은 아니었던 것으로 여겨진다. 거병 목적이 기록에 없어 속단하기는 어려우나 직접적으로 국왕에 반발했다기 보다 일부 정책을 두고 집권세력에 반발했던 것으로 볼수 있다. 따라서 주모자인 경영은 처형되었지만 관련자 모두가 '대역'으로 단죄되지 않았을 가능성이 있다. 즉 순원은 단순한 지역적 연고로 논죄된 것이지 謀反이나 주모자로 문책된 것은 아니다. 여하튼 율령에 따라 사건의 처리가 이루어진 것으로 보인다.

그런데 순원은 중시에서 파면된 후 국구에 이르기까지의 시간 속에서 그다지 어려움을 겪지 않았던 것 같다. 정치적으로 몰락하였다면 그만큼 재기는 불가능했을 것이다. 이미 그는 성덕왕 즉위 전부터 정치적으로 지지 세력과 연계되어 역할했던 것으로 생각된다.[6] 그 이유는 순원이 연좌되어 치죄된 이상 죄인으로서 사면되지 않고서는 정치적으로 활동하는 것이 불가능하기 때문이다.

결국 그가 국구가 되었다는 것은 사면이라는 법률적 절차를 거쳤다는 것을 의미하며, 성덕왕에 의해 그러한 조치가 시행되었다는 결론에 이르게 한다. 이는 성덕왕이 즉위 이전부터 김순원 세력과 연계되어 있었고, 김순원이 모량리와 연좌되어 처벌되었던 사실을 참고

---

6) 신형식은 성덕왕이 순원 일파의 지원으로 등장하였을 가능성이 크다고 보았다 (1990, 『통일신라사연구』, 삼지원, p.132).

할 때, 성덕왕은 모량리와 정치적으로 무관하지 않았을 가능성도 존재한다.

당제에 따르면 유배 이상과 除名, 免官, 官當[7]의 처벌은 황제의 결재를 필요로 한다.[8] 특히 사면이라는 것은 율의 시행을 전제로 성립하며 초법적 성격을 내포하는데, 이러한 사면이야말로 율의 시행여부를 판단할 수 있는 가장 중요 수단이라는 견해를 참고할 때,[9] 성덕왕대 율령체제의 운용은 실질적으로 안정되어 있었던 것이다.

그는 반효소왕 세력의 움직임으로 보이는 경영의 난이 처리되는 과정에서 그들과 연좌되어 정치적 공격을 받았던 것 같다. 사료 A-2의 경영의 난은 반효소왕 세력의 도전이었고, 김순원은 이들과 일정한 관련이 있었다. 다만 왕제였던 성덕왕도 관련이 있었으나[10] 모반과 직접적으로 관련된 증거가 나오지 않는 한 처벌은 어려웠다. 효소왕과 성덕왕이 동모제라는 『삼국사기』의 기록을 부인할 수 없을지라도,[11] 정치적 입장에 있어 대립 등 긴장된 관계를 유지했기 때문이

---

7) 官當은 관인이 관품으로 형벌을 감하는 방법으로써 형법상 특권 가운데 하나였다(한국법제연구원, 1997, 『역주당률소의』명례편, pp.165~172).

8) 한국법제연구원, 1997, 『역주당률소의』명례편, p.140, 주)12.

9) 이근우, 2002, 「사면기사를 통해 본 한일 율령제 수용문제」, 『청계사학』16 · 17.

10) 김영미는 「오대산사적기」 내용과 관련하여 신문왕의 왕자들간 권력장악으로 보았으며, 경영의 모반에 성덕왕이 관계되었다고 추정하고 있다(1988, 「성덕왕대 전제왕권에 대한 일고찰」, 『이대사원』22 · 23, p.66).

11) 신종원은 『삼국유사』 기록을 토대로 효소왕과 성덕왕이 이복형제로서 정치적 대립을 벌인 것으로 이해하고 있으며(1988, 앞의 논문, pp.237~243), 박해현 또한 그러하다(2003, 앞의 논문, p.327). 하지만 이와 달리 김수태는 이모제라는 주장은 커다란 무리가 있다고 하며 『삼국사기』의 기록을 그대로 받아들일 필요가 있다고 하였다(1990, 앞의 논문, p.79). 필자 역시 앞의 견해들에 대해 그러한 가능성이 없는 것은 아니지만 동복형제간에도 정치적 대립이나 왕위

다. 이러한 정치 상황에서 김순원은 당연히 성덕왕의 즉위에 일정한 역할을 하였을 것으로 추측된다.[12]

그렇다면 동모제임에도 불구하고 양자가 정치적 입장을 달리한 까닭은 무엇일까? 그들은 왕족 내지 귀족으로써 권력의 상층부인 까닭에 일정한 수준의 정치적 특권을 향유하는 위치에 있었으므로, 정치 이외의 측면에서 대립 요인이 생겨났을 가능성이 높다. 대체로 경제적인 면에서 파생된 것으로 보여진다. 효소왕대 신라 사회는 사회경제적 변화에 위치하고 있었다. 다음을 살펴본다.

> A-4 西市와 南市를 설치하였다(『삼국사기』 신라본기 효소왕 4년 동10월).

위의 사료 A-4에 따르면 왕경에 서시와 남시가 설치되었다. 지증왕 10년(509) 동시가 만들어진 후 186년 만에 왕도에 새로이 시장이 설치된 것이며, 이는 당시 신라 사회의 현실을 반영한 것으로 그만큼 상업적 유통의 발전과 확대가 반영된 것이다. 국가는 이러한 사회변화에 적극적으로 대응하면서 통제에 나섰다.[13] 『당률』에 따르면 市는 담이 둘러쳐지고 문이 열린 장소라고 정의되어 있는데,[14] 이러한

계승전이 벌어진 경우는 신라를 포함한 동서고금의 사례에서 여러 번 확인되기 때문에 동의하지 않는다.

12) 신형식, 1990, 앞의 책, p.132.

13) 김창석은 시전의 설치가 시장제도의 국가적 성격을 보여주는 것이라 하였다 (2004, 『삼국과 통일신라의 유통체계 연구』, 일조각, p.64). 당시 일본은 대재부를 통해 귀족들의 경제적 욕구를 통제하고 있었다. 이를 참고할 때 신라 역시 유사한 모습으로 귀족에 대한 통제가 있었을 것이다. 다만 신라가 일본과는 다른 현실적 차이가 존재했을 것이지만 근본적으로 귀족세력에 대한 제어 기능은 작동하고 있었다.

시의 증설은 단순히 경제적 변화의 반영만을 상징하는 것이 아니다. 이것은 당제의 모방으로서 체제정비의 한 사례였다. 다음의 사료를 살펴본다.

> A-5 서울에 동, 서, 남 3市를 두었다(『당육전』권20 태부시 양경 제시 서).

위의 사료 A-5는 『당육전』의 일부로서 수도 장안에 3개의 시장이 설치되었음을 보여준다. 더 이상의 개편 기록이 없으므로 당의 장안에 설치된 市는 최종적으로 3개로 완비되었다. 이를 참고할 때 효소왕대 서·남시의 설치는 단순히 '경제적 변화의 반영' 이상의 정치적 의미를 갖게 된다. 즉 당의 市制를 도입하고 정비함으로써 체제정비를 시도한 조치였다.

구체적으로 관리 통제한 부분은 서술되어 있지 않지만, 『삼국사기』직관지에 따르면 이들 3개의 시장을 관리하는 기구인 각각의 시전에는 監 - 大舍 - 書生 - 史의 관원들이 편제되어 있어, 이들의 업무가 경제활동 감독과 관련된 것임은 어렵지 않은 추론이다.[15] 이러한 관료조직의 운용은 경제활동의 통제에 있어 체계성을 수반했을 것이다.

그러나 국가의 통제에 대해 귀족세력 내부에서 반발이 있었던 것으로 생각된다. 상업발전에 따라 대외교역을 통한 이윤축적으로 귀족세력의 경제적 기반이 강화되자, 국가에서 귀족 및 상업에 대한 통

---

14) 한국법제연구원, 1997, 『역주당률소의』각칙(상), p.2070, 주)51.
15) 이병도는 3개 시전이 당시 경주 안에 정립되었던 3시장을 감독하던 관부라 하여 그 성격을 명확히 하였다(1983, 『국역삼국사기』하, 을유문화사, p.253).

제의도를 보였고, 이에 귀족세력이 자신들의 정치적 입장에서 반발한 것이다.

여기에 대외교역이 주요인이었을 것으로 여겨진다. 일본에 전하는「買新羅物解」의 사례를 참고할 때, 신라 역시 이와 크게 다르지 않았으리라 생각된다.[16] 바로 이것이 효소왕대 '경영의 난'의 본질이 아닌가 한다. 즉 경제적 이해관계에 따른 귀족세력간 대립이 모반에 이른 것으로써, 효소왕과 지지세력은 경제적 통제에 왕실의 중심적 역할을 의도했고, 이에 대해 일부 귀족세력은 반발했던 것이다.[17]

더욱이 이때의 반발은 일시적이고 일회성 사건이 아니라 신문왕대부터 지속된 진골귀족 억압에 대한 반기였으며, 지속된 귀족세력 관료화 정책에 대한 뿌리 깊은 저항이었다. 그러면 이러한 반발의 중심에 어떠한 정치세력이 존재하고 있었을까?

> A-6 孝昭王 때 (중략) "幢典 车梁部의 益宣阿干이 내 아들을 富山城 倉直으로 보냈으므로 빨리 가느라 인사도 하지 못했습니다." (중략) 부산성에 이르러 문지기에게, 得烏失이 어디 있는가 물으니 문지기는 대답하기를 "지금 익선의 밭에서 例에 따라 賦役을 하고 있습니다." (중략) 이번엔 珍節 舍知의 말안장을 주니 그제야 허락했

---

16) 윤선태, 1997,「752년 신라의 대일교역과 바이시라기모쯔게(買新羅物解)」,『역사와 현실』24, pp.40~66. 당시 일본귀족세력은 필요 물품의 목록을 제출하며 공급을 통제받고 있었는데, 필자는 신라가 이와 똑같은 상황은 아닐지라도 유사한 모습은 띠었을 것이라 생각한다.

17) 내성은 신라왕실의 업무를 총괄하던 관청인데, 그 예하에는 수공업과 관련된 관청이 많으며 일본과의 관계를 전담한 왜전도 함께 기록되어 있다. 이는 왜전의 임무가 이들 수공업 관청과 밀접하고 나아가 대일교역과 관련하여 전반적인 행정업무를 수행했을 것으로 추정되며, 이를 참고할 때 왜전이 대일교역을 주도했던 것으로 파악된다(윤선태, 1997, 앞의 논문, p.62).

다. (중략) 牟梁里 사람으로 벼슬에 오른 자는 모조리 쫓아내어 다
시는 관청에 붙이지 못하게 하고, 僧衣를 입지 못하게 하였으며, 만
일 중이 된 자라도 종을 치고 북을 울리는 절에는 들어가지 못하게
했다. (중략) 이때 圓測法師는 海東의 高僧이었지만 牟梁里 사람인
때문에 僧職을 주지 않았다(『삼국유사』 기이 효소왕대죽지랑).

  사료 A-6은 모량리의 益宣 아간이 관리로서 부정을 저지르자 그를
처벌하고 연고인 모량리에 대해 연좌하여 조치했음을 보여준다. 발
생시기에 대한 견해는 나뉘어 있으나,[18] 사료상의 富山城이 문무왕
3년(663)에 축성[19]되었다는 것을 토대로 할 때 효소왕대로 볼 수 있
을 것 같다.

  그런데 이 기록을 사리를 채우려 했던 한 관리의 부패 사례로만 파
악하는 견해로는 설득력이 부족하다. 이미 이 조치가 시행되기 전 귀
족사회 내부의 대립은 심각했다고 보여진다. 단순한 관료의 부패 사

----

18) 「효소왕대죽지랑」의 반영 시기에 대한 연구자들의 견해는 크게 4시기로 나뉘
   어 있다. 첫째 진평왕대로 보는 견해(三品彰英, 1943, 『新羅花郎の硏究』; 김철
   준, 1990, 앞의 책 ; 신종원, 1988, 앞의 논문 ; 주보돈, 1998, 「부정축재의 古代
   的 특질」, 『한국사시민강좌』22 ; 김창석, 2004, 『삼국과 통일신라의 유통체계
   연구』, p.114 ; 윤선태, 1998, 「신라의 역록과 직전」, 『한국고대사연구』13,
   p.238), 둘째 진평왕 말년에서 선덕여왕 초년 사이라는 견해(이종욱, 1986, 「삼
   국유사 죽지랑조에 대한 일고찰」, 『한국전통문화연구』2), 셋째 효소왕대라는
   견해(양주동, 1965, 『증정고가연구』; 이홍직, 1971, 「삼국유사 죽지랑조 잡
   고」, 『한국고대사의 연구』, 신구문화사 ; 남무희, 2005, 『원측의 생애와 유식사
   상 연구』, 국민대 박사학위 논문, p.34 : 2009, 『신라 원측의 유식사상 연구』,
   민족사), 넷째 진평왕대와 효소왕대가 기록 일부가 섞여 있다는 견해(신종원,
   1994, 「단석산신선사 조상명기에 보이는 미륵신앙집단에 대하여」, 『역사학
   보』143) 등이다.
19) 『삼국사기』 신라본기 문무왕 3년 춘정월.

건이 아니라 경제적 이해관계에 대한 귀족세력의 충돌이다. 아무리 익선이 속한 곳이 모량리라 하더라도 그로 인해 모량리 전체가 규제된다는 것은 쉽게 이해하기 어렵다. 갑자기 돌출된 사건이 아니라 효소왕과 지지세력의 의도된 행동으로 생각된다. 사료에 득오가 例에 따라 賦役을 하고 있다 했으므로, 익선이 부역면제를 거부한 것은 그것이 하나의 예정된 의무기 때문이다.[20] 곧 익선은 개인에 앞서 공적인 업무를 수행하고 있었다.

그런데 죽지랑이 한 낭도를 굳이 찾아간다는 것도 그러하며, 한 차례 거절한 뇌물을 집요하게 계속 공여한 것도 그렇다. 이것은 정치적 빌미를 확보하기 위한 수순으로 여겨진다. 결과적으로 익선 개인의 부정으로 인해 그는 물론 모량리 전체가 제거의 대상으로 떠올랐지만, 근본적 원인은 효소왕 지지세력대 그 대척점에 위치하던 모량리 혹은 김순원 세력의 첨예한 정치적 대립이었다.[21] 가능성은 다음에서 확인할 수 있다.

> A-7 신문왕이 죽고 효소왕이 즉위하여 山陵을 닦고 장사지내는 길을 만드는데, 정씨 집 버드나무가 길을 가로막고 있어 有司가 베어 버리려 하자 정공이 노해서 말했다. "차라리 내 머리를 벨지언정 이 나무는 베지 못한다." 유사가 이 말을 왕에게 아뢰니 왕은 몹시 노해서 法官에게 명령했다. "정공이 王和尙의 神術만 믿고 장차 不遜한 일을 도모하려 하여 왕명을 업신여기고 거역하여, 차라리 제 머

---

20) 김철준, 1990, 앞의 책, p.334.
21) 윤선태는 익선 사건을 모량리 출신의 유력자가 전통적인 지배질서를 배경으로 국역 부담자를 사적으로 사역하는 것이 용인되는 현실과 이를 제어하려는 왕권 측과의 갈등 속에서 이해하고 있다(1998, 앞의 논문, pp.242~246).

리를 베라고 하니 마땅히 제가 좋아하는 대로 할 것이다." 이리하
여 그를 베어 죽이고 그 집을 흙으로 묻어 버리고 나서 조정에서 의
론했다(『삼국유사』 신주 혜통항룡).

　사료 A-7을 보면 정공이 신문왕의 사후에 산릉 조성과 관련하여
효소왕에 대해 반발하다 처벌을 받았다는 일화이다. 왕권에 도전하
는 세력에 대한 처벌은 당연하지만 이 사료에 대해서는 새로운 이해
가 필요하다. 위의 사료에 보이는 山陵은 『당률』에 따르면 '천자의
무덤을 뜻하며 秦代에는 山이라 칭했고 漢代에 이르러 陵이라 했다'
고 한다.[22] 이후 산릉이라 일컫게 되었고 황제나 왕의 능묘를 의미하
게 되었다.
　그런데 정공이 이러한 산릉 조성과 관련하여 반발하고 있으니,[23]
이유를 불문하고 대역죄에 해당했다. 『당률』에 의하면 산릉 조성에
거스르는 행위를 한다는 것은 "十惡 가운데 謀大逆"에 해당한다.[24]
이 때 효소왕과 지지세력은 정공을 상징으로 하는 귀족세력[25]에 대

---

22) 한국법제연구원, 1997, 『역주당률소의』 각칙(상), p.2019.
23) 정공이 속한 모량리는 경우의 경주시내의 서쪽이며, 신문왕릉은 반대편에 위
　치하여 반발사유를 사료에 보이는 대로 받아들이기는 어렵다. 아마도 신문왕
　의 장지로 결정된 곳이 정공의 사유재산 등과 관련하여 일방적으로 지정되고
　환수되자 마찰이 일어난 것이 아닌가 한다. 참고로 〈崇福寺碑銘(896)〉에 따르
　면 신라하대 원성왕이 승하하자 장지가 결정되었는데 곡사라는 절이 존재했
　다. 이에 이곳을 장지로 하면서, 벼 2000苫를 값으로 치르고 토지를 매입하였
　는데, 이러한 모습을 볼 때 정공의 경우는 대우를 받지 못했을 가능성이 없지
　않다.
24) 한국법제연구원, 1997, 『역주당률소의』 명례편, p.109.
25) 『삼국유사』 기이 혜공왕조를 보면 '大恭의 난(혜공왕 4년, 768)' 당시에 국가
　는 난을 진압한 후, 대공의 재산과 보물과 비단을 왕궁으로 옮기고, 沙梁 및 牟

해 율령체제의 규범으로서 대응하였다. 자칫 정치세력간 마찰로 비화되어 불필요한 정쟁이 전개되고 집권력 강화에 역효과를 차단하기 위해 조치한 것이다. 사료상에서 '정공의 머리를 베어 죽인' 것은 그 의도가 정치적일지라도, 형식상 효소왕측의 단순한 정치적 보복이 아니라 율령체제에 따른 대응 조치였다.

이상의 고찰을 통해 볼 때 신문왕대부터 효소왕대 이르기까지의 왕권 강화에 반발한 세력은 모량리를 포함한 귀족세력이었다.[26] 정공과 익선 이들 모두 집권세력의 귀족세력 통제에 맞서 귀족세력의 이익을 강하게 대변하였기에 직접적으로 화를 당했으며, 그로 인해 국왕에 도전하거나 혹은 부정한 관리의 모습으로 남게 된 것이다.[27] 하지만 정치운영에 있어 율령이 제도적 규범으로 확립되고 있었다. 그러한 모습은 다음에서도 살펴볼 수 있다.

> A-8 영암군 태수 일길찬 諸逸이 背公營私하므로 장 1백대의 형벌을 내리고 섬으로 들여보냈다(『삼국사기』 신라본기 효소왕 10년 하5월).

위의 사료 A-8은 영암군 태수였던 일길찬 제일이 배공영사하여 처벌하였다는 기록이다. 이 기록이 주목되는 것은 『삼국사기』에서 신

梁 등 마을에 있던 역적들의 보물과 곡식 또한 왕궁으로 환수하였다 한다. 이를 참고한다면 신라중대에 중앙집권체제의 강화에 반대하던 귀족세력은 사량리와 모량리에 일정한 연고가 있었다고 상정할 수 있으며, 이러한 반발은 효소왕 및 성덕왕대에도 존재했을 가능성이 없지 않다.

26) 박해현은 박씨귀족과 연계된 모량리 귀족세력을 반효소왕 세력으로 짐작하고 경영·순원 등도 이에 포함된 것으로 보았다(2003, 앞의 논문, p.347).

27) 진골귀족의 경제적 이익과 관련하여 구체적 논증은 어려우나, 시기는 다르지만 「매신라물해」 등의 경우를 참고할 때 대외교역을 통해 얻어진 경제적 부가 주된 사안이었을 것으로 추정한다.

라와 관련한 유일한 유배사례이기 때문이다.[28] 하지만 사료상에 죄
목이 배공영사했다고 하였을 뿐, 구체적으로 알려져 있지 않아 살펴
보기에 어려움이 있다. 『당률』에도 배공영사라는 표현은 보이지 않
는다. 오늘날의 배임수재 혐의와 같은 직무상 관련된 죄로 여겨지는
데, 죄목은 차치하더라도 장 1백 · 해도 유배라는 사후 처리가 신속
하게 진행되고 있음은 의미있어 보인다. 흔한 사례는 아니지만 법제
적 규제가 이미 마련되었던 것으로 볼 수 있다.[29] 다만 일길찬 제일
또한 효소왕대 귀족세력의 경제적 이해관계에 따른 대립의 사례로
서 발생했던 가능성을 전혀 배제할 수는 없을 것 같다. 앞서 보았듯
이 익선이나 정공 등과 같이 처벌에 있어 사유는 명확하지만, 그 발
생 배경은 표면적 이유와 다를 수 있기 때문이다.

    그렇다면 당시 신라는 율령에 대해 어느 정도 정비가 이루어졌는
가? 다음의 사료를 참고한다.

　　　A-9 율령전 박사가 6인이다(『삼국사기』 직관지 율령전).

    위의 사료 A-9를 보면 신라가 율령과 관련한 관부를 운영하고 있

---

28) 삼국시대에 유배기사는 백제의 의자왕에게 간언을 하다가 유배된 홍수, 일본
　에 볼모로 잡혀간 미사흔을 구해낸 신라의 박제상의 사례가 전부일 정도로 관
　련 기록이 미비한데, 위의 사료의 경우 구체적인 사례와 처리를 보여주고 있
　어 법제적 측면에서 유배가 형벌로서 시행된 증거라 할 수 있다.
29) 율령의 엄격한 적용 사례이며(이인철, 1993, 앞의 책, p.151), 또한 율령에 저
　촉되어 처벌받는 모습은 공이 사에 우선하는 공직윤리의 존재를 보여주는 것
　이다(김영하, 2005, 「신라 중대의 유교수용과 지배윤리」, 『한국고대사연구』
　40, pp.166~167 ; 한영화, 2006, 「7~8세기 신라의 형률과 그 운용」, 『한국고대
　사연구』44, p.250).

음이 나타난다. 하지만 신라는 이미 이방부에서 법령의 제·개정을 담당하였으므로 기능상 중복된다. 아마도 이곳은 율령의 집행보다 그에 관한 교육을 시행한 곳으로 여겨진다.[30] 유사한 사례인 당의 율령박사[31]를 신라가 제도적으로 수렴했던 것 같다.

다만 경덕왕이 재위 17년(758)에 '율령박사 2인을 두었다'고 하였으므로 박사 6인이 설치된 것은 그 이후로 보인다. 율령전의 설치시기가 언제인지 살펴져야 하는데, 사료상에 나타난 경덕왕대에 국한하여 이해할 필요는 없다고 생각된다.

즉 이방부에서 율령업무를 수행하는 한 전문적인 관료양성과 공급은 필수적이었으므로 이방부의 존재시기에 이미 율령전은 설치되었다고 하겠다. 한 예로 국학이 완비된 것은 신문왕대이지만, 이미 진덕왕대부터 실무관원이 설치되었던 사실을 지적할 수 있다.

그렇다면 산릉을 조성하는데 있어 굳이 귀족세력과 충돌하며 진행한 의도는 무엇인가? 당시 효소왕과 지지세력은 당제를 모범으로 한 강화된 율령체제의 정립을 의도했고, 이와 달리 귀족세력은 기존의 정치질서를 기반으로 한 전통사회가 유지되기를 희망했던 것이다. 이 때 귀족세력의 상징적 인물로써 정공이 부각되어 발생한 것으로 생각된다. 이는 정치적 의도가 내재되지 않고서는 불가능한 것으로, 아마도 정공으로 상징되는 귀족세력[32]을 제거하고자 했던 정치

---

30) 한국정신문화연구원, 1997, 『역주삼국사기』잡지 제8, 주석편(하), p.521.

31) 『당육전』권21, 국자감 율령박사.

32) 정공은 『삼국사기』에는 언급이 없고 『삼국유사』에만 나타나고 있어 그의 실체가 주목되나, 혜통의 실존과 연관 지어 볼 때 그 또한 실존인물로 파악된다 (김두진, 1995, 『의상 -그의 생애와 화엄사상』, 민음사, p.381). 또한 정공의 출신에 대해서는 모량리라는 견해와(신종원, 1988, 앞의 논문, p.109), 사량부에

적 조치로 생각된다.

정공 관련 설화는 신문왕대를 전후한 신라 상황에 대한 상징성을 내포하고 있는데, 혜통을 제거하려다 실패한 사실은 귀족세력의 뿌리깊은 토착기반을 증명한다.[33]

양측이 대립하던 정국속에서 효소왕이 자신의 후사없이 승하하자 기존의 세력구도가 역전되었다. 반신문·효소왕 세력은 이미 즉위 전 성덕왕과 연계되어 있었으므로 적극적으로 그를 왕으로 추대하였다. 이들이 바로 성덕왕을 옹립한 '국인'이라 하겠다. 따라서 성덕왕 재위 초반의 정국동향은 김순원 세력이 주도했을 것으로 보이는데, 이들은 반대급부로서 성덕왕에게 자신들의 정치적 지위와 경제적 이익까지 보장받고자 했을 것이다.

요컨대 신문왕대 이후 효소왕대까지 계속되는 귀족억압책 속에서 귀족세력의 반발이 상대적으로 두드러졌다. 익선이나 정공의 반발은 진골귀족이라는 지배세력 내에서 경제적 이익 배분에 따른 정치적 대립의 결과로써 일어난 사건이었다. 귀족세력의 반발은 이찬 경영이 모반을 꾀할 만큼 위기의식에 따른 것인데, 관련이 있던 중시 순원도 파면되었다. 하지만 효소왕과 지지세력이 의도하던 대로 정치질서 재편이 이루어지지는 못했다. 김순원을 중심으로 소외되어 있던 귀족세력은 동모제인 성덕왕과 연계하여 생존을 모색하였고, 효소왕 사후 성덕왕이 즉위하면서 상층사회를 주도하게 되었기 때

연고하고 있다는 견해가 있다(김재경, 1978, 「신라의 밀교수용과 그 성격」, 『대구사학』14 ; 여성구, 1992, 「혜통의 생애와 사상」, 『택와 허선도선생 정년기념논총』, p.21).
33) 김두진, 1995, 앞의 책, p.382.

문이다. 경영의 난에 연좌되었던 순원은 사면을 거친 후 성덕왕에게 납비하며 국구로써 정치적으로 재기하였으며, 성덕왕대 전반기 정국을 주도하였다.

2) 개혁추진 세력의 활동과 내용

김순원 세력에 의해 추대된 것으로 여겨지는 성덕왕은 즉위 초반 왕권의 안정과 정당성의 확보를 위해 노력하였다.[34] 성덕왕은 원년 (702) 문무관에 직급을 더하고, 여러 주군에 1년간 조세를 면제하였다. 즉위시 사면을 한다거나 문무관의 직급을 올려주는 경우는 사료상에 간혹 보이지만, 1년 간 여러 주군에 대해 면조를 시행한다는 것은 이례적이다.[35] 이 때 면조가 어떠한 형태인지 어느 정도 규모였는지 확인하기 어려우나, 일단 민심 안정과 비협조적인 세력에 대해 효과적으로 기능했던 것으로 보인다.[36] 이후 계속되는 기근과 재난 속에서도 직접적인 반발은 보이지 않기 때문이다.[37] 대내적 안정을 바

---

34) 김수태는 성덕왕이 즉위시 사정으로 말미암아 왕권이 초기에는 강력하지 못했다고 보았다(1990, 앞의 논문, p.86).
35) 김영미는 민심을 수습하고 관리들을 위무하여 지지기반을 확대하려는 성덕왕의 의도였다고 보았다(1988, 앞의 논문, p.383).
36) 박해현은 이 조치가 국가재정이 넉넉지 않은 상황에서 민심을 수습하려는 의도가 있었던 것으로 파악하였다. 말하자면 비정상적인 왕위계승과 즉위초의 불안정한 민심을 수습하려는 의도가 있음을 배제할 수 없다고 본 것이다 (1996, 앞의 논문, p.331).
37) 이현숙은 성덕왕 16년에 의박사와 산박사 각각 1인을 증치한 것은 의료에 대한 사회적 요구를 반영한 것으로 보고, 기근이 전염병으로 이어지고 사회불안

탕으로 성덕왕과 귀족세력은 대외관계의 변화도 추진했던 것 같다. 다음을 참고해 본다.

> A-10 일본국 사신이 來朝하니 총 204명이었다. 아찬 金思讓을 唐에 보내어 朝見케 하였다(『삼국사기』 신라본기 성덕왕 2년 7월).

위의 사료 A-10을 보면 성덕왕 즉위초 대일 · 대당 외교의 모습이 나타난다. 효소왕 승하시 당의 측천무후가 애도하며 사신을 보내어 조문하고 왕을 책봉하였는데, 이를 보면 당은 효소왕 사후의 대신라 정책에 '사전 준비'가 있었던 것이 아닌가 생각된다. 일본측의 사료를 보면 효소왕은 질병으로 죽었다고 한다.[38] 急逝가 아니라면 효소왕은 재위 후반이나 말년은 병석에 있었을 것이며, 왕제였던 성덕왕이 일정한 정치적 영향력을 행사했을 가능성이 높다. 성덕왕대 왕비의 교체 역시 이와 일정한 관련이 있을 가능성이 있었을 것이다.[39] 즉 성덕왕이 대리하며 국정전반을 관장하였고, 이러한 상황하에서 선왕이 승하하자, 당과 일본이 신라의 정치적 현실을 신속히 받아들였다고 볼 수 있다.

이 때 주목되는 것이 일본의 전례없는 대규모 외교사절이다.[40] 효

이 가중되어 지배체제에 위험이 되는 것을 막으려는 대응책으로 이해하였다 (2003, 「신라 통일기 전염병의 유형과 대응책」, 『한국고대사연구』31, pp.239~ 240).

38) 『속일본기』권3, 문무천황 대보 3년. 사료를 볼 때 효소왕이 말년에 정치력을 제대로 발휘했을지 의문시된다.

39) 조범환, 2011, 「신라 중대 성덕왕대의 정치적 동향과 왕비의 교체」, 『신라사학보』22, p.121.

40) 대규모의 사절에 대해 濱田耕策은 일본조정이 大寶令의 제정을 알리고 조공을 요구하기 위한 목적이 있었다고 보았다(1979, 「新羅 聖德王の政治と外交 -

소왕 7년(698) 3월에 일본 사신이 1차례 내왕한 것으로 되어 있으나, 형식적 답례라는 견해가 있어,[41] 성덕왕대 대규모 사절 파견은 양국의 우호 관계를 기대한 일본측의 노력으로 보인다.[42]

그렇다면 이러한 상황이 전개된 배경은 무엇일까? 일본의 일방적인 행동이라기보다 신라 내에 대일외교의 중시성향을 가진 세력과 조율된 조치로 보인다.[43] 당시 신라의 대외교역은 대당과 대일의 두 측면에서 진행되었던 것이 일반적이고, 이와 연관된 귀족세력의 경제적 이해관계가 연계되어 있었다는 점을 고려한다면 가능성은 높다. 그러한 점에서 대일관계의 개선은 일본은 물론, 신라 귀족내 대일외교 중시성향을 지닌 일부 귀족의 협력에 바탕한 외교적 시도라 하겠다.[44]

通文博士と倭典-」, 『朝鮮歷史論集』上, p.216). 하지만 김은숙은 일본사절단의 숫자가 204인으로 많다는 점과 그들의 체류기간이 9개월 정도로 비교적 길다는 사실 등에서 오히려 신라의 문물을 익히기 위한 목적하에서 이루어진 것으로 보았고(1991, 「8세기 신라와 일본의 관계」, 『국사관논총』29, p.112), 김선숙 또한 그렇게 이해하는 것이 타당하다고 보았다(2007, 『신라 중대 대일외교사 연구』, 한국학중앙연구원 한국학대학원 박사학위논문, p.43).

41) 이병도는 『속일본기』권1, 문무천황 2년(효소왕 7)에 이러한 기사가 보이지 않고, 그 전년에 신라사 일길찬 金弼德·부사 奈麻 金任想 등이 일본에 왔다는 것이 실려 있어, 日使는 이에 대한 回禮로서 來朝한 것으로 보았다(1983, 앞의 책, pp.175~176).

42) 濱田耕策, 2002, 『新羅國史の硏究』, 吉川弘文館, pp.124~125.

43) 김수태는 성덕왕 즉위 이후 왕권의 전제화를 반대하는 진골귀족세력이 정치의 주도권을 장악하자 일본은 이들 세력으로 하여금 자신들에 대하여 보다 깊은 관심을 가지기를 바라는 뜻에서 새로이 접근한 것으로 보았다(1990, 앞의 논문, p.86).

44) 대외 관계면에서 대일 관계를 고찰한 논고들은 다음과 같다.
김은숙, 1991, 「8세기의 신라와 일본의 관계」, 『국사관논총』29 ; 홍순창, 1992, 「통일신라의 대일본관계연구」, 『국사관논총』31 ; 전덕재, 1996, 앞의 논문 ; 연이러한 외교교섭은 성덕왕의 즉위를 뒷받침했던 귀족세력이 주도 했을 것으로 생각되며, 대표적 인물은 김순정과 김원태라 할 수 있 다. 먼저 김순정의 경우 『삼국사기』에는 그의 정치적 영향력을 가늠 할 수 있는 기록이 거의 없으나,[45] 『속일본기』에 그의 몰년월일이 정 확하게 남아있다는 점에서[46] 중요한 역할을 했던 것 같다. 일본의 입 장에서 볼 때 그는 대신라 외교의 주요 대상이었다. 광인천황 5년(혜 공왕 10, 774) 3월조에도 "上宰 金順貞 時 왕래가 서로 잦았고 항시 職貢을 닦았다"[47] 하여 추측을 뒷받침한다. 김순정은 재상 가운데 가장 서열이 높았던 上宰로서 정치적 실권자였으며 외교 정책을 총 괄하는 지위에 있었던 것이다.[48]

다음으로 성덕왕의 元妃였던 성정왕후(엄정왕후)의 父인 김원태 를 들 수 있다. 재위 전반기 정국 주도권을 장악했을 가능성이 있기 때문이다. 다만 그의 위치는 오래 지속되지 못한 것 같다. 성덕왕 14 년(715) 그의 외손 重慶이 태자가 되었지만 이듬해(716) 3월 모후인 성정왕후가 출궁되었다. 이 때 형식상 왕비에게 각종 예물로서 예우 하고 있어 신문왕대 김흠돌 女의 출궁과는 대조적이지만 출궁 이유

민수, 2003, 「통일기 신라와 일본관계」, 『강좌한국고대사』 4, 가락국사적개발 연구원 ; 김창석, 2004, 「8세기 신라·일본간 외교관계의 추이」, 『역사학보』 184 ; 김선숙, 2007, 앞의 논문.

45) 전덕재는 『삼국유사』 수로부인조의 순정공이 김순정과 동일 인물인 것으로 보고 있다(1997, 앞의 논문, pp.23~24).

46) 『속일본기』 권9, 성무천황 3년 7월. 그가 725년 6월 30일 사망한 것이 적혀 있 으며 당시 일본측으로부터 상당히 우호적 인물로 인식되었음을 알 수 있다.

47) 『속일본기』 권33, 광인천황 보귀 5년 3월.

48) 전덕재, 1996, 앞의 논문, pp.22~24.

가 분명치 않아 정치적 요인에 기인한 것으로 생각된다. 곧 김원태를 중심으로 한 대일 외교 중시 세력의 정치적 패퇴로 생각되는데,[49] 세력 대결은 여기에서 끝나지 않은 듯하다. 성덕왕 16년(717)에 태자인 중경이 죽었다. 사망원인은 알 수 없으나 사건이 김원태 세력이 약화되는 과정에서 일어났다는 점에서 의심의 여지가 있다.

결국 이와 같은 분위기는 신라 조정에 확산되었고, 김원태 이후 김순정 또한 죽음으로써 가속화되었다고 생각된다. 대일외교 중심의 귀족세력은 몰락하게 되었고,[50] 그에 따라 신라 - 왜 양국간의 관계는 소원해짐을 넘어 군사적 충돌까지 이루어질 만큼 악화되었다.[51] 이 때 성덕왕은 毛伐郡城을 축조하는 등 군사적으로 대응하면서,[52] 자신의 지지기반 교체 계기로 이용하며, 대외관계도 변화를 추구하였다. 당에 주기적으로 사신을 파견하여 대일관계와 더불어 대당관계 역시 균형있게 다루고자 했다.

하지만 이 무렵 신라의 대당관계가 원만치는 못했다. 당은 성덕왕 11년(712) 3월에 사신 盧元敏을 보내 성덕왕에게 개명을 요구하였

---

49) 이기백은 엄정왕후의 출궁에 대해 정치적 역학관계에 따른 결과로 보았고 (1982, 앞의 책, p.313), 濱田耕策은 귀족간 분쟁과 음모가 있어 거기에서 김원태 일족이 패퇴한 것이라 보았다(1980, 「新羅の聖德大王神鐘と新羅中代の王室」, 『响沫集』3, p.36). 김수태는 엄정왕후의 출궁이 중경의 태자책봉으로 말미암아 일어났고 출궁의 영향을 받아 중경의 죽음이 발생한 것으로 보았다 (1990, 앞의 논문, p.101).
50) 『삼국사기』 성덕왕 30년 4월에 일본이 300여 척의 병선으로 침략하였으나 신라가 이를 격퇴했다는 기록이 있는데, 이를 볼 때 대신라외교에서 일본의 노력과 기대가 매우 컸음을 짐작해 볼 수 있으며, 또한 신라 내 대일외교 중시세력이 쇠퇴하는 계기로 작용했을 것으로 추측된다.
51) 이문기, 1997, 앞의 책, pp.348~349.
52) 『삼국사기』 신라본기 성덕왕 21년 10월.

다.[53] 사실 성덕왕에 대한 피휘요구는 다소 돌출적인 면이 있다. 이전 시기인 신문왕 재위시 당은 태종무열왕의 廟號 사용에 대하여 이의 제기를 하며 개정을 요구하였으나, 신라는 나름의 이유를 들어 거절한 바 있다.[54] 대당관계가 개선되지 못한 시점이기는 하지만 묘호나 휘와 관련하여 전례가 있었던 것이다.

그런 점에서 성덕왕 즉위시 휘를 알고 있던 그들이 당 현종의 즉위와 맞물린 것이기는 하지만, 일방적으로 요구하는 것은 정치적 이유가 있었다고 생각된다. 아마도 대당관계를 전개하던 신라에 대해 발해를 견제하고 친당적 관계를 강화하도록 요구한 것이 본질이 아닌가 생각된다.[55] 이로 인해 신라의 대외교섭에 있어 대당관계가 전례 없이 밀착되고, 상대적으로 대일외교는 느슨해졌다.

결과적으로 왕의 개명이 이루어지기는 했지만, 이듬해(713) 2월 신라에서 파견한 사신을 당 현종이 樓門에까지 나와서 접견하고, 동년 10월에는 귀국하던 견당사 金貞宗에게 조서를 내리어 책봉하는 등 우호적인 모습을 보여주고 있어 당의 정치적 의도가 엿보인다. 이러한 상황 전개에 따라 김순정과 김원태를 중심의 대일외교 추진세력은 국제정세의 변동으로 정치적 입지가 약화될 수밖에 없었던 것 같다.

결국 당의 조치와 신라의 대응방식에 대해 신라 귀족세력은 정치적 입장이 나뉜 것으로 보인다. 친당외교를 추진하는 세력과 대당·

---

53) 『삼국사기』 신라본기 성덕왕 11년 3월.
54) 『삼국사기』 신라본기 신문왕 12년 춘.
55) 성덕왕의 개명은 이 시기 나당관계의 밀착을 상징적으로 보여주는 사건이었으며, 이러한 신라와 당의 밀착관계는 발해의 세력 확장과 무관치 않았다(김종복, 2009, 『발해정치외교사』, 일지사, pp.110~111)

대일 등거리 정책을 추구하던 세력의 대립이다. 귀족세력은 성덕왕의 즉위에 일정한 역할을 하였지만, 시간이 지남에 따라 왕권 강화에 오히려 걸림돌이 되었다. 중시와 상대등을 역임하는 사공이 정국의 전면에 나서면서 대당외교가 강화되었다.[56]

이에 따라 나당전쟁 이후 비교적 우호적이었던 대일관계가 730년을 전후한 시기를[57] 분기점으로 점차 악화되기 시작하였으며[58] 성덕왕은 이를 왕권 강화의 계기로 활용하였다. 즉위 전반기 상대적으로 취약했던 정치기반을 강화한 성덕왕은 안정기에 접어들자, 부왕인 신문왕의 귀족세력 관료화 정책을 강화하고자 하였다. 그것을 이루기 위한 노력은 다양한 측면에서 시도되었는데 다음의 사료가 참고된다.

> A-11 神龍 원년(705) 을사 3월 초나흘에 비로소 眞如院을 改創하였는데, 이 때 성덕왕은 친히 백관을 거느리고 산에 이르러 殿堂을 세우고, 또 흙으로 문수보살의 塑像을 만들어서 堂에 모셨다. 그리

---

56) 김수태는 思恭을 성덕왕대 외교와 정치에 있어서 매우 중요한 인물로 평가하며, 濱田耕策 또한 그를 대당외교를 추진한 핵심인물로 파악하고 있다(1990, 앞의 논문, pp.103~104).

57) 전덕재는 일본이 성덕왕 30년(731) 병선 300척을 보내 침략하였으나 신라가 격파한 사건을 주목하고, 이는 728년 상대등에 취임한 정치적 실세였던 思恭이 외교면에서 전략적 가치가 크게 떨어진 일본을 등한시 한 정책을 추진한 결과 일어난 사건으로 보았으며(1996, 앞의 논문, pp.21~22), 김은숙 역시 같은 시각을 제시한 바 있다(1991, 앞의 논문, pp.112~120).

58) 김창석은 8세기 초는 신라가 당과 국교가 재개되는 등 외교적 전환점의 시기였고 신라 중심의 천하관이 부활하는 시기로서, 이로 인해 일본에 대해서 기존의 차등적 외교형식을 교정하고자 했고 그에 따라 대일외교 마찰이 발생한 것으로 보았다(2005, 「통일신라의 천하관과 대일(對日) 인식」, 『역사와 현실』 56, p.168).

고 이름있는 중 靈卞 등 5인으로 하여금 화엄경을 오래 돌려가면
서 읽게하고 이어 華嚴社를 結하여 오랫동안 供費로 해마다 봄과
가을이면 이 산에서 가까운 州縣으로부터 倉組 100석과 淨油 한
섬을 바치는 것을 정해 놓은 규칙으로 삼았으며 진여원에서 서쪽
으로 6,000보쯤 되는 矣尼岾 古伊峴 밖에 이르기까지의 柴地 15결
과 밤나무 6결, 坐位 2결을 내어서 莊舍를 세웠다(『삼국유사』 탑
상 대산오만진신).

사료 A-11에 따르면 성덕왕이 재위 4년(705) 친히 백관을 거느리
고 眞如院을 改創하였다. 그런데 開創이 아닌 改創이라는 표현이 주
목된다. 이는 과거의 어느 시점에 설치되었던 진여원이 당시에 고쳐
서 세워야 할 만큼 기능과 위상이 약화되었던 것이 아닐까 생각된다.
그러한 점에서 화엄경을 오래 돌려가며 읽게 하고 화엄결사를 하게
했다는 것은, 성덕왕이 화엄사상에 대해 어떠한 자세로 접근하고 있
었는지 생각케 한다.

아마도 성덕왕이 진여원을 개창하며 화엄결사를 하게 한 것은, 신
라중대 왕실의 정신적 후원자였던 의상계 불교의 활동을 다시 한 번
기대했을 법하다. 신라중대 의상의 정치사상적 역할과 사회적 위치
는 새삼스럽게 논할 필요가 없지만, 그가 말년인 효소왕 후반기에 활
동이 거의 알려져 있지 않다는 점에서, 성덕왕대 진여원 개창은 새로
운 의미를 지닐 수 밖에 없다.

의상은 문무왕 16년(676) 조정의 뜻에 따라 부석사를 창건하고 그
곳에 주석하였으며, 문무왕 21년(681)에는 조정에 건의하여 축성을
중단시킨 바 있다. 성덕왕은 바로 이와 같은 국왕의 조언자 역할을
화엄계 불교가 다시 해주기를 염원했는지도 모른다. 더 이상의 추측
은 힘들지만 강력한 왕권을 염원하던 성덕왕이 무열왕대부터 신문

왕대 이르기까지 신라중대 왕권과 일정한 행보를 같이 한 의상계 화
엄사상의 역할을 기대했음을 살펴볼 수 있다. 진여원 개창은 왕권 강
화를 위한 의상계 화엄세력에 대한 사상적 차원의 배려였다. 귀족세
력의 교체와 사상적 기반을 강화해 가던 성덕왕은 지방지배에 대해
서도 구체적 조치를 시행해 나갔다. 다음이 참고된다.

> A-12 김대문은 본래 신라 귀족의 자제로 성덕왕 3년(704) 한산주도독
> 이 되었고 전기 약간 권을 지었으며, 그의 『고승전』·『화랑세기』
> ·『악본』·『한산기』가 아직도 남아있다(『삼국사기』 열전 설총부
> 김대문).

위의 사료 A-12에 따르면 성덕왕 초기 한산주도독을 역임한 김대
문이 『한산기』를 지었으며 아직도 남아 있다고 한다. '아직도 남아
있다'는 표현 시점은 『삼국사기』가 편찬되던 고려 인종대이다. 하지
만 신라 촌락문서를 통해 신라의 기층사회가 어느 정도 파악되고 있
으므로 내용은 유추 가능할 것이다.

살피고자 하는 것은 편찬시기와 목적이다. 『한산기』는 기본적으
로 『地誌』이다. 오늘날의 서울 경기와 기타 지역 일부를 관장하던 한
산주의 도독으로서 역할하던 김대문이 『지지』를 지은 이유는 무엇일
까? 개인적 차원에서 하였을 수도 있고 국가적 차원에서 전개되었을
수도 있다.

하지만 개인적 관심에서 이루어졌을 가능성은 낮아 보인다. 한산
주가 9주 가운데 면적이 가장 넓다는 점을 고려할 때, 편찬규모나 과
정이 용이하지는 않았을 것으로 여겨지기 때문이다. 신라 촌락문서
에서 보듯 신라는 촌락의 제반 상황을 구체적으로 파악하고 있었다.
이러한 점에서, 김대문의 『한산기』는 국가 차원에서 지방의 풍속과

실상을 파악하기 위해 작성된 것으로, 한산주를 포함한 9주가 여기에 해당했다.

그렇다면 『지지』의 구체적 편찬목적은 무엇인가? 여기에서 고대 서유럽이나 중국, 일본의 예를 참고할 필요가 있다. 고대 로마의 타키투스는 『게르마니아』를, 케사르는 『갈리아전기』를 지었다. 이들이 편찬한 지역은 현재의 프랑스나 독일로 당시 팽창을 지속하던 로마 제국에게 있어 신정복지에 대한 1차적 통치자료로 사용되었다.

비슷한 사례는 신라와 이웃했던 일본에서도 확인할 수 있다. 『속일본기』 원명천황조(성덕왕 12년, 713)에 의하면 『지지』의 찬진이 정해졌는데,[59] 이는 조정의 명에 따라 일본 제국에서 찬조한 지명의 전설, 특산물 등 기록으로 관찬의 지방지로써 730년 말까지 대략 편집이 끝났다.[60] 현재 出雲(이즈모), 常陸(히타치), 豊後(붕고), 肥前(히젠), 播磨(하리마) 등 5개의 『地誌』가 전해지고 있다.

편찬내용은 『속일본기』에 5개항에 걸친 命이 기록되어 있는데, 畿內 7道의 여러 國은 ①郡ㆍ鄕의 이름에 好字를 붙이고, ②郡 내에서 산출되는 銀銅ㆍ彩色ㆍ草木ㆍ禽獸ㆍ魚虫 등의 품목을 상세히 갖추어 기록하며, ③토지의 비옥함을, ④산천ㆍ원야의 명칭 유래, ⑤옛

---

59) 『속일본기』 원명천황 화동 6년.
60) 『풍토기』는 '기후와 지역에 대한 기록'으로 『地誌』를 말하며 일본 최초의 지방 지리서이다. 『養老律』의 私撰 주석서인 『令集解』에 따르면 "사물을 양육하여 功을 세우는 것을 風이라 하고, 앉아서 만물을 탄생시키는 것을 土라 한다"고 했다. 곧 風에는 풍습ㆍ풍속ㆍ교화라는 의미가 내재되어 있으며, 단순히 지리지보다는 넓은 의미에서의 생활지라 할 수 있다. 현재 남아있는 5개의 풍토기 가운데 『出雲(이즈모)풍토기』만이 완본이며, 나머지는 생략본이거나 파손본이다(강용자, 2008, 『풍토기』, 지만지고전천줄, pp.9~14).

노인이 전하는 舊聞과 異事를 史籍에 실어 바치도록 했다.[61]

정리하면 ①은 행정명령이고, ②와 ③은 토산물 관계조항, ④와 ⑤는 토속관계조항이 되는데, 이것이 편찬목적으로 중앙정부가 율령체제를 전국에 확대하려는데 근본취지가 있었던 것이다.

중국의 경우는 진에서 진수가 『삼국지』를 편찬한 때와 같은 시기에 周處(236~297)가 『지지』를 지었음을 볼 때,[62] 신라나 일본에 비해서 비교적 이른 시기에 시행되었음이 확인된다.

이상의 사례를 볼 때 김대문이 지은 『한산기』 역시 『지지』로서 중앙 차원에서 전개한 편찬 작업의 일부였고, 이는 지방통치의 효율성을 높이기 위한 방법의 하나였다.[63] 특히 율령체제의 시행과도 관련지어 볼 수 있어 제도정비 면에서 세밀하게 조치가 이루어지고 있었음이 추측된다.

결국 『한산기』는 김대문이 한산주도독으로 재임하던 시절 본격적으로 신라의 영토로 인정되던 시기에 작성된 것으로, 시간과 장소는 달라도 궁극적 지향점은 집권력의 강화였고 신라 역시 그러했다. 『한산기』는 성덕왕대 중앙집권체제의 강화목적에서 진행된 『지지』 편찬 사업이었다.

성덕왕은 즉위 초반부터 단계적으로 집권력을 강화시켜 나갔다. 성덕왕은 재위 4년(705)과 10년(711) 2차례에 걸쳐 금살령을 시행하였다. 표현 그대로 보면 살생을 금한다는 것인데, 신라중대의 왕들

---

61) 『속일본기』 원명천황 화동 6년.
62) 『진서』 주처전.
63) 김대문이 진골출신이기는 하지만 성덕왕대 추진된 귀족세력 관료화 정책의 모범적 사례의 인물로 파악할 수도 있다.

가운데 유일하게 '典光大王' 이라는 불교식 왕명을 가진 왕이고 보면 당연한 듯하다.[64]

특히 재위 전반기 재해나 기근 등 사회적 상황이 다소 불안정한 면이 있었다는 사실을 생각해 본다면 설득력 있다. 그러나 이는 근본적으로 민심 안정보다는 귀족세력 억제책의 성격이 짙다.[65]

당시 수렵이 단순히 사냥활동의 수준을 넘어 귀족세력의 사병적 활동과도 연계되어 있다는 점에서, 왕권에 잠재적 위험요소가 될 수도 있으므로 견제하였을 것이다.[66] 더구나 지지기반의 정통성이 다소 떨어지는 성덕왕을 옹립한 귀족세력은 자신들의 정치적 공적을 확인하는 차원에서도 별다른 간섭없이 행동했을 가능성도 있다. 귀족세력이 성덕왕의 집권에 협력했다 하더라도 그러한 상황이 안정적으로 지속된다는 보장은 담보할 수 없었다. 위험성이 상존했던 것이다.

---

64) 『삼국유사』 탑상 황룡사종 분황사약사 봉덕사종조. 이영호는 전광대왕이라는 호칭을 통해 성덕왕이 불교에 대한 깊은 관심을 가진 군주였다고 보았다 (1983, 「신라 중대 왕실사원의 관사적 기능」, 『한국사연구』43, p.85). 필자 역시 이에 동의하나 신라중대만이 아니라 군주들은 보편적으로 사상적인 면에서 불교에 깊은 관심을 보인 경우가 많아 이 시기만의 특징적 요소로 파악하기에는 무리가 있어 보인다.

65) 금살생 조치가 농우확보정책에서 나온 것이라는 견해가 있는데(이인철, 2000, 「신라통일기 사적토지소유관계의 전개」, 『역사학보』165, pp.20~21), 생산과 관련한 직접적 상징 효과는 있었다고 보인다. 다만 이 정도 차원에서 그치지 않고 귀족세력을 제어하려는 의지가 내재되었을 가능성은 높다.

66) 수렵은 선사시대 이래 식량 확보 등 기본적으로 경제적 효과 등 순기능이 있었지만, 반대로 반역이나 국왕폐위 등 역기능도 있었다. 후자로는 흉노의 묵특(冒頓) 태자가 부왕인 투만 선우를 제거한 경우를 들 수 있는데, 이러한 사례를 볼 때 군사적 위협의 가능성은 충분하다고 본다.

중국 사서에 따르면 신라의 귀족은 奴僮이 3,000여 명에 이른다고 했다.[67] 모든 귀족이 여기에 해당하지는 않았겠지만, 일부 정국 주도권을 장악한 귀족 세력의 면모를 가늠하기에 부족하지는 않다. 이들 중 일부에서라도 비협조가 나타난다면 정치적인 타격이 클 수밖에 없으므로 이에 대한 대비는 필요했다.

역설적으로 귀족세력의 도움으로 즉위한 성덕왕이 귀족에 대해 견제와 감시의 시선을 놓을 수 없게 된 것이다. 지속적으로 왕권 강화를 추진한 성덕왕은 정치적 토대 구축이 일정한 수준에 오르자 이들에 대해 가시적 조치를 취하였다. 다음을 참고한다.

> A-13 왕이 백관잠을 지어 군신에게 보였다(『삼국사기』 신라본기 성덕왕 10년 11월).

> A-14 전사서를 설치하였다(『삼국사기』 신라본기 성덕왕 12년 2월).

> A-15 의박사, 산박사 각 1인을 두었다(『삼국사기』 신라본기 성덕왕 16년 2월).

> A-16 수충이 돌아와 문선왕, 십철, 72제자 도상을 받쳤다(『삼국사기』 신라본기 성덕왕 16년 9월).

위의 사료 A-13에는 성덕왕이 신하들에게 백관잠을 공포한 것으로 나타난다. 백관잠은 전하지 않지만 제목에서 내용을 유추할 수 있다. 귀족들을 더 이상 국왕과 동등한 정치적 협력자가 아니라 국왕의 통치대상이나 수단으로 본다는 의미이다. 유교윤리의 확산을 통한

---

67) 『신당서』 신라전.

왕권의 강화를 의도한 것으로,[68] 귀족보다는 국왕에 충성하는 충실한 관료이기를 염원한 것이다.[69]

사료 A-14~16은 유교의 권위를 위하여 공자의 권위를 끌어들인 것으로 상당히 유교적인 분위기를 발산한다. 앞서 성덕왕의 조문시 중국 측이 '군자의 나라' 라 한 것은 美稱이 아니라 실제 모습의 반영이다.

이 때 성덕왕은 귀족세력에 대응할 친왕적 관료군 형성도 노력하였다. 주목되는 인물이 6두품 출신의 金志誠이다. 그는 효소왕대 개혁정치에 참여하다가 정치적으로 소외당했던 인물로 성덕왕대 견당사로 파견되는 등 활약을 하였다. 감산사 미륵보살상과 아미타상의 두 명문에서 부모와 처 등 가족을 위한 염원과 동시에 성덕왕을 위한 발원도 하고 있다. 그를 통해 6두품 세력이 등용되었을 가능성을 높은데, 아미타상의 명문을 작성한 이가 바로 설총이라는 점도 설득력을 높여준다. 아마도 이들은 성덕왕대 율령정책 시행에 적극 참여하며 자신들의 정치적 입지 확보를 위해서도 활동하였을 것이다.

성덕왕의 이러한 행보는 국토 차원으로 이어졌다. 사료 B-5의 전사서 설치가 주목되는 이유이다. 전사서는 국가의 제례를 담당하는 관청이다. 국가의례를 전담하는 곳으로, 3山 5岳에 대한 제의를 통괄했다.[70]

---

68) 김영하는 성덕왕이 태자 중경이 죽자 孝殤이라는 시호를 내렸는데, 이를 당의 유교문화를 주도적으로 수용했던 신라중대 왕실의 유교윤리와 관련지어 보고 있다(2007, 앞의 책, pp.228~229).
69) 김수태, 1990, 앞의 논문, p.88.
70) 전사서에서 다루었을 제사의 대상은 오묘 등의 왕실제사와 삼산·오악과 같은 명산대천 제사였을 것으로 판단된다(김수태, 1996, 앞의 책, p.70 ; 이기동, 1998, 「신라 성덕왕대의 정치와 사회」, 『역사학보』160, p.13 ; 김흥삼, 1998,

삼국통일 이후 정립된 5악이 갖는 의미는 선행 연구에 의해 밝혀져 있으므로 부연할 필요는 없을 것 같다.[71] 岳鎭海瀆에 대한 제사와 관리를 새롭게 한다는 것은 그만큼 국가 체제의 혁신을 의미한다.[72] 무열왕 이후 진행되어 온 신라중대 왕실의 체제강화 조치와 같은 맥락이다.

성덕왕의 체제강화 노력은 북진정책으로 이어졌으며, 재위 초반부터 진행되었다. 김대문의 『한산기』는 옛 麗濟의 고지였던 한산주에 대한 제반 기록으로, 한산주의 영유권을 보다 확고히 하려던 것이다.

또한 평야지대라는 이 지역의 지리적 특징을 주목하고 농업 생산력의 확보를 통한 국가재정의 안정도 관련이 있었다. 이러한 이유로 성덕왕대 신라는 이전보다 통치력을 강화하기 위해 새로운 북진정책을 추진하였다. 다음의 사료들을 참고한다.

A-17 開城을 축조하였다(『삼국사기』 신라본기 성덕왕 12년 12월).

A-18 서쪽 주군을 순행하였다(『삼국사기』 신라본기 성덕왕 17년 2월).

「신라 성덕왕의 왕권강화정책과 제의를 통한 하서주지방 통치(상)」, 『강원사학』13 · 14, pp.119~120 ; 채미하, 2008, 앞의 책, p.113).

71) 이기백, 1974, 앞의 책, pp.210~215 ; 김두진, 2000, 「신라의 종묘와 명산대천의 제사」, 『신라의 건국과 사회사 연구』, 백산학회편, p.319.

72) 신라는 9州의 창설이 끝난 신문왕 5년(685) 이후부터 성덕왕 34년(735) 이전에 대 · 중 · 소사 체계의 편제가 이루어진 것으로 보인다(노중국, 1988, 앞의 논문, p.138 ; 최광식, 1994, 『고대한국의 국가와 제사』, 한길사, p.309 ; 채미하, 2008, 앞의 논문, p.260).

A-19 한산주 관내에 여러 성을 쌓았다(『삼국사기』 신라본기 성덕왕 17
년 10월).

A-20 하슬라주 북변에 장성을 축조하였다(『삼국사기』 신라본기 성덕
왕 20년 7월).

위의 사료 A-17~20에 보이는 일련의 사료들은 성덕왕의 재위 전반
기부터 전개된 순행 및 축성과 관련된 기록이다. 사료 A-18은 순행이
며, A-17, 19, 20은 축성이다. 외견상 단순한 사건의 나열로 보이지만
북진정책을 염원한 성덕왕의 정치적 의도가 살펴진다. 여기에서 주
목되는 것이 바로 김유신 가문이다.

A-21 김유신의 처를 부인에 봉하고 조 1천석을 하사하였다(『삼국사기』
신라본기 성덕왕 11년 8월).

A-22 김윤중을 시중에 임명하였다(『삼국사기』 신라본기 성덕왕 24년 3
월).

김유신 가문의 인물들이 등용되거나 우대되는 등 정치적으로 재
부상하고 있다.[73] 사료 A-21에서 김유신의 처를 부인에 봉하고 있는
데 김유신 사후 30여 년이라는 시간이 경과한 시점에서 이루어지고

---

[73] 이문기는 성덕왕대 김유신의 금관가야계는 외형적으로 前代와 비슷한 수준의
정치·사회적 위상이 그런대로 유지되고 있었고, 또 김유신 부인에 대한 우대
가 시사하는 바처럼 김유신에 대한 존숭의 관념이 지속되고 있었다고 하였다.
그러나 내면적으로는 신라중대 왕실과 금관가야계의 동일 혈족의식은 상당히
약화되어 가고 있었다고 보았다(2004, 「금관가야계의 시조 출자전승과 칭성
의 변화」, 『신라문화제학술발표논문집』25, p.38).

있다. 사료 A-22에서는 김유신의 손자인 윤중을 신라중대 정치의 핵심적 요직인 중시에 등용하는 모습도 보인다. 이에 대해 일부 귀족들의 반대 모습이 나타나기도 하지만 극단적인 모습이 보이지 않았다. 다음에서 구체적으로 확인할 수 있다.

> A-23 유신의 적손 윤중은 성덕대왕을 섬기어 대아찬이 되어 여러 번 은고를 받았는데 왕의 친족들이 질투하였다. … 중추의 망월에 월성 잠두에서 주연을 베풀며 윤중을 부르니 간하는 자가 있었다. … 지금 과인이 경들과 함께 평안무사한 것은 윤중 조부의 덕이다. … 옆자리에 앉혀 조부의 이야기를 하게 하니 군신들은 불평만 할 뿐이었다(『삼국사기』 열전 김유신전부 윤중).

위의 사료 A-23을 통해 성덕왕이 무열계로 추정되는 친족들의 반대와 질투에도 불구하고,[74] 오히려 윤중을 가까이하고 있음을 볼 수 있다. '평안무사한 것은 윤중 조부의 덕'이라 하며 유신계의 정치적 정통성을 확인시켜 주고 있다. 통일 이후 상대적으로 위축되던 김유신계를 우대·등용하는데는 정치적 의도가 내재된 것으로써, 다소 유대관계가 소원해진 유신계와 무열계의 관계를 개선함으로써 적극적 지지세력으로 회유하려는 것이다. 이 때 일부 귀족이 불평을 하는 등 불만을 나타내고 있으나 실제 행동으로는 표출하지 않았다.

결과적으로 성덕왕의 의도대로 추진된 것 같다. 재위 32년(733) 신라군은 당군과 합세하여 발해를 공격한 바 있는데,[75] 이 때 활약한

----

74) 신형식은 윤중이 무열계 왕족으로부터 반대와 견제에 부딪친 것으로 이해하고 있다(1984, 앞의 책, p.254).
75) 『삼국사기』 신라본기 성덕왕 32년 추7월조. 이와 관련해 조이옥은 양국이 교류가 없던 상황이므로, 엄밀한 의미에서 신라의 공격 대상은 발해라기보다는

이들이 윤중과 윤문 형제로써, 성덕왕대 북진정책의 선봉에서 유신계가 활약하고 있음이 확인된다.

그런데 주목되는 것은 유신계가 단순 역할에 그치는 것이 아니라는 점이다. 김유신의 현손인 김암이 여러 관직을 거치면서 패강진 두상을 역임했다는 사실이 이채롭다. 우연일 수도 있지만 한산주와 김유신계가 이 시기 매우 밀접한 관련이 있었기 때문이 아닌가 한다.

우선적으로 고려되는 것이 김유신의 출생지이다. 그는 아버지 김서현이 萬弩郡(충북 진천) 태수로 재직할 때 그 곳에서 태어났다. 만노군은 경덕왕대 군현 개편에 의해 黑壤郡으로 개칭되며 9주 가운데 한산주에 속했다.[76] 이는 한산주와 김유신계가 결코 무관하지 않음을 보여주는 것으로, 과거 금관가야의 김구해가 신라에 내항한 이래 본국을 식읍으로 인정받은 상황[77]을 연상시킨다. 지리적으로 한산주가 패강진과 연접하고 있어 김유신계의 재등장은 필연적인 듯하다.[78]

여기에서 김유신계가 한산주와 관련이 되는 과정을 살펴볼 필요

한반도 내의 말갈이라 하였다(2001, 앞의 책, p.121). 필자는 이 무렵 발해가 무왕이라는 정복군주의 시기로서 옛 고구려 영토를 대부분 수복했다고 생각되어 동의하지 않는다.

76) 『삼국사기』 지리지 신라 한주 및 『삼국사기』 지리지 고구려.

77) 『삼국사기』 신라본기 법흥왕 19년.

78) 신라가 고구려를 정벌할 무렵 김유신이 당으로부터 받은 平壤郡開國公이라는 작호를 근거로 하여 그가 예성강, 대동강 일원에 대한 전제권을 인정받고 있었다고 하며 패강진 일대를 김유신 가문과 관련지어 파악한 연구가 있다(강경구, 2004, 「신라 김유신 가문의 평양 진출」, 『한국고대사연구』33). 논증이 진전되어야 할 부분도 있다고 보이지만 김유신계와 이 지역의 관련성을 언급한 점은 주목된다.

가 있다. 신라는 진흥왕 14년(553)에 新州를 설치하고 김유신의 조부인 武力을 軍主로 삼았다. 이 때 신주는 한산주의 전신으로 "신주(553)→북한산주(557)→남천주(568)→북한산주(604)→남천정(660)→남천주(662)→한산주(664)→한성주(668)→한산주(672)→한주(757)"의 변천과정을 거쳤다. 삼국간 주도권의 향방을 결정짓는 이 지역은 삼국간 쟁패에 있어 주요 격전지였다.

그런데 무력이 활약한 관산성 전투(554), 김유신이 활약한 낭비성 전투[79](629) 등은 모두 김유신계가 활약했다는 점에서 흥미롭다. 우연히 군사적 활약이 있었던 곳이라기 보다는, 이 지역들이 한산주 또는 관련된 주변지역이었기에 그들이 주도적 활동을 보인 것으로 생각된다. 아마도 이러한 연유로 인해 김유신계가 성덕왕대 등용되는 것이 아닌가 싶다.

이상에서 성덕왕이 재위 전반기 정치세력 회유책을 통해 삼국통일의 위업을 달성한 양대 축의 하나인 김유신계의 등용을 통해 결속과 체제 강화를 시도했음을 알 수 있다. 비록 김유신 가문이 정치적으로 부침이 있었지만 신라 귀족사회 내에서의 입지가 무력화되었던 것은 아니며, 나름대로 영향력을 유지하였던 것으로 생각된다. 윤중이 중시로 발탁되는 모습은 기본적으로 최고 귀족의 반열에서 밀려났다가 예전의 위치로 복귀하는 상황인 것일뿐, 귀족세력 내에서 도태되었던 상황으로는 이해하기 힘들다. 여하튼 성덕왕은 김유신계를 자신의 정치적 지지세력으로 확대하였다.

---

79) 김유신은 이 전투에서 금관가야계의 군사적 능력을 다시 한 번 과시하였고, 이곳에서의 승리는 신귀족세력의 정치적 기반을 확보하는데 크게 기여하였다 (김영하, 2007, 앞의 책, p.258).

이와 같은 정치적 안정과 토대 구축으로 입지를 강화하면서 성덕왕은 영토 확장과 실질 지배력 강화를 병행하였다. 사료 A-17의 開城 축조와 A-19의 한산주 관내 여러 성의 축조는 패강유역의 확보와 무관치 않은 것이다.

이 무렵 대당관계의 강화조치도 추가되었다. 재위 13년(714) 詳文司를 通文博士로 고쳤는데, 이는 국왕의 서표를 담당하는 기관의 확대 개편으로 외교력 강화였다. 과거 신라는 삼국 통일 전쟁 당시 强首의 활약으로 나당 간의 마찰을 줄일 수 있었기에[80] 외교의 중요성을 인식하고 있었다. 그러한 때문인지는 몰라도 이 시기 당이 부정적 반응을 보이지는 않았다. 아마도 신라가 패강진을 점유한 현실을 부정하기 어려웠고, 당으로서는 서쪽의 토번이나 동쪽의 발해를 견제하는 것이 보다 급선무이므로 양국은 협력의 필요성을 공감한 듯하다.

한편 사료 A-20의 하슬라 북변의 장성 축조 사실을 통해서 대발해 방비의 모습이 확인되는데, 이는 대당외교 강화에 따른 발해와의 대립 심화를 예견한 대응책으로 여겨진다. 신라는 발해와의 대립을 통해 당으로부터 패강진의 확보를 공식적으로 인정받는 실리를 택한 것이다. 사실 당 현종이 신라 영토로 인정하기까지 대동강에서 예성강에 이르는 지역은 신라의 행정력이 미치지 못했을 가능성이 높다.[81]

곧 개성 및 한산주 관내의 여러 성을 축조한 것은, 당보다는 북쪽의 발해를 견제하기 위한 것으로 동쪽 북변의 하슬라 장성 또한 그러했다. 발해에 대비한 신라의 군사전략이었다. 『한산기』 등을 통해 신

---

80) 『삼국사기』 열전 강수.
81) 민덕식, 1989, 「나당전쟁에 관한 고찰」, 『사학연구』 40.

라로서는 패강 유역의 지리적 위치와 특성을 파악한 이상 이 지역의 확고한 지배가 필요하였다. 통일 후 반세기가 지나간 시간이지만 이곳은 친고구려 지역정서가 미약하나마 잔존하기도 했을 것이고, 또한 이 지역의 생산물이 가져다주는 재정상의 이점도 인식했을 것이므로 중앙차원에서 조치가 필요했다.

다만 이 지역의 경제적 지배는 기존 신라적 방식과 달리 새로운 전개가 필요했다. 즉 신라의 토지제도가 사적 소유에 기반하고 있었고, 이를 부정하지 않는 이상 귀족의 영향력은 지속되고 국가 재정상태의 개선이나 진전은 현실적으로 어려울 수 밖에 없었다. 그렇기에 패강 지역의 확보를 통한 경제적 부의 토대 마련과 동시에 새로운 조세 수취가 요구되었다. 여기에는 대당교류를 통해 획득한 당제가 바탕이 되었는데, 균전적 토지제도인 정전제의 확대시행이 그것이다.[82]

요컨대 성덕왕은 대일 외교를 중시하던 김순정, 김원태 세력을 약화시키고, 사공을 등용하여 적극적 대당외교를 전개하며 왕권을 강화하였다. 진여원의 개창을 통해서는 의상계 화엄사상의 정신적 후원자 역할을 기대했고, 『지지』 편찬 등을 통해서는 지방통제의 강화를, 금살령과 백관잠의 반포를 통해서는 군신질서를, 유교문화의 확산과 6두품 세력의 등용을 통해서는 친왕적 관료군 형성을, 전사서의 설치를 통해서는 국가제례의 정비를 의도하며 강력한 중앙집권을 구현하고자 하였다.

---

82) 김한규는 "신라는 당의 균전제를 모방하여 정전제와 조용조세제를 실시하였고, 이를 위한 전제조건으로서 호적제를 실행하였으며, 당제를 모방하여 식읍제와 녹읍제를 실행하기도 하였다"고 했다(1999, 『한중관계사』Ⅰ, 아르케, p.334).

집권력을 강화시키던 성덕왕은 여제의 고지였던 한산주와 발해 접경지인 패강 유역에 대해 북진정책을 추진하였다. 이는 평야지대라는 지리적 특징에 주목하여 농업 생산력 확보를 통한 국가 재정의 안정을 위한 목적에서 이루어졌다. 이를 위해 이 지역과 연고되어 있으나 삼국통일 이후 정치적으로 위축되어 있던 김유신 가문을 우대하고 등용하였다. 그들을 북진정책의 선봉에 서게 하였는데, 윤중의 중시 임명은 상징적 사례였다.

2. 丁田의 지급과 府兵制의 실시

성덕왕은 재위 21년(722) 정전을 지급하였다. 그런데 사료에는 정전의 지급대상, 방식, 내용 등 구체적 실체에 대한 표현이 전혀 없어 명확히 규정하는데 어려움이 있다. 관련 사료가 극히 간단하게 축약되어 있기 때문이다. 사료를 제시하면 다음과 같다.

> B-1 처음으로 백성에게 丁田을 분급하였다(『삼국사기』 신라본기 성덕
> 왕 21년 추8월).

위의 사료 B-1은 성덕왕대 정전 지급을 보여주고 있다. 그런데 당시 신라의 제반 상황을 고려할 때, 이 기록을 표현 그대로 따르기에는 현실적으로 한계가 있는 듯하다. 하지만 성덕왕대의 경제적 현실을 살펴보면 가능성이 없지는 않다.

성덕왕 즉위 이래 재위 4, 5, 6, 8, 13, 14, 15, 19년까지 災異가 나타난다. 이렇게 연이은 재이의 반복적 출현은 농업생산력에 문제를 초

래했을 것이고, 국가의 수취까지 진행된 후의 농촌 경제는 피폐한 수준이 되었을 것이다.[83] 곧 당시 주된 생산계층인 민의 제반 사회경제적 상황은 그다지 좋지 않았고,[84] 국가 경제력 역시 원만치는 않았을 것이다. 재위 기간이 길어 상대적으로 많아 보일수도 있지만 사료상에 재위 19년 이후에는 그런 모습이 나타나지 않아 설득력은 약해 보인다. 또한 사료의 기록을 부정할 만할 근거도 없으므로 백성에게 정전을 지급했다는 기록은 사실로 보아야 한다.

즉 신문왕대 녹읍을 혁파한 목적이 귀족세력의 근원적 기반을 제거하여 관료화를 추진하고 왕권의 강화를 의도하였던 점을 감안한다면, 성덕왕대 정전 지급은 유교적 통치이념의 정립을 위해 시기나 의도면에서 충분히 개연성 있는 사건인 것이다.

다만 지급에 있어 어떠한 토지를, 어떠한 대상에게, 어떻게 지급했는지 명확치 않아 논증이 요구된다. 신라는 토지사유제를 원칙으로 하였고, 또 대부분 국유지이거나 사유지로서 지주가 존재하는 상황에서 백성에게 정전을 새로이 지급한다는 것은 현실적으로 어렵다. 그렇다고 토지사유제를 개편하는 모습이 관련 사료에서 살펴지는 것도 아니다.

그로 인해 정전 지급에 대한 견해는 다양하다.[85] 기존에 농민이 가

---

83) 성덕왕대 경제상황에 대한 분석은 윤선태의 논고가 참고된다(2005, 「신라 중대말 하대초의 지방사회와 불교신앙결사」, 『신라문화』26, pp.120~121).

84) 『삼국유사』 기이 수로부인조에서 강릉태수로 부임하던 순정공 일행에게 용이 나타나 그의 부인을 납치하였던 기사는 그러한 상황을 상징한다고 생각할 수 있다. 용이 지니는 상징적 의미는 다양하겠지만 이 경우 지역 민심을 담은 하나의 사례로 볼 수 있지 않을까 한다.

85) 견해를 살펴보면 다음과 같다. 첫째 구분전으로 매 丁男에게 1頃씩 분급하던 당제의 모방으로 균전제와 유사하다는 견해(이병도, 1983, 앞의 책, p.176 ; 박

지고 있던 자영 농토를 국가가 인정해 준 것이라는 이기백의 연구가 통설로서 인정받고 있지만[86] 이 역시 모호한 부분이 있다. 사유지로 인정했다고 해서 국가재정의 확충이나 개선이 현저히 이루어지기는 힘들기 때문이다. 이에 대해 국가재정의 확보 목적으로 진전이나 무주지 등을 지급했다는 견해도 있으나,[87] 이 역시 의문이 남는다. 왕토사상이나 귀족경제하에서 실질적으로 그러한 토지가 얼마만큼 존재하는가 하는 점이다. 곧 새로운 토지의 확보가 아니고서는 새로운 토지제도의 시행이 어려워 보인다. 기존의 견해는 전국적으로 새로운 토지 분급을 전제로 하였기 때문이 아닌가 한다. 곧 균전제의 시행이다.[88]

시형, 1960, 『조선토지제도사』상, pp.106~116 ; 허종호, 1991, 『토지제도발달사』1, pp.190~203), 둘째 농민이 소유하던 토지를 국가에서 인정해 준 것으로 丁이 기준이라는 견해(이기백, 1982, 앞의 책 ; 림건상, 1977, 「신라의 〈정전제〉에 대하여」, 『력사과학』4 ; 강진철, 1989, 『한국중세토지소유연구』, 일조각), 셋째 양전사업 등 제도정비의 결과 농촌복구 및 경제부흥으로 烟 또는 丁에 지급한 토지라는 견해(김기흥, 1991, 『삼국 및 통일신라 세제의 연구』, 역사비평사, pp.131~132), 넷째 丁이 아닌 丁戶를 대상으로 지급하였고 計戶授田 및 計口授田을 원칙으로 했다는 견해(이인철, 1996, 『신라촌락사회사연구』, 일지사, p.200), 다섯째 평민의 토지가 촌장·호족세력이나 귀족의 장원에 흡수되는 것을 방지하기 위해 지급했다는 견해(김철준, 1990, 앞의 책, pp.338~339 ; 백남운, 1933, 『조선사회경제사』, p.432), 여섯째 丁에 대해 부역의 반대급부로서 지급된 것으로 촌락문서의 연수유전답이 곧 정전이라는 견해(兼若逸之, 1979, 「신라 《균전성책》의 연구」, 『한국사연구』23, pp.88~89 ; 최길성, 1960, 「신라의 자연촌락적 균전제」, 『역사학연구』237), 일곱째 국가가 재정수입을 늘리기 위해 丁을 대상으로 진전이나 황무지 등을 지급한 것이라는 견해(전덕재, 1992, 「신라 녹읍제의 성격과 그 변동에 관한 연구」, 『역사연구』1) 등이 있다.
86) 이기백, 1982, 앞의 책, pp.346~347.
87) 전덕재, 1992, 앞의 논문, p.42.

이에 대해 기존과는 다른 시각에서 접근할 필요가 있다. 전국적 토지 분급이나 혹은 황무지 등의 지급이 아닌 일정한 지역을 우선적 대상으로 한 지역적 토지 분급이다. 아마도 패강지역의 실질적 확보가 정전 지급과 직결된 것이 아닐까 한다.

앞서 언급했듯이 통일 이후 다소 반신라적 상태로 남아 있었고, 일부 고구려계 정서가 잔존하였을 것으로 보이는 이 지역은 중앙정부에서 꼭 해결해야 할 대상이었다. 아무래도 지방세력이 영향력을 행사함으로써 간접적 지배방식도 잔존했을 것이므로 전환이 시도되었을 것이다. 대당관계의 개선으로 대발해정책에 여유를 가지게 된 것도 배경요인이었다.

이 과정에서 반신라적 성향을 지닌 일부 토착세력이 정리되었을 것이며, 기존의 질서를 해체하기 위해 재지세력과 지역민을 분리시킴으로써 지배력은 강화되었다고 생각된다. 경제력은 열악하지만 다수를 차지하는 민을 포섭함으로써 민심안정과 수취기반을 확보하려는 정치적 접근이었다. 옛 신라 지역에서 실시하기에 앞서 시행상의 마찰과 모순을 미리 확인하고 대처하기에도 적합했다.

그리고 이 지역에 대한 중앙정부의 영토개발계획에 의해 인위적

----

88) 균전제는 농민이 담세하는 연령이 되면 국가로부터 受田하여 경작한 후, 사망 시 국가에 반납하는 토지제도이다. 일반전으로 균전제는 중국의 周의 井田制를 계승한 이상적인 토지제로 인식되어 왔는데, 토지 자체 뿐만 아니라 조용조 및 부병제와도 긴밀히 연계되어 있었다. 따라서 균전제라는 것은 토지와 관련된 의미로 한정될 수도 있지만, 포괄적으로는 수취는 물론 군사제와도 불가분의 관련을 띠고 있었다. 이에 필자는 이러한 균전제의 어의에 유의하여 사용하고자 한다. 본 논문에서 균전제라 함은 수급대상자인 농민이 국가로부터 구분전(영업전)을 지급받고 병농일치의 부병에 동원되며, 조용조를 부담하는 토지에 기반한 수취체제를 의미한다.

으로 취락이 형성되었을 가능성이 있다. 안성이나 평택 등에 분포한 8세기 신라 취락의 입지와 주거구조를 살펴본 바에 따르면 신정복지에 대한 중앙의 직접적인 통제를 엿볼 수 있다고 한다.[89]

그렇다면 이후 정전의 전국적 시행 가능성은 어느 정도인가? 당시 신라가 토지 사유제를 바탕으로 하고 있었으므로, 국가가 정을 대상으로 토지 분급을 통해 각 계층간 소유관계의 불균형을 조정하는 것은 불가능하다는 견해가 있다.[90] 논리의 요체는 국가가 토지를 지급할 여력이 없다는 것이다. 하지만 전혀 불가능한 것이 아니다. 다음 기록을 살펴본다.

> B-2 교서를 내려 문무관료전을 지급하였는데 차등이 있었다(『삼국사기』 신라본기 신문왕 7년 5월).

> B-3 하교하여 내외관의 녹읍을 혁파하고 매년 조를 지급하였는데 차등이 있었다(『삼국사기』 신라본기 신문왕 9년 정월).

> B-4 내외 관원의 월봉을 없애고 다시 녹읍을 지급하였다(『삼국사기』 신라본기 경덕왕 16년 3월).

위의 사료 B-2~4는 관료전 지급(687), 녹읍 폐지(689), 녹읍 부활

---

89) 김진영, 2008, 「경기 남부지역 신라취락의 입지와 주거구조」, 『사학지』40, pp.18~19. 비록 경기 남부지역이기는 하지만 구릉형 취락지는 정치·군사적 요지에 해당하기 보다는 前面의 넓은 경작지를 바탕으로 한 농경 중심의 최하위 촌락단위체로 판단된다고 한다. 이를 참고할 때 패강 지역 역시 유사한 시책이 추진되었을 가능성은 높다.

90) 이경식, 1988, 「고대 중세의 식읍제의 구조와 전개」, 『손보기박사정년기념논총-고고인류학논총』, 지식산업사, p.74.

(757)을 발췌한 것이다. 일반적으로 녹읍은 존속했던 시기에 따라 폐지 이전을 전기녹읍, 부활 이후를 후기녹읍이라 지칭한다. 전기녹읍의 경우 총체적 수취권을, 후기녹읍의 경우는 수조권 분급 정도로 이해된다.[91] 그런데 수조권만 지급했다 하더라도, 신문왕대 신라가 귀족세력에게 별도로 관료전을 지급할 여력이 있었는지 의문을 품지 않을 수 없다. 물론 정전의 지급 대상인 民에 비해 귀족의 숫적 열세를 언급할 수도 있겠지만, 귀족 중심의 경제체제 하에서 제대로 역할했을지 생각해 보면 설득력이 부족하다.

오히려 사료 B-3의 녹읍이 폐지된 신문왕 7년(687) 이후부터, 사료 B-4의 경덕왕 16년(757) 녹읍 부활까지 약 70년간의 시기는 정전을 지급할 수 있는 여력이 발생한 것으로 볼 수 있다. 사실상 귀족세력으로부터 환수한 녹읍이 지급대상으로 적합했다고 여겨진다. 여기에 진전이나 황무지 등이 포함되었을 것임은 물론이다.

---

91) 녹읍의 수취 범위에 대한 견해는 다양하다. 첫째 총체적 수취라는 견해(이기백, 1986, 앞의 책 ; 김철준, 1990, 앞의 책 ; 강진철, 1969, 「신라의 녹읍에 대하여」, 『이홍직박사회갑기념한국사학논총』 ; 노태돈, 1977, 「통일기 귀족의 경제기반」, 『한국사』3, 국사편찬위원회), 둘째 전조수취를 제외한 역역·공부·우마에 대한 지배권이라는 견해(武田幸男, 1976, 「新羅の村落支配 -正倉院所藏文書の追記おめぐって」, 『朝鮮學報』81 ; 木村誠, 1976, 「新羅の祿邑制と村落構造」, 『世界史の新局面と歷史像の再檢討』, 『歷史學研究』別冊), 셋째 전기녹읍은 총체적 수취권, 후기녹읍은 수조권만 지급했다는 견해(김기흥, 1989, 「'신라촌락문서'에 대한 신고찰」, 『한국사연구』64 ; 이희관, 1999, 『통일신라토지제도연구』, 일조각), 넷째 수조권만 분급했다는 견해(백남운, 1937, 『조선봉건사회경제사』 ; 홍승기, 1977, 「고려초의 녹읍과 훈전 -공음전시과제도의 배경-」, 『사총』21·22 ; 이경식, 1988, 앞의 논문 ; 전덕재, 1992, 앞의 논문 ; 김용섭, 1988, 「전근대의 토지제도」, 『한국사입문』 ; 박시형, 1960, 『조선토지제도사』상 ; 강봉룡, 1996, 「통일기 신라의 토지 분급제도의 정비」, 『국사관논총』69) 등으로 나뉘어 있다.

그러므로 막연히 지급 여력만을 추측하는 것은 논증이 필요하며, 『삼국사기』의 丁田지급 기록을 부정할 이유가 될 수 없다. 당시 당에서는 균전제를, 일본에서는 그와 유사한 班田收授法[92]을 각기 시행하여 구분전을 지급하고 있었다. 이들 제도가 나라마다 약간의 차이는 있지만, 구분전이라는 공통점을 보이는 것은 그 특질에 있어 큰 차이가 없음을 보여주는 것으로 보인다.

특히 일본은 대화개신(645) 이후 시행(652)하여 시기적으로 신라보다 이르다. 일본은 견당사나 견신라사를 통해 당의 문물을 수입하여 체제정비를 진행하였는데, 당과 일본 사이에서 중간적 역할을 수행했을 것으로 추정되는 신라가 이러한 제도를 인식하는 것이 타당한 추론이라면, 균전제나 유사한 제도가 시행되었다고 하겠다. 여하튼 신라는 경제여건상 그러한 토지제도를 시행할 수 있는 위치에 있었다. 다음의 사료를 참고한다.

> B-5 向德은 웅천주 板積鄕 사람이다. 아버지 이름은 善이고, 字는 潘吉인데 천성이 온량하여 향리에서 그의 행실을 떠받들었다. 어머니는 그 이름을 모른다. 향덕도 역시 孝順으로서 세상에 칭찬을 받았다. (중략) 왕이 敎를 내려 租 300斛과 집 한 채와 口分田 약간을 주고 有司에게 명하여 비석을 세우고 사실을 적어 그것을 드러내 보이게 했는데 지금까지 사람들은 그곳을 孝家라고 부른다(『삼국사기』 열전 향덕).

위의 사료 B-5를 보면 구분전이라는 지목이 보여 당대 균전제 하의 구분전과 비슷한 토지제도가 설정되어 있음을 알 수 있다. 사료의

---

92) 『일본서기』 효덕천황 대화원년.

반영 시기는 천보 14년으로 경덕왕 재위 14년(755)에 해당한다. 따라서 신라중대에 이미 균전제가 제도로서 운영되어 있었고 한 사례로 기록이 남은 것이다.

물론 구분전 지급에 대해 부정적 견해가 있지만,[93] 적극적 사료 해석이 필요할 듯하다. 위의 사료 B-5에 보이는 '鄕司'를 토대로 하여, 통일신라의 향에도 有司가 존재했으며 향이 천민거주지가 아니라는 견해가 있듯이,[94] 위의 지급 기록을 부정할 필요는 없다고 본다.

또한 사료에서 향덕의 효행을 州에서 보고했다 하여 州司의 존재가 보인된다. 이는 〈大安寺寂忍國師照輪淸淨塔碑(872)〉에 나타난 주사[95]의 존재보다도 117년 앞선 것이다. 경덕왕대 전면적인 군현 개

----

93) 위의 사료에 보이는 구분전은 당대 균전제 하에서의 구분전과는 성격이 전혀 다른 토지였다고 하며, 당의 구분전이 일반 농민들에게 보편적으로 지급되던 토지였던데 반하여, 위에 보이는 구분전은 어디까지나 향덕의 효행에 대한 포상으로서 지급된 것이기 때문에 오히려 6품 이하 관료의 미망인이나 전망 군인의 처, 퇴역한 연로 군인 등에게 그들의 생활을 보호하기 위하여 지급한 고려 전기의 구분전과 성격이 유사하다고 본 견해가 있다(강진철, 1980,『고려 토지제도사연구』, 고려대 출판부, pp.90~98). 이희관은 이 견해를 따를 경우 구분전이라는 地目도 통일신라시대에는 존재하지 않은 『삼국사기』 찬자의 재해석의 산물이었을 가능성이 크다고 하여 가능성을 부인하는 듯하다(1999, 앞의 책, p.12).

94) 木村誠은 신라시대의 향이 주, 소경, 군현과 동질의 행정구획으로, 이들에 비해 소규모의 군현단위였으며 지방관으로 鄕令이 파견되었고 재지세력으로써 鄕村主가 존재한 것으로 보았다. 그리고 향의 성립은 신라 군현제 성립과 그 시점이 일치하지 않으며, 다만 군현제 성립 이후 加置된 것으로 파악하며 8~9세기를 성립시기로 이해하였다. 그는 신라의 향과 부곡이 지니는 위상을 군현제의 일부분으로 설정하고, 궁극적으로는 '향·부곡≠천인집단'을 주장하고 있다(1983,「新羅時代の鄕」,『歷史評論』403, pp.105~106).

95) 대안사적인국사조륜청정탑비(허흥식 편저, 1984,『한국금석전문』고대편, 아세아문화사, p.189).

편이 이루어졌지만, 신문왕대 9주 5소경 체제는 완비되었으므로 가능성은 충분하다. 사료에서 '천보 14년'이라 했으나 이는 당에서 '천보 3년 改年爲載' 했다는 기록을 참고한다면,[96] 성립될 수 없고 '천보 14재'라 표현되어야 한다.

그런 점에서 정전은 패강지역을 대상으로 하여 우선 확대 시행된 후 전국으로 확대된 것으로 추측되며, 서원경(청주) 부근이기는 하지만 촌락문서내 9등호제의 시행[97]과 남녀 연령별 인구기록은 당시 전국적 상황의 일부로 여겨진다.

나아가 균전제의 寬鄕과 狹鄕의 구분도 시행되었을 가능성을 촌락문서에서 유추해 볼 수 있다. 관향은 토지는 많으나 사람이 드문 지역이며, 반대로 협향은 토지는 적으나 사람이 많은 곳이다.[98] 中國의 경우 전자의 예가 敦煌이며, 후자의 예가 투르판[吐魯番]인데, 관향의 경우 노동력 부족에 따라 생산량의 문제가 있어 협향에서 관향으로 민의 이동이 이루어졌다.[99] 관향에서 다른 지방으로의 이주는 금지되어 있었지만, 호구 이동을 통해 생산력의 문제를 해결한 것이다.

---

96) 한국법제연구원, 1997, 『역주당률소의』명례편, p.191.
97) 9등호제는 균전제의 시행과 불가분의 관련이 있다. 『당육전』에 "凡天下之戶量其資産 定爲九等"이라 하였는데 촌락문서의 9등호 존재는 이를 반영한다고 볼 수 있다.
98) 한국법제연구원, 1997, 『역주당률소의』각칙(상), p.2229. 戶婚律 占田過限條에 "受田悉足者爲寬鄕 不足者爲狹鄕"이라 하였다.
99) 균전제 하 협향에서 관향으로의 이주는 다음의 사료에서 확인된다. 『수서』권 24, 식화지(개황 12년)에 "時天下戶口歲增 京輔及三河 地少而人衆 衣食不給 諸者咸欲徙就寬鄕"이라 하였고, 『책부원귀』권113, 제왕부 순행조(정관 18년)에 "二月己酉 幸靈口 村落偪側 問其受田 丁三十畝 遂夜分而寢憂其不給 詔雍州錄尤少田者 並給復 移之於寬鄕"이라 하였다.

그런데 신라의 경우 촌락문서의 4개 촌에서도 인구의 이동이 살펴져 주목된다. 물론 이 이동이 어떤 목적인지는 사유가 기록에 없으나, 위의 사례를 참고해보면 관향과 협향의 개념이 신라에서도 변용되었을 가능성이 있다. 촌락문서내에는 살하지촌과 서원경△△촌에서 각기 1가족씩 이동이 나타난다. 사해점촌의 경우에도 다른 군에 있던 처를 따라 이거한 가족의 모습도 보여 가능성이 없지 않다.

그리고 3년마다 작성한 문서행정 역시 균전제와 관련 있을 것으로 생각된다. 조선시대에는 '子卯午酉'의 해에 式年을 설정하고 3년마다 호적을 조사하며 과거를 시행하였으나, 唐은 이와 달리 '丑辰未戌'의 해에 호적을 조사하였다. 이를 신라 촌락문서의 '을미년' 표현과 연결해 볼 때, 당시 신라는 당의 식년을 도입하여 사용했음이 확인되어 가능성을 뒷받침한다.

당은 균전농민의 전토에 대한 관리는 일차적으로 호적을 통해 시행하고 있었다. 하지만 호적은 단순히 호구의 관리를 위한 등재문서라기보다, 공권력이 의도하는 기층사회의 조직과 편제를 위한 근거였고, 왕조의 정치적 목적 달성을 좌우하는 척도였다.[100] 이를 참고한다면 신라 역시 촌락문서의 작성을 통해 균전제의 기초자료로서 활용했음을 생각할 수 있다.[101] 나아가 수전대상을 구분을 위한 丁中制와 桑田, 麻田 등의 地目이 조금 변형되어 나타난다는 점 역시 주목된다.

---

100) 김성한, 1998, 『중국토지제도사연구』, 신서원, p.153.
101) 兼若逸之는 촌락문서의 4개 촌의 연수유전답 분석을 통해 행정적 처치로서 단위전적은 8.5결이라 하였는데, 다만 토지의 모양이나 실제 행정구획은 존재여부를 포함하여 확인하기 어렵다고 하였다(1979, 「신라 《균전성책》의 연구」, 『한국사연구』23, pp.82~85).

그런데 균전제와 불가분의 관련이 있는 부병제의 모습도 살펴지고 있어, 새로운 군제라는 측면에서 주목된다. 단편적이지만 다음에서 그 모습이 살펴진다.

　　B-6 允中의 庶孫 嚴은 천성이 聰敏하고 方術을 익히기 좋아하였다. 젊어서 伊飡이 되어 唐에 들어가 宿衛하였을 때 틈을 타서 스승을 찾아 陰陽家의 法을 배웠는데 한 귀퉁이의 것을 들은 즉 미루어서 세 귀퉁이의 알았다. 스스로 遁甲立成의 法을 지어 스승에게 드리어 스승이 憮然하게 말하기를 "吾君의 明達이 이렇게까지 될 줄은 생각하지 못하였다"라 하고, 그 후로는 감히 제자로 대우하지 아니하였다. 大曆년간(776~779)에 귀국하여 司天大의 博士가 되고 良州, 康州, 漢州의 太守를 역임하였다. 다시 執事侍郎과 浿江鎭의 頭上이 되었는데 이르는 곳마다 진심으로 보살폈으며 三務의 여가에 六陣兵法을 가르치니 사람들이 모두 편안하였다. 일찍이 누리가 있어 서쪽으로부터 패강의 경계로 들어와 들판을 덮으니 백성들이 근심하고 두려워했다. 嚴이 山頂에 올라 향을 피우고 하늘에 기도하니 홀연히 풍우가 크게 일어나 누리가 모두 죽었다(『삼국사기』 열전 김유신부 김암).

　사료 B-6을 보면 "三務의 여가에 六陣兵法을 가르치니 사람들이 모두 편안하였다"라 하여 농한기에 군사훈련을 시키고 있음이 보인다. 곧 병농일치제로서 부병제를 의미하는데,[102] 사람들이 모두 편하게 여겼다고 하여 민심이 어떠했는지 보여주고 있다.

---

102) 『唐令拾遺』「軍防令」에 따르면 "봄에서 가을까지는 농사를 짓고, 겨울에는 군사훈련을 한다(三時耕農 冬季習戰)"고 하였는데(菊池英夫 著·김선민 옮김, 2005, 「부병제도의 전개」, 『세미나 수당오대사』, 서경, p.252), '三務의 여가'라는 표현과 농한기는 동일한 의미가 아닌가 생각된다.

하지만 부병제는 균전제라는 토지제도의 시행이 전제되지 않고서는 실시가 불가능한 군사제도라는 점에서, 신라가 어떠한 형태로든 균전제를 시행하였을 가능성이 높으며, 정전의 지급은 균전제와 관련지워 볼 수 밖에 없을 것 같다.[103]

이 때 지급형식은 당과 같지는 않았을 것으로 여겨진다. 본래 당은 계구수전의 원칙에 의하여 토지를 지급했는데,[104] 지급대상이 戶內의 □였다. 즉 丁男이나 中男을 대상으로 하여 永業田(20畝)과 □分田(100畝)를 지급하였는데, 이 중 영업전은 상속이 허용되었으며, 구분전은 본인이 사망하면 국가에서 환수하였다.[105]

그런데 신라는 그와 달리 □가 아닌 烟을 대상으로 지급했던 것으로 보인다.[106] 촌락문서에는 '計□'아닌 '計烟'이 등장하기 때문이다. '□가 아닌 烟을 헤아려' 지급했다는 의미가 되는데, 연수유전답은 바로 그 연이 지급받은 토지인 것으로 이해된다.

본래 정전이 균전제라는 설은 이병도가 제시한 이래 크게 주목하지는 않고 있으나,[107] 패강 유역의 지리적 여건과 앞에서 살핀 사료

---

103) 兼若逸之는 촌락문서가 균전제 시행을 위한 자료가 보고 '均田成册'이라 명명하였다(1979, 「신라《균전성책》의 연구 -이른바 민정(촌락)문서의 분석을 중심으로-」, 『한국사연구』23).

104) 堀敏一, 1970, 「均田制と租庸調制の展開」, 『岩波講座 世界歷史』, p.374.

105) 堀敏一, 1975, 『均田制の研究』, pp.158~206.

106) 이인철, 1996, 『신라촌락사회사연구』, 일지사, pp.230~231.

107) 浜中昇은 통일신라에서 균전제가 시행되지 않았다고 논증하였으나(1982, 「統一新羅における均田制の存否」, 『朝鮮學報』105 : 1986, 『朝鮮古代の經濟と社會』, 法政大學出版局, pp.98~118), 이에 대해 김기흥은 정전지급과 관련하여 살핀 후 '신라적 균전제'라 하였고(1993, 앞의 책, pp.208~212), 이인철은 정전지급을 편호와 연관지워 이해하며, 공연을 단위로 소유권을 법적으로 인정해 준 '의제적 균전제'라 하였다(1996, 앞의 책, p.23).

의 내용을 감안할 때 가능성은 높다고 생각된다. 물론 김암의 활동 시기가 允中의 孫으로서 대력연간에, 그가 패강진 두상으로서 부병 제를 실행할 수 있었던 것은 그 토대가 갖추어져 있었기에 가능했 다.[108]

신라는 중고기 이후 줄곧 귀족의 군사력에 의존해 왔고, 통일 이후 에도 비중이 줄어들기는 했어도 귀족의 사병적 성격이 강한 군사조 직이 운영되고 있었다. 문무왕의 유언이나 신문왕의 시위부 개편 및 10정 설치는 군사력에 대한 국왕의 직접적 통제 의도를 반영한 것이 다.[109] 군사조직의 귀족적 성격을 불식시키고 중앙집권적 병권이 보 다 강화된 새로운 군제가 필요했던 것이다. 다만 이전 시기부터 어 느 정도 진전되어 왔으므로 체계적 정립이 요구된다는 점이 다를 뿐 이다.

그러나 당시의 경제질서가 귀족 중심이고 토지제도가 귀족의 영 향아래 놓인 상황하에서 새로운 군사제도의 정비는 용이치 않았을 것이다. 이에 성덕왕은 현실적으로 경영이 가능한 패강 지역을 경제 적 재원으로 확보함과 동시에 새로운 토지제도의 시험장으로 활용 하여 군제의 정비까지 의도한 것이다. 그러한 시도는 나름대로 목적

---

108) 이인철은 『삼국사기』 직관지 무관조의 「대대감」에 대한 고찰을 통해 보병과 기병을 영유하는 것에 따라 구별이 되고, 그와 관련한 소감·화척에도 구분 이 있으며, 소속 당주도 대대감의 인원수에 따라 배치된 것 등은 당의 부병제 도에서 보병과 기병의 병용을 기준으로 한 조직과 절충부의 도위와 교위의 인원배치를 도입한 것으로 보았으며 결국 이는 신라의 병제가 율령체제의 특 색 중의 하나인 부병제의 모양새를 갖추려 한 것이라 지적하였다(1993, 앞의 책, p.369).

109) 한준수, 2005, 「신라 신문왕대 10정의 설치와 체제정비」, 『한국고대사연구』 38.

을 달성한 것으로 생각된다. 다음을 참고한다.

> B-7 唐 玄宗이 渤海靺鞨이 바다를 건너와 登州에 入寇하니 太僕員外卿
> 金思蘭을 귀국시키고 이내 王(성덕왕)에게 開府儀同三司寧海軍使
> 를 가수하며 병사를 내어 말갈의 남변을 치게 하였다. 그 때 마침
> 大雪이 1丈이나 내려 쌓이고 山路는 阻隘하여 士卒의 죽는 자가 過
> 半이어서 功없이 돌아왔다(『삼국사기』 신라본기 성덕왕 32년 7월).

> B-8 開元 21년(733)에 唐이 사신을 보내 권유하기를 靺鞨渤海가 밖으
> 로 藩翰을 칭하면서도 안으로 狡猾한 마음을 품고 있다. 지금 군사
> 를 보내어 죄를 물으려하니 卿(성덕왕) 또한 군사를 발하여 서로
> 각이 되라. 들으니 옛 장군 김유신의 孫 윤중이 있다하니 이 사람
> 을 임명하여 장수를 삼으라 하고, 인하여 윤중에게 비단 약간을 하
> 사하였다. 이때 대왕은 윤중과 윤문 형제 등 장군 4인에게 命하여
> 군사를 거느리고 唐兵과 회합하여 발해를 치게 하였다(『삼국사기』
> 열전 김유신부 윤중).

사료 B-7, 8에 따르면 성덕왕은 재위 32년(733) 북쪽에 대치하던
발해의 남쪽 국경을 공격했다. 이는 발해의 등주 공격에 대한 당의
대응차원에서 신라에 요청된 때문이기도 하지만, 신라 역시 부병제
하에서 육성된 군사력을 운용하는 실전 경험도 필요했기에 응했던
것으로 생각된다.

사료상 이 시기 귀족세력의 군사력을 동원한 정황은 보이지 않으
므로, 동원된 병력은 지방에서 징발된 부병제하에서 훈련된 군으로
여겨진다. 이는 중앙집권적 군사력의 확보가 이루어진 것으로 귀족
세력의 협력없이 국가를 수비할 수 있게 된 것이다. 그러한 때문인지
성덕왕은 다음해(734) 정월 친히 교서를 내렸는데,[110] 아마도 귀족세
력에 대해 정치적 자신감을 과시하려던 모습으로 보인다.

735년 당은 본국으로 돌아가는 신라 사신 義忠을 통해 패강 이남의 지역을 신라의 영토로 공식 인정했다.[111] 이는 성덕왕의 패강 유역의 실질적 경영이 성공적으로 진행된 결과이며, 동시에 정전제의 확대 시행과도 밀접한 관련이 있었다. 성덕왕은 신문왕대 폐지된 녹읍을 디딤돌 삼아 새로운 대민지배구조를 확립하였고, 신라적 균전제의 시행을 통해 왕토사상을 현실에서 실현하고자 한 것이다. 신문왕대 이후 위축되던 귀족세력을 제도적으로 규제하며 강력한 율령체제를 이룩하고자 했던 것이다.

요컨대 정치적 안정을 확보한 성덕왕은 강력한 집권체제를 제도화하고자 조치를 단행하였다. 균전적 성격이 강한 丁田의 지급인데 주변국인 당과 일본은 이미 균전제의 한 지목인 구분전이 지급되고 있었다. 신라의 정전 역시 그와 유사한 것으로 파악되는데, 내용면에서 완전히 같지는 않으나 왕토사상에 기반하여 토지를 분급하는 균전은 시행되었다.

우선 패강지역에서 확보된 후, 단계적으로 확대된 것으로 추측된다. 이 때 전국적 확대의 배경에는 녹읍폐지 이후 확보된 토지가 지급여력을 뒷받침한 것으로 생각된다. 특히 패강지역에서 시행상의 문제점을 파악하였기에 효율적으로 기능할 수 있었다. 이를 토대로 병농일치를 운영방식으로 한 부병제가 시행되었는데, 김암의 활동이 이를 증명한다. 곧 성덕왕은 패강지역을 확보한 후 정전을 지급하고, 이를 토대로 균전제에 짝하는 부병제까지 시행함으로써 율령체제를 실질적으로 구현하고자 하였다.

---

110) 『삼국사기』 신라본기 성덕왕 33년 춘정월.
111) 『삼국사기』 신라본기 성덕왕 34년 2월.

1. 중앙집권적 한화정책의 추진

1) 한화정책의 배경과 담당세력

신라상대의 귀족연합적 정치형태를 종식시키고 신라중대를 개창한 무열왕실은 율령체제의 성립을 위해 漢化政策을 추구하였다.[1] 신문왕의 국학설립과 성덕왕의 백관잠 반포는 바로 그러한 모습을 상징했다. 이는 유교적인 충군사상을 바탕으로 귀족세력이 권력자이기 보다는 행정적 실무자이기를 요망하였던 왕실의 의지였다. 한화

---

1) 한화정책이라는 용어는 이기백이 혜공왕대의 정치적 변혁을 고찰한 논고 (1974, 앞의 책, pp.245~246)에서 사용한 이래 통용되고 있는데, 이영호는 唐式化정책 혹은 唐制化정책이라는 표현이 더 정확한 의미를 지닐 것으로 보았다 (1995,『신라 중대의 정치와 권력구조』, 경북대학교 대학원 박사학위논문, p.57).

정책은 왕실과 진골귀족간 명확한 상하관계의 형성이 목적이었고 신라중대에 걸쳐 지속되었다.

그러나 당시의 정치적 현실이 신라중대 왕권에 유리한 것만은 아니었다. 토착적 기반이 강고한 귀족세력이 반발함에 따라 왕실과의 정치적 대립은 반복되었고, 때로는 왕실이 위축되기도 하였다. 이러한 정치적 흐름은 효성왕대에도 이어졌다. 효성왕이 정치적으로 위축된 상황에서 승하하자, 태자인 왕제 헌영(경덕왕)이 즉위하였다.

경덕왕은 전왕인 효성왕이 김순원 세력의 발호[2]와 지지기반의 미약으로 인해 정국의 주도권을 상실한 뒤 즉위하였으므로 국왕중심의 정치체제 구축을 더욱 염원했다. 먼저 외척으로써 영향력이 컸던 김순정의 딸인 왕비 삼모부인을 출궁시키고 사량부인에 봉했다.[3] 사실 사량부인의 출궁은 無子가 이유로 되어 있으나, 외척세력의 제거가 목적이었던 듯하다. 그것은 성덕왕이 성정왕후를 출궁시킨 사례에서 살필 수 있는데, 성덕왕은 외척으로서 김원태 세력이 커지자 왕후를 출궁시켰다. 경덕왕 역시 사량부인의 출궁을 통해 외척으로써 정치적 영향력이 비대해진 김순정 세력을 견제하려 했던 것이다.[4]

---

2) 김순원은 성덕왕과 효성왕 2대에 걸쳐 외척으로 활동하며 정치적 영향력을 행사하였던 것으로 생각되는데, 이미 효소왕대에 中侍라는 직책을 수행한 바 있으므로 정치면에서 중요한 역할을 수행하는데 커다란 무리는 없었을 것으로 여겨지기 때문이다.

3) 『삼국유사』 기이 2, 경덕왕 충담사 표훈대덕.

4) 이기백·이기동, 1982, 앞의 책, pp.312~313. 이에 대해 전덕재는 김순정 가문을 정치적으로 소외시키기 위해 의도적으로 출궁시킨 것이라 보았고(1996, 앞의 논문, p.33), 박해현은 반대세력이 無子를 구실로 정치적 공세를 펼 가능성을 배제할 수 없었기 때문에, 김순정 가문에서 새 왕비를 간택함으로써 이러한 문제에 대비하고자 한 것에 더하여, 삼모부인과 경덕왕의 관계가 원만하지 못

사량부인이 출궁된 근본적 원인은 성덕왕대 대일외교를 김순정 세력이 주도했다는 사실이 작용되었을 가능성이 높다. 혜공왕 7년 (771) 완성된 〈성덕대왕신종〉은 경덕왕대 주조되기 시작하였는데, 이는 경덕왕이 단순히 父王의 업적을 기리는 형식적 차원에서 머무른 것이 아니었다. 균전제 등 율령체제를 시행하여 신라중대의 전성기를 이룩했던 성덕왕의 정책을 적극적으로 계승하려는 의지의 발현이었다. 곧 신문왕과 성덕왕대 추진되었던 귀족세력 관료화 정책의 계승이기도 했다.

경덕왕은 재위 6년(747) 효성왕의 비 혜명왕후를 영명신궁으로 옮기게 하고, 효성왕대 친왕적 인물인 의충의 딸을 비로 맞이하였다.[5] 이는 율령체제에 있어 잠재적 장애요인이 될 수도 있던 김순정 세력을 견제한 것으로 보인다.[6] 김순정 등이 경덕왕의 즉위에 일정한 정치적 역할을 함으로써 정치적 기반이 되었지만, 역설적으로 왕권의 절대성을 인식하기에는 그들 스스로가 근본적으로 한계가 있었다는 점이다. 즉 자신들의 도움으로 즉위한 국왕을 정치적으로 지지한다는 것과 절대시하며 받든다는 것은 차원이 다른 문제였다.

한 것도 한 요인이 되었다고 보았다(2003, 앞의 책, pp.126~127). 한편 김선숙은 경덕왕의 아들에 대한 강한 집념은 왕권은 물론이고 정국의 안정을 도모한 것에서 비롯된 것이라 보았다(2007, 앞의 논문, p.63)
5) 『삼국사기』 신라본기 효성왕 3년 정월.
6) 이 사건에 대해 김영미는 경덕왕이 자신의 즉위배경이 되었던 세력까지도 제거하려했을 가능성을 언급하였고(1985, 「통일신라시대의 아미타신앙의 역사적 성격」, 『한국사연구』50·51, p.72), 신형식 또한 왕비의 교체를 김순원 일파의 세력에 대한 반발로 그것을 제거하기 위한 것으로 파악하였다(1990, 「신라 중대 전제왕권의 전개과정」, 『산운사학』4, p.136). 하지만 김수태는 자기의 세력 기반인 모후세력을 제거하지는 않았을 것으로 보았다(1990, 앞의 논문, p.147).

경덕왕은 국학에 박사와 조교도 새로이 설치하였는데,[7] 신문왕대 국학이 완비된 이후 큰 변화없이 지속되다가 이 시기에 증원이 이루어진 것은, 율령체제의 재정비를 향한 염원과 정치적 긴박성이 강했음을 방증한다. 곧 국학 교육의 강화는 유교적 소양을 갖춘 관료층의 양성으로 이어지고, 이는 다시 율령체제 시행의 인적기반이 될 수 있다는 점에서 의미를 부여할 수 있다.

정국의 변화로 사량부인과 연고가 있던 김옹 등 외척세력은 반왕적 모습을 보이게 되었다.[8] 김옹의 정치적 성격에 대해서는 친왕파로 보는 경우와 반왕파로 보는 상반된 시각이 존재하고 있는데,[9] 김옹이 '김순정의 손'이라는『속일본기』기록을 볼 때, 출궁된 사량부인이 김순정의 女라는 점에서 반왕파로 활동했을 가능성이 높을 것 같다.[10] 물론 〈성덕대왕신종명(771)〉에 김옹이 주요 직책과 중요 부

---

7)『삼국사기』신라본기 경덕왕 6년 정월.
8) 김옹을 반왕적 인물로 보는 이유는 신라 정치 세력내의 역학관계도 있지만 대외관계 또한 고려되기 때문이다. 당시 김옹은 대일본외교를 추진하였던 최고 위급 인물이라는 견해를 참고할 때(김은숙, 1991,「8세기 신라와 일본의 관계」,『국사관논총』29, p.127), 신라의 대외정책 추진에 있어 상층 귀족사회는 의견 대립을 보였을 것이며 이는 신라 내부의 권력관계에 영향을 주었을 것이다.
9) 이 시기의 정치세력은 왕을 중심으로 한 전제왕권 옹호세력과 반대하는 진골 귀족으로 양분할 수 있다. 이기백은 전자를 왕당파, 후자를 반왕파로 구분하였고(1974, 앞의 책), 신형식은 친왕파와 반왕파라 구분하였으며(1984, 앞의 책), 김수태는 이기백의 견해를 따랐다. 이에 대해서 필자는 이 시기 정치세력 구도를 파악함에 있어 유효한 시각이라는 점은 동의하나, 다만 왕당파라는 표현에서 파벌적 특성을 부각시킬 수도 있어 친왕파라 표현하고자 한다.
10) 김옹과 김순정의 관계에 대해서는 두 견해가 제시되어 있다. 첫째 김옹을 김순정의 아들로 보는 견해와(今西龍, 1933,「聖德大王神宗之銘」,『新羅史研究』, p.533 ; 이호영, 1975,「성덕대왕신종명의 해석에 관한 몇가지 문제」,『고

서의 책임자를 겸하고 있어 친왕적 성격을 배제할 수는 없겠지만,[11] 반왕적 성격으로 분류되는 김양상과 김경신 또한 이 시기 중요한 직책을 맡고 있었다는 점에서, 수행중인 관직만으로 정치적 성격을 단정하기는 힘들다.

경덕왕은 반왕적 귀족세력에 대해 백관규찰을 명목으로 정찰을 설치[12]하여 그들의 동향을 주시하였다. 기존의 감찰관부인 사정부가 존재함에도 불구하고, 근시기구인 내사정전 내에 별도로 감찰관직으로써 정찰을 설치한 것은 외척을 포함한 반왕적 귀족에 대해 집권세력의 치밀한 대응으로 여겨진다.[13]

경덕왕은 관료사회의 상층부를 귀족세력이 점하고 있었으므로 이들의 영향력을 배제한 집권체제를 강화하고자 어룡성 및 세택·동궁아관 등의 근시기구를 강화하였다. 기울어가는 신라중대 왕권을

고미술』125, p.13 ; 김수태, 1990, 앞의 논문, p.141), 둘째 김옹을 김순정의 손자로 보는 견해이다(鈴木靖民, 1967, 「金順貞·金邕論-新羅政治史の一考察」, 『朝鮮史學』45, p.190 ; 濱田耕策, 1980, 「新羅の聖德大王と中代の王室」, 『响沫集』3, pp.35~36 ; 김지은, 2007, 「경덕왕대 대일외교-752년 교역의 성격을 중심으로」, 『신라문화』30, p.122).

11) 김옹은 〈성덕대왕신종명〉에 '檢校'를 칭하고 있는데, 『당률소의』 명례편에 따르면 내외관이 칙령으로 다른 부서의 일을 대행하는 것을 지칭한다. 업무가 유사한 부서의 관직을 대행 처리하는 경우는 攝判이라 했다(한국법제연구원, 1994, 『역주당률소의(Ⅰ)』, p.163). 검교가 이 시기 사용된 것은 신라가 당제를 수용한 사례 가운데 하나로 파악할 수 있을 것이다.

12) 『삼국사기』 신라본기 경덕왕 7년 8월.

13) 貞察의 설치는 확대된 관료기구를 통제하려는 의도(이기동, 1984, 앞의 책, pp.124~127), 또는 당시의 해이해진 공적 질서를 재확립하고자 했던 것으로 보기도 한다(박해현, 1997, 「신라 경덕왕대의 외척세력」, 『한국고대사연구』 11, pp.430~431).

재확립하고자 한 것이다.[14] 경덕왕은 왕권에 장애가 되는 반왕적인 귀족세력이 건재하는 정치구도를 청산하려는 목적으로 정책을 추진하였고, 이에 따라 추진된 정책은 끊임없는 정치변동 속에서도 유지되어 온 귀족세력의 기반을 축소시키는 성격을 띠고 있었다.[15]

경덕왕은 왕실과 진골귀족의 계속된 대결구도를 탈피하고 율령체제를 강화하기 위해 당제를 모방한 한화정책을 추진하기에 이르렀다.[16] 군현개편과 관제개편을 포괄하는 정책이 추진되었다. 이 시기 율령체제 추진세력과 반대세력은 자신들의 정치적 기반유지를 위해 대결양상을 보였다.

그런데 이 시기에 들어서 발해의 팽창, 일본의 신라 침공 움직임, 당의 혼란 등 대외적 상황과 수취기반이 되는 농민생활의 악화는 군현제 개편의 새로운 요인으로 작용하였다. 율령체제의 재정비를 의도하던 집권세력이 귀족세력과의 대립이 예상되던 체제정비를 커다란 충돌없이 추진할 수도 있는 여건이 될 수 있었다.

율령체제를 추구하는 친왕파든 반대하는 반왕파든 지배집단이라

---

14) 이기동, 1984, 앞의 책, p.142.

15) 한화정책이라는 것은 당시에 토착적 기반이 완고했던 진골귀족과 반대세력을 약화시키거나 혹은 제거하려는 정책이었다. 한 예로 효소왕 즉위년에 신문왕의 葬路문제와 관련하여 정공을 처벌한 사건은 신라중대왕권의 집권체제 강화의지를 상징적으로 나타낸 사건이라 하겠다.

16) 무리한 한화정책의 추진은 경덕왕에게 있어서 상당한 위험을 내포한 것이었고, 결국 그러한 위험은 혜공왕대 관호가 복고됨으로써 현실로 나타나게 되었다. 경덕왕의 측근으로써 개혁정치의 추진에 핵심적 역할을 하였던 신충과 이순이 정계에서 은퇴하고 지리산에 들어가 단속사를 짓고 은둔한 사실은, 그와 같은 결과가 다가오고 있음을 알려주는 것으로 당시 기울어 가는 신라중대 왕권의 모습을 보여준다(이기백, 1974, 앞의 책, pp.216~227).

는 공통된 특성을 지니고 있었으므로, 이들은 지배체제가 유지된다는 전제하에서 자신들이 존립가능하다는 현실을 공감했을 것이다. 즉 통일 이후 누적되어 온 사회모순에 대해서도 일부 공통된 시각을 가졌을 것이라 생각된다.

이러한 바탕 위에서 귀족세력과 정치적 타협이 가능했다. 이 때 경덕왕은 군현개편으로 인해 귀족세력이 자신들의 전통적 기반을 상실하게 될지 모른다는 우려를 불식시킬 필요가 있었으므로, 개혁 추진의 반대급부로써 민감한 사안이기는 하지만 귀족세력과 밀접한 녹읍을 재시행하였다.[17]

그에 따라 귀족세력은 군현제의 개편에 반대하지 않았으므로 지방제도 개혁을 커다란 무리없이 전개할 수 있었다.[18] 군현제 개편이 정치적 타협 위에서 추진되었다는 것은 단기간에 어떠한 정치세력에 의해 일방적으로 시행될 수 있는 성질의 것이 아니라는 점이다. 더불어 군현제가 정비된 후 혜공왕 12년(776)의 관호복고시에 전면적으로 복고되지 않았다는 사실도 그러하다.[19] 『삼국사기』나 금석

....

17) 이기동, 1996, 「신라 하대의 사회변화」, 『한국사』 11, 국사편찬위원회, p.16. 이와 관련해 녹읍부활이 국가체제 정비를 통해 부족한 국가재정을 확보하면서 왕권을 강화하고 귀족세력을 견제하고자 했던 의도가 내재된 것이라고 파악한 견해도 있다(전덕재, 1992, 앞의 논문, pp.46~47).

18) 귀족세력의 반발이 전혀 없지는 않았을 것이다. 상대등 金思仁이 경덕왕 15년(756) 2월에 시정을 극론하였다고 하였는데, 이를 경덕왕이 수용하지 않았다는 점에서(이기백, 1974, 앞의 책, pp.108~109), 귀족세력의 불만은 그들의 인식 저변에 존재했을 것이다.

19) 혜공왕 12년(776) 관호 복고시 지명 역시 복고되었을 가능성이 없지는 않다. 이영호는 『세종실록』 지리지의 상주목조의 "景德王改爲尙州 惠恭王復爲沙伐州"와 진주목조의 "景德王改爲康州 惠恭王復爲菁州"라 한 기록을 토대로 관

문 등을 살펴보면 신라하대에 들어서도 개편 전후의 지명이 함께 보이고 있다는 점에서 양측의 정치적 타협 가능성을 짙게 한다.

이를 바탕으로 경덕왕은 군현제 개편을 통해서 지방통치체제를 정비하며 군단개편 등 군사부분까지 포함시켜 통치기반을 이전보다 실질적으로 강화시켜 나아갔다. 경덕왕은 귀족세력과 마찰없이 군현개편을 시행한 후 정치력을 소모하지 않은 상황에서 궁극적으로 중앙관제의 개편까지 도모했다.

경덕왕은 한화정책의 적극적 수행자로 생각되는 염상을 김기의 후임으로 시중에 임명하여 그 의지를 나타냈다.[20] 핵심 측근인 信忠이 상대등에 재임하는 것에 더하여, 염상을 시중으로 임명함으로써 자신의 측근들을 개혁정책의 전면에 내세운 것이다.[21] 신충은 경덕왕이 죽기 1년 전까지 재임하며 정책을 주도하였다.

요컨대 효성왕대 후반 불안정한 정국 속에서 즉위한 경덕왕은 율령체제를 재확립하기 위해 한화정책을 추진하였다. 사전 작업으로서 외척에 대한 견제를 시작했는데, 삼모부인(김순정의 딸)을 출궁시키고 貞察을 두어 그들의 동향을 주시하였다. 이 때 대내외적 상황 변화는 군현제 개편에 있어 커다란 충돌없이 추진할 수 있는 여건이 되었다. 측근인 신충이 상대등에 재임하고 있던 상황에 더하여, 염상

호와 더불어 지명 역시 환원된 것으로 이해하였다(1995, 앞의 논문, p.74). 이 문기 또한 사료 검증을 통해 이영호와 같이 지명의 복고 가능성을 제기한 바 있으나, 전면적인 복고가 아니라는 점에서 개편 전후의 지명이 혼효되었을 것으로 보았다(1990, 「통일신라의 지방관제 연구」, 『국사관논총』 20, pp.11~12).

20) 이기백, 1974, 앞의 책, p.236.
21) 신충은 경덕왕 16년에 반왕적 인물인 사인이 상대등에서 물러나자, 후임으로 임명되어 동왕 22년까지 재임하였다.

을 시중에 임명함으로써 적극적인 한화정책 추진의지를 확실히 나타냈다.

2) 중앙관제개혁의 내용과 한계

대내외 정세의 변화로 경덕왕과 귀족세력은 정치적 타협을 하였으며, 이를 바탕으로 지배체제의 정비는 커다란 마찰없이 진행될 수 있었다. 하지만 경덕왕은 재위 16년(757) 이전부터 율령체제 정비에 대한 작업을 단계적으로 강화하고 있었다. 『삼국사기』 직관지에 따르면 신라 중앙관부 대부분이 경덕왕대 개편되었다가 혜공왕대 복고된 것으로 나타난다.

하지만 이들 중앙관부의 개편이 단순히 漢式으로 아화된 것만은 아니라는 점이 이채롭다. 사료에서 일부 관부의 실무관원 설치 및 증원이 이루어지고 있다. 관련 사료를 정리하면 다음과 같다.

> A-1 중시를 시중으로 개칭하고, 국학에 제업박사와 조교를 두었다(『삼국사기』 신라본기 경덕왕 6년 정월).

> A-2 정찰 1원을 처음으로 두어 백관의 풍기를 살피게 했다(『삼국사기』 신라본기 경덕왕 7년 8월).

> A-3 어룡성의 봉어 2인을 두었다(『삼국사기』 신라본기 경덕왕 9년 2월).

> A-4 동궁아관을 두었다(『삼국사기』 신라본기 경덕왕 11년 8월).

A-5 영창궁을 중수하였다(『삼국사기』 신라본기 경덕왕 16년 7월).

A-6 율령박사 2인을 두었다(『삼국사기』 신라본기 경덕왕 17년 4월).

A-7 영창궁성전에 상당 1인을 설치하였다(『삼국사기』 직관지 영창궁
　　성전).

위의 사료 A-1~7까지는 경덕왕대 근시기구의 설치 및 증원 기록이
다. 사료 A-2~4는 근시기구의 강화임이 분명해 보이나, 사료 A-5, 7
의 경우 영창궁에 대한 특별한 기록이 나타나지 않아 명확히 하기 어
렵다.

다만 동궁과 유사한 맥락으로 이해해도 큰 오류는 없다고 생각되
므로 A-4, 5, 7은 동일선상에서 파악된다. 그리고 A-1, 6의 국학박사
와 율령박사는 이념이나 율령 등 법제적 측면에서 중앙집권을 뒷받
침한 것으로 생각된다. 여기에 더하여 경덕왕대 집사부 개편도 살펴
진다. 집사부 역시 위의 사항들과 무관하지 않으며 개혁추진의 중심
적 역할을 했기에 더욱 당연하다.

A-8 중시는 1인인데 진덕왕 5년(650)에 설치하였고 경덕왕 6년(747)에
　　고쳐서 시중이라 했다. 전대등은 2인인데 진평왕 26년(604)에 설치
　　하였고 경덕왕 6년(747)에 고쳐서 시랑이라 했다(『삼국사기』 직관
　　지 집사성).

위의 사료 A-8은 경덕왕 전반기 집사부에 개편이 시행되었음을 보
여준다. 단순한 개명이 아니라 한화정책을 추진할 핵심부서의 역할
과 기능에 대한 재정의였다.[22] 12년 후(759) 大舍와 舍知도 개편되지
만, 시중과 시랑의 개편에 비하면 취지가 다소 미약하다. 관직의 고

하 이전에 정비시기가 지니는 의미가 남다르기 때문이다. 경덕왕 6
년(747)은 한화정책 시행 전으로 그에 대한 계획이 진행되었을 것이
므로, 이러한 핵심부서의 개편은 체제정비에 매우 파장이 컸을 것이
다. 특히 전대등이 시랑으로 개칭된 후 지적 교양에 의한 정책 대립
면에서 역할했을 것이라는 점에서,[23] 이 시기 집사부 개편은 한화정
책의 추진을 위한 제도정비로 이해된다. 실질적으로 집권력의 강화
와 밀접한 관련을 가지는 부서의 설치 혹은 증원이라는 점이다.

> A-9 창부에 사 3인을 더 두었다(『삼국사기』 신라본기 경덕왕 11년 10
> 월).

> A-10 조부에 사 2인을 더 두었다(『삼국사기』 신라본기 경덕왕 16년 8
> 월).

사료 A-9, 10은 창부와 조부의 史 증원으로 재정기능의 강화로 여
겨진다. 본래 창부는 신라중고기의 품주에 그 기원을 두고 있다.[24]
품주는 국가의 공적 재정을 담당하는 관부로써 수입이나 지출을 관
장하였다. 진평왕 6년(584)에 조부가 설치되면서 사무의 일부가 분
리되었고, 진덕왕 5년(651)에 이르러 집사부와 창부로 2차 분화되었
다. 일단 창부와 조부가 국가 재정과 관련된 기능을 수행하는 부서라
는 점은 명확하다.

---

22) 중시에서 개편된 시중은 관위가 대아찬에서 이찬으로 사실상 진골에 국한되
  었고, 국왕의 최측근이 임명된다는 점에서 경덕왕대 한화정책이 지니는 의미
  는 남다르다 할 수 있다.
23) 이기백, 1974, 앞의 책, pp.159~161.
24) 이기백, 1974, 앞의 책, p.142.

바로 이러한 기능을 수행하는 부서의 실무관원이 경덕왕대 들어서 추가되고 있다는 것은 변화가 있었음을 보여준다. 변화의 요인은 다양할 수 있겠으나, 이 시기에 집중하면 하나로 집약할 수 있다. 다음의 사료를 살펴본다.

> A-11 내외 群官의 월봉을 없애고 다시 녹읍을 賜하였다(『삼국사기』 신라본기 경덕왕 16년 3월).

위의 사료 A-11은 경덕왕대 녹읍 부활을 보여준다. 부활된 이후를 후기녹읍이라 지칭하는데, 이는 폐지 이전의 전기녹읍과 성격을 달리하는 것으로 보기 때문이다. 하지만 경덕왕과 집권세력은 후기녹읍이 전기녹읍과 그 성격이 다르다 하더라도, 국가재정에 미칠 영향에 대해서는 치밀하게 대비하였던 것으로 보인다. 앞의 사료 A-9 창부사 증원(752)과 A-10 조부사 증원(757)이 그것이다.

그런데 두 관부의 증원 조치가 동일시기에 이루어진 것이 아니라 '5년'이라는 시간차이를 보이고 있어, 조부와 창부의 기능에 대해 새롭게 접근할 필요가 있다. 경덕왕대 조부와 창부의 기능은 토지를 기반으로 한 대민수취와 분배가 중심을 이루었으므로, 이러한 기능을 토대로 실무관료 증원이 갖는 의미를 살펴보아야 할 것 같다.

먼저 녹읍부활 5년 전(752)에 창부사의 증원이 이루어졌는데, 일단 녹읍부활에 따른 재정지출에 대한 대비차원으로 볼 수 있다. 경덕왕은 국가재정의 측면에서 부활된 녹읍이 전기녹읍과는 그 성격이 다를지라도, 재정지출에 압박요인이 될 수밖에 없음을 인식하고 있었다.

특별한 재정 수입원의 확대가 없는 상황에서 지출에 대한 합리적 통제는 1차 과제였다. 향덕의 사례에서 보듯 이 시기 수취기반으로서의 민의 제반 상황은 안정되어 있지 못했다. 제한된 재정 수입내에서 지출 규모와 내용을 조정하는 것이 가장 현실적이었는데, 곧 지출의 축소를 통한 재정운용으로 긴축재정이 그러했다.

그렇다면 왜 이 시기에 그러한 대응방식을 선택한 것인가? 여기에서 성덕왕대 사회·경제적 상황을 다시 살펴 볼 필요가 있다. 아마도 정전의 지급이 관련있지 않을까 한다. 성덕왕대 율령체제의 상징적 조치로서 시행된 정전이 초기에는 그 정책적 성과를 달성하였으나, 시간이 경과함에 따라 효과는 반감되어 갔을 것이다. 정전이 균전적 성격을 지닌다 하더라도 토지를 지급받은 민이 어느 정도까지 호응했는가 하는 문제이다. 시행 후 시간이 경과하면서 문제점들이 파생되었을 것이다. 당시 일본의 사례를 참고한다.

표 6 _ 일본 균전제 관련 토지제도 변천

구분	토지 관련법	시행 시기
가)	班田收受法25)	孝德天皇 大化 2年(646)
나)	三世一身法26)	元正天皇 養老 7年(723)
다)	墾田永年私財法27)	聖武天皇 天平 15年(743)

위의 표 6은 『일본서기』와 『속일본기』에 전하는 토지분급과 관련된 기록이다. 대화개신(645) 이후 시행된 토지제도가 시간이 흐르면서 변하고 있음을 살펴볼 수 있다. 가) 반전수수법은 公地公民의 원칙에 따라 토지를 나누어 주었음을 보여준다. 곧 구분전의 지급이다.

---

25) 『일본서기』 효덕천황 대화 2년(646) 춘정월 개신.
26) 『속일본기』 원정천황 양로 7년(723) 4월 신해.
27) 『속일본기』 성무천황 천평 15년(743) 5월 을축.

하지만 왕경(平成京)의 번영에 따라 국가재정을 담당했던 농민층이 과중한 부담을 이기지 못하고 유망하자 구분전이 황폐화되었고, 또한 인구증가에 의해 지급할 구분전도 부족한 현실이었다.[28] 그에 따라 3世에 한하여 사유를 인정하는 나) 삼세일신법이 제정되었으나, 3세라는 소유기간의 제한으로 경지확장의 성과는 이루지 못하였다.

결국 일정 한도의 개간지를 영구히 사유하는 것을 허락하는 다) 간전영년사재법을 제정하기에 이르렀다. 하지만 이 조치는 개간에 있어 신분에 따라 개간 면적에 한도를 정하였고, 상대적으로 개간 능력이 있는 특권적 귀족이나 사원의 대토지 소유를 촉진시키는 결과를 낳고 말았으며, 결과적으로 공지공민의 균전적 토지제도는 붕괴되었다.[29]

이러한 일본의 토지분급 상황 변화를 신라 집권세력도 기본적으로 인지하고 있었을 것이다. 신라와 일본의 사회발전 단계가 크게 다르지 않다는 점에서, 신라 역시 균전적 토지제도의 시행만으로는 민의 토지소유나 국가의 수취행정에 있어 근본적인 해결책이 될 수 없음을 인식했다고 보여진다. 신라 중앙정부로서는 새로운 변화가 필요했다. 다만 성덕왕대 중반 이후 악화되던 일본의 제도를 도입하기보다는, 대외관계의 중심이던 당의 제도를 우선적 대상으로 삼았을 가능성이 높아 보인다. 하지만 그들의 제도를 신라에 그대로 적용하는 것도 사회적 현실의 차이로 부합하지 않았던 것 같다.

이에 경덕왕과 집권세력은 현실적 대안으로서 기존의 舊制를 고

---

28) 吉川篤, 1967, 「百万町開墾と三世一身法」, 『駒澤史學』 14, p.61.
29) 아사다 나오히로 외 엮음·이계황 외 옮김, 2003, 『새로 쓴 일본사』, 창비, pp.104~105.

려했는데 바로 녹읍의 재시행이다.[30] 성덕왕대 지급되었던 균전적 토지제도인 정전제가 한 세대 경과하면서 일본의 경우와 유사한 문제들이 발생하자 그 해법으로서 녹읍을 택한 것이다. 그러므로 재시행된 녹읍은 폐지 이전의 그것과 성격이 다를 수밖에 없었다.[31] 특히 녹읍의 재시행이 군현제 정비의 연장선상이라는 점을 고려할 때 그러하다.

본래 관료제는 일원적인 지배를 특징으로 하는데,[32] 고위관리인 귀족세력의 사적인 기반을 제도적으로 유지하게 하는 녹읍제는 관료제의 발달을 제약하는 제도이므로,[33] 원형 그대로의 복원은 용인될 수 없었다.

즉 전기녹읍이 인신적 지배를 포함한 총체적 수취를 허용했다면, 후기녹읍은 그것을 제외한 단순한 수조권 분급에 국한하는 형태일 가능성이 높다. 민에 대한 인신적 지배는 귀족의 사적인 지배로 이어지는데, 이는 율령체제의 정립을 의도하는 중앙집권과는 상반되기 때문이다.

하지만 국가의 토지 지배력이 일방적으로 강화된 형태 역시 배제되었다. 전술한 대내외적으로 불안정한 상황 속에서 지배층의 내부

---

30) 김두진은 녹읍부활이 경덕왕대 개혁정치에서 전제주의로의 강한 복귀를 의도하면서 이루어진 것으로, 이것은 경덕왕대 개혁정치가 한계성을 아울러 내포하면서 시행되었음을 생각하게 한다고 하였다(1986, 「통일신라의 역사와 사상」, 『전통과 사상』 II , p.86).
31) 사료에 '復賜祿邑'이라 한 부분에 주의할 필요가 있다. 置나 設置가 아닌 賜를 고려할 때 표현상 부활보다는 재시행이 적합하다고 생각된다. 이는 표현에 따라 정책추진 주체의 정치력을 상징적으로 드러내기 때문이다.
32) 石母田正, 1973, 「古代官僚制」, 『日本古代國家論』, p.14.
33) 전덕재, 1996, 앞의 책, p.174.

적 단결 또한 절실했기 때문이다. 정전과 녹읍의 순기능과 역기능을 모두 경험한 집권세력은 현실적 대안의 도출이 필요했던 것이다. 이때 신충 등 친왕세력 역시 영향을 주었고,[34] 토지분급 상황을 현저히 개선할 수 있는 묘안이 없었기에 절충적 조치로써 녹읍의 재시행이 도출되었다. 인신적 수취를 허용하던 전기녹읍과 달리 수조권 분급에 국한한 것으로, 그들이 소유한 발전된 생산수단을 확보하여 재정을 안정시키려는 의도였다.

결국 농민생활과 국가재정의 안정을 달성하고자 한 것이므로, 녹읍 재시행 이후 수취는 급격히 달라지지는 않았을 것이다. 토지소유의 변화에 따른 수취의 급격한 증가는 기대하기 힘들었으므로 담당인 조부사의 증원이 사전에 진행되지 않았다. 녹읍이 재시행 된 후 5개월이 지난 시점(경덕왕 16년, 757)에 사후 대응책으로서 설치되고, 조부사가 창부사보다 1인이 적게 추가된 것도 이러한 사정과 관련이 있었다.

경덕왕은 녹읍 재시행 후 귀족세력이 상층부를 점하고 있는 관료사회에 대해 개편의 움직임을 보였다. 다음의 사료를 참고한다.

> A-12 하교하기를 내외관으로 휴가를 청하여 만 60일에 이르는 자는 解官을 허하였다(『삼국사기』 신라본기 경덕왕 17년 2월).

---

34) 경덕왕대 녹읍 부활을 주도한 세력이 신충, 김기 등 관료적 진골귀족 세력이라는 견해가 있다(이희관, 1999, 앞의 책, pp.88~91). 즉 신충, 김기 등이 경덕왕의 열렬한 정치적 지지자이지만, 귀족적·관료적 성격을 모두 내포한 세력이었기에 이들의 입장을 고려한 경덕왕이 일련의 개혁을 단행하기 위해 그들의 성장이 필요했으므로 녹읍을 부활시켰다 한다. 하지만 필자는 관료적 귀족세력에는 친왕파와 반왕파가 양립하여 존재하였을 것이라는 점에서 친왕파의 입장만이 반영되었다고 보기는 어렵다고 생각한다.

위의 사료 A-12는 경덕왕대 解官조치를 보여주는데, 관료로써 휴가가 만 60일에 이르는 자는 물러나게 하고 있다. 귀족세력이 다수인 관료사회에 대해 통제의지를 나타낸 것이지만,[35] 해관이라는 조치는 관료사회에 대한 통제 이전에 율령체제의 정비와 관련이 있었다. 곧 관료제의 효율적 운영을 위해 수용된 것이다.[36]

본래 해관은 당 율령의 「選擧令」·「祿令」·「考課令」 등에 관련 규정이 명시되어 있었다. 위의 기록을 통해 신라가 이를 받아들여 시행했음을 알 수 있는데,[37] 日本 역시 이를 수용하여 「養老令」에 규정을 명시하고 있었다. 당의 경우 관료의 근무일수(上日輸)가 1년에 200일이었으며, 휴가나 질병으로 등으로 출근하지 않은 날이 100일에 이르면 해관되었다.[38] 일본은 당과 조금 다르기는 하지만 역시 해관제도가 운영되었고 휴가는 120일을 한도로 하였다.[39] 결국 당시 당, 신라, 일본은 해관제도를 공히 운영했음을 확인할 수 있고 휴가 일수

35) 『唐令拾遺』 「考課令」에 의하면 解官이라는 것은 단지 현직에서 물러나는 것이며, 관품을 상실하는 것은 아니어서 告身은 유지할 수 있었다. 해관은 근무평정을 전제로 운영되었을 것으로 보이는데, 당에서 內外文武官의 9품 이상은 매년 연말에 해당 관사의 장관에 의해 근무성적을 上上에서 下下에 이르는 9등급으로 평가 하였다. 이를 참고할 때, 신라 역시 이와 유사한 근무평정이 시행되었을 것으로 생각한다.
36) 김영하, 2007, 앞의 책, p.210.
37) 윤선태, 2003, 「신라 중대의 형률」, 『강좌 한국고대사』3, 가락국사적개발연구원, p.122.
38) 김탁민 주편, 2003, 『역주당육전』상, 신서원, p.209. 당의 경우 「考課令」에 해관이 되었을 경우 考課대상에서 제외되며, 祿俸 또한 정상시의 半額만 지급되었다(仁井田陞, 1997, 『唐令拾遺補』, 東京大學出版會, 「考課令」402條 및 「祿令」3條).
39) 윤선태, 2003, 앞의 논문, p.123.

가 다를 뿐이다. 각국의 관료수급이나 재정상태가 상이했기 때문으로 생각된다.

여기에서 신라의 규제가 당·일보다 상대적으로 강화된 점을 주목할 필요가 있다. 해관제를 시행함으로써 관료에 대한 통제는 이루어졌지만, 그 기대효과는 구체적으로 이 시기 정치상황과 무관치 않아 보인다. 조치의 시행으로써 얻어지는 것은 우선적으로 관료기강의 확립이다. 당시 관료는 집권세력을 제외하면 반왕적인 귀족세력이거나 그에 협력했던 인물들이므로, 중앙관제 개편을 위해서는 이들이 보다 합리적이고 타당한 이유로 제어되어야만 했다. 그러므로 국가로부터 녹봉을 받는 관료의 휴가가 1년에 만 60일에 이른다면, 직무에 충실하지 못했다는 것이므로 당연히 면직 등 규제대상이 되었을 것이다.[40] 이러한 조치가 귀족세력에게 커다란 압박이 되지는 않았지만 통제의지를 나타내기엔 충분했다. 귀족세력의 관료화에 대한 의지를 다시 한 번 표출한 것이다.

다음으로 국가재정의 안정이다. 해관 기준일수가 축소됨에 따라 관련된 관료의 수는 반비례하여 증가했을 것이고, 이들에게 지출될 녹봉의 규모는 축소되었을 것이기 때문이다.[41] 이는 해관조치의 시행 시기가 녹읍이 부활되는 시점이라는 점에서 가능성을 높게 한다.[42] 신라 중앙정부는 재정관련 측면에서 보다 구체적인 준비를 하

---

40) 문무왕이 재위 2년(662)에 대당총관 진주와 남천주총관 진흠을 직무태만을 이유로 하여 그 일족까지 처형했던 사실을 참고할 때, 직무와 관련하여 관료에 행하는 인사조치는 매우 효과적 통제 수단이 되었을 것이다. 물론 위의 사건이 통일전쟁기에 있었다는 점이 고려되어야 하겠지만, 일단 국왕의 관료에 대한 직무관련 조치는 통제에 있어 절대적인 성격의 것이 아닌가 한다.
41) 윤선태, 2003, 앞의 논문, p.124.

였을 것으로 이해된다. 이상에서 보듯 경덕왕은 율령체제에 기반하여 관료사회에 대해 합리적 통제를 이루기도 했는데, 일방적 개혁은 귀족세력의 반발로 인해 율령체제는 이완될 수밖에 없었으며, 혜공왕대 관호복고의 예정된 수순으로 귀결된 것이다.

요컨대 경덕왕대 중앙관부의 개편은 단순한 개명 차원을 넘어 주요 관부와 근시 기구의 설치에 걸쳐 진행되었다. 국학의 박사와 율령박사는 이념이나 율령 등 법제적 측면에서 중앙집권을 뒷받침했는데, 경덕왕은 이를 토대로 한화정책을 추진하고자 집사부를 개편하였다. 이 때의 개편은 단순한 개명 차원을 넘어 한화정책을 추진할 핵심부서로서의 역할과 기능에 재정의로 판단된다.[43] 특히 전대등의 시랑 개칭은 정책방향을 예고하는 면이 내재되어 있었다.

더하여 국가 재정과 귀족세력의 경제력 제어에 핵심적 기능을 수행하는 창부와 조부의 실무관료를 증원함으로써 개혁을 구체화하였다. 개혁을 추진하기 위해 재시행 된 녹읍은 귀족세력의 정치적 승리의 결과라는 정치적 의미보다는, 직접적으로는 정전제 자체의 문제점을 보완하고, 나아가 지방제도 개편과 중앙관제 개편이라는 개혁작업을 달성하기 위한 수단으로서 제시된 것이며, 경덕왕의 시행된 개혁정책의 일환으로 전개한 하나의 정책에 다름이 아니다.

경덕왕은 녹읍 재시행 이후 解官조치 등을 취하며 중앙관제까지

---

42) 경덕왕 16년(757) 8월에 조부사 2인이 추가되었는데, 解官은 이듬해(758) 2월 시행되고 있어 시간상 반년 밖에 차이나지 않고 있어 '녹읍부활 - 조부사증원 - 해관조치시행' 은 상호간에 밀접한 관련이 있었던 것으로 생각한다.
43) 중시에서 개편된 시중은 관위가 대아찬(5관등)에서 이찬(2관등)으로 규정되어 사실상 진골귀족에 국한되었고, 국왕의 최측근이 임명된다는 점에서 경덕왕대 한화정책과 관련하여 지니는 의미는 남다르다 할 수 있다.

개혁하고자 하였다. 특히 해관조치는 당이나 일본에 비해서 상대적
으로 강화된 규정이 운영되었는데, 이는 관료사회에 대한 통제인 동
시에 국가재정의 확보를 위한 정책이기도 했다. 궁극적으로는 관료
제의 정립을 시도한 것인데, 이는 「唐令」이 시행된 확실한 증거이자
율령체제의 재정비였다.

하지만 이상의 조치들은 보다 강력한 체제정비의 모습을 반영한
것이지만, 상대적으로 귀족세력의 토대 역시 그에 비례했기에 강화
되어 시행될 수 밖에 없었다. 무열왕 이후 지속되어 온 신라중대의
한화정책이 경덕왕 사후 혜공왕대 들어 관호가 복고되는 등 율령체
제가 동요되는 한계를 이미 내포하고 있었던 것이다.

3) 지방통치제도 재정비의 실제

경덕왕이 추진하던 한화정책은 주변정세의 변화와 내부적인 수취
기반 약화 등과 같은 대내외적 상황과 복합되어 시행되었다.[44] 먼저
대외적 요인을 살펴보면, 당시 발해는 무왕이 즉위하면서 대외적으
로 팽창 정책을 전개하여 주변국에 영향을 주었고, 신라는 성덕왕대

----

44) 『송고승전』권19 唐都城淨衆寺無相傳에 따르면 "釋無相本新羅國人也 是彼土
王 第三子 于本國正朔年月生 于郡南寺落髮登戒 以 開元十六年泛東冥至于中
國 … 相之弟本國新羅爲王矣 懼其去廻其位殆將遣 刺客來屠之 相已冥知矣"라
하여 당시의 정국을 보여주고 있다. 김선숙은 경덕왕이 효성왕의 弟로서 왕위
에 오르는데 성공하기는 했지만 이미 성덕왕 27년(728)에 도당한 그의 형 無
相이 언제든지 신라에 돌아와 왕위를 위협할지 모른다는 두려움에 한발 앞서
그를 제거할 목적으로 그가 머물던 淨衆寺에 자객을 보낸 것이라 하였다
(2007, 앞의 논문, p.62).

부터 발해에 대비하였다. 다음의 내용을 참고한다.

A-13 開城을 쌓았다(『삼국사기』 신라본기 성덕왕 12년).

A-14 한산주 도독 관내에 여러 성을 쌓았다(『삼국사기』 신라본기 성덕
왕 17년).

A-15 하슬라도의 장정 2천을 징발하여 北境에 장성을 쌓았다(『삼국사
기』 신라본기 성덕왕 20년).

위의 사료 A-13~15는 신라가 북쪽에 대치중이던 발해 변경지역의
관련 사료이다. 그 가운데 A-15를 보면 신라가 2천명이라는 인원을
동원하여 北境에 장성을 축조했다는 점은, 발해가 신라에 위협이 되
고 있음을 보여 주기에 충분한 것 같다.[45] 무왕대 당의 등주를 공격
한 사실에서 발해의 군사적 위협성을 가늠할 수 있으며, 발해의 군사
력 또한 미약하지 않았음을 알 수 있다.[46]
특히 등주가 발해와 경계가 맞닿은 접경지대가 아닌 당 본토였음

---

45) 성덕왕대 장성 축조는 발해를 의식한 축성으로 보이며(池內宏, 1929, 「眞興王
の戊子巡境碑と新羅の東北境」, 『古蹟調査特別報告』6 : 1960, 『滿鮮史硏究』上
世 第2冊, 吉川弘文館, pp.49~50 ; 한규철, 1994, 『발해의 대외관계사』, 신서
원, p.169), 나아가 무왕대 발해가 주변 말갈의 여러 부로 세력을 확장해 동북
방면 뿐만 아니라 남쪽으로도 진출하였음을 엿보게 한다(김종복, 2009, 앞의
책, p.110).
46) 『구당서』 열전149, 말갈발해전 및 『신당서』 열전145, 발해전 참조. 발해가 등주
를 공격한 것은 그곳이 당의 군사적 요충지였을 뿐만 아니라 신라의 대당무역
로 가운데 하나였기 때문이며, 이는 당과 신라의 긴밀한 유대관계를 견제하는
의미를 갖는 것이다(심승구, 1995, 「발해 무왕의 정치적 과제와 등주공격」,
『군사』31, p.27).

을 고려할 때, 발해의 수군력과 운용전술이 일정한 수준에 있었던 것으로 파악된다.[47] 이러한 발해의 군사적 위협에 대비하여 신라는 위의 사료 A-13~15에서처럼 축성과 같은 군사적 방비와 함께 대당외교의 강화로 대응하였다.

통일 이후 신라는 패강유역 확보와 발해견제를 목적으로 소원해진 당과 외교적 협력을 시도하였고, 당 역시 팽창하던 발해를 견제하고자 이에 응했으며 양국의 협력은 군사행동으로 표면화되었다. 당 현종의 요청에 따라 신라가 발해의 남쪽 변경을 공격하였으나, 기상악화 등으로 인해 신라의 침공은 실패하였다.[48] 이로 인해 신라와 발해는 보다 적대적인 관계가 되었고 신라는 발해의 군사적 위협에 대응할 수 있는 체제정비가 더욱 절실하였다.[49]

다음으로 일본의 신라 침공 움직임도 불안요인이었다. 경덕왕은 재위 중 2차례 내왕한 일본사신에 대해 방만무례를 이유로 접견치 않았다.[50] 이와 관련하여 일본측을 살펴보면 당시의 상황이 드러난다. 『속일본기』 성무천황 천평 14년(742) 2월조에 신라 사신 사찬 金

---

47) 『구당서』 발해말갈전의 기록에 발해의 군대를 해적이라 표현한 것은 당시 발해의 등주공격 사실을 감안해서 본다면 발해의 군사력이 상당한 수준에 있었다고 보인다. 또한 『구당서』 신라전의 "고구려의 30만 병력의 1/3도 안되는 군사"라는 기록을 참고할 때, 대략 10만여 명의 병력은 유지되었을 것이라 생각된다.

48) 『삼국사기』 신라본기 성덕왕 32년 7월 ; 『신당서』 열전 145, 발해전.

49) 이 시기 발해와의 대치상황을 진골귀족 역시 깊이 인식하고 있었다고 보인다. 『삼국사기』 신라본기 성덕왕 35년 11월조에 "遣伊湌 允忠・思仁・英述 檢察 平壤・牛頭二州地勢"라 하였는데, 경덕왕대 반왕적 인물로 파악되는 사인 등이 파견되었다는 사실에서 그들 또한 대외정세에 대한 나름대로의 준비가 있었을 것으로 여겨진다.

50) 『삼국사기』 신라본기 경덕왕 원년 10월 및 12년 8월.

欽英을 포함한 187인이 대재부에 도착하였는데, 일본 조정에서는 新京을 草創하고 궁실이 未成하다는 이유로 그냥 돌려 보냈다고 한다.[51] 이를 표현대로 받아들일 수도 있지만, 외교 사절을 그러한 방식으로 대한다는 것은 이면에 간단치 않은 사정이 얽혀 있었던 것으로 보인다.

아마도 일본이 어떤 이유 때문에 사신접견을 거부한 것으로 여겨지며, 그 결과 신라측도 불쾌감을 품고 倭使를 접견치 않은 것 같다.[52] 또한 경덕왕 12년(753)의 사건 역시 『속일본기』 효겸천황 천평승보 5년(751) 2월조에 "從五位下 小野田守를 신라에 보내는 大使로 삼았다"고 한 기록을 참고할 때, 이 사자가 와서 무례한 태도를 보여 그런 것으로도 생각된다

이전의 성덕왕과 효성왕대를 거치며 누적된 신라와 일본 양국간 마찰이 극단적 대립양상으로 표출된 것이다.[53] 신라가 성덕왕대 발해견제를 위해 대당외교를 강화하자 발해와 일본은 긴밀히 연계하며 신라를 견제하였다. 하지만 신라는 760년(경덕왕 19)에 수년 동안 중단되었던 사신을 일본에 파견하면서도 상대적으로 관등이 낮은 급찬 金貞卷을 파견하는 등 기존의 대일외교정책을 변경하지 않았다.[54]

---

51) 『속일본기』권14, 성무천황 천평 14년(742) 6월.
52) 이병도, 1983, 앞의 책, pp.191~192.
53) 『속일본기』권18, 효겸천황 천평승보 4년(752) 6월.
54) 김선숙, 2007, 앞의 논문, p.78. 당시의 대일관계를 살펴보면 752년 직전의 신라와 일본의 관계는 매우 험악한 분위기였다. 신라는 나당전쟁 이후 당과 일본의 밀착을 우려하여 일본에 저자세를 취하였으며, 668년부터 700년까지 25회에 걸쳐 사절단을 파견하였다. 사절단의 대표도 대아찬 이상의 진골왕족이

이러한 신라의 외교정책에 대해 일본은 300여 척의 대규모 병선으로 신라를 공격하는 등 군사행동으로 대응했다.[55] 비록 신라가 이를 격퇴하였지만 군사적 긴장은 계속되었다. 동년(731) 9월 성덕왕이 的門에서 車弩의 사격을 참관하는 등[56] 군사력 정비에 힘쓴데서 이를 느낄 수 있다.

성덕왕대 중반 이후 강화된 신라의 대당외교는 외형적인 것보다 파장이 컸다. 동북아시아의 외교적 구도가 변화하기 시작했다. 성덕왕 중반부터 강화된 대당외교가 경덕왕대까지 지속되자,[57] 일본은 외교적 고립을 탈피하고자 활로를 모색하였고 발해와 외교접촉을 강화하였다. 752년에 신라가 金泰廉을 포함한 700여 명의 대규모 사절단을 일본에 파견하기도 했지만,[58] 이는 악화되던 양국의 관계를 정상화시키는 것과는 거리가 있었다.[59] 발해와 일본은 군사적 차원

나 고위인사를 자주 임명하였는데, 이로 인해 일본은 신라를 자신들의 번병으로 인식하였고, 이 시기 곧 효성왕 이전을 양국관계의 전범으로 생각하고 있었다(윤선태, 1997, 앞의 논문, p.58).

55) 『삼국사기』 신라본기 성덕왕 30년 4월.

56) 『삼국사기』 신라본기 성덕왕 30년 9월.

57) 경덕왕 재위 2년(743)부터 재위 11년(752)까지는 일본과 사신이 두절된 사실상의 국교단절 상태였다.

58) 『속일본기』 권18, 효겸천황 천평승보 4년(752) 춘정월조 및 윤3월.

59) 752년 교역에 대해 연구자의 관심이 집중되어 있으나 성격에 대해서는 견해가 다양하다. 첫째 신라가 자국보전책의 일환으로써 일본과의 우호적 관계를 위하여 대량의 문물을 가져간 것이라는 견해(今西龍, 1970, 「新羅中代下代の外國關係」, 『新羅史研究』, 國書刊行會 ; 이성시, 1999, 『동아시아의 왕권과 교역』, 청년사 ; 酒寄雅志, 2001, 「八世紀における日本の外交と東アジアの情勢 -渤海との關係れ中心として-」, 『渤海と古代の日本』, 校倉西房, 東京), 둘째 경제적인 측면에서 교역의 목적이 우선된 것이라는 견해(東野治之, 1980, 「正倉院文書からみた新羅文物」, 『日本のなかの朝鮮文化』47 ; 윤선태, 1997, 앞의

에서 긴밀히 협력하였고 우호적 관계는 발해의 멸망까지 지속되었
다. 신라중대 시기에 이루어진 발해와 일본간 48회 사행을 살펴보면
다음과 같다.[60]

표 7 _ 景德王代 渤海와 日本間 使行

| 구분 | 파견회차 | | 년도 | 인명 | 관등 및 관직 | 내용 |
	발해	일본				
가)	1		752(경덕왕11년)	慕施蒙	輔國大將軍	신라협공
나)		1	758(경덕왕17년)	小野田守	從五下	〃
다)	2		758(경덕왕17년)	楊承慶[61]	輔國大將軍	〃
라)		2	759(경덕왕18년)	高元度	外從五下	〃
마)	3		759(경덕왕18년)	高南申	輔國大將軍	〃
바)		3	760(경덕왕19년)	陽侯玲璆	外從五下	〃
사)		4	761(경덕왕20년)	高麗大山	從五下	〃
아)	4		762(경덕왕21년)	王新福	紫綬大夫	〃
자)		5	763(경덕왕22년)	板振謙束	正七位下	〃

논문, p.42), 셋째 조공사 파견이란 목적과 함께 교역활동의 목적도 수반되었
다고 보는 견해(鈴木靖民, 1977, 「正倉院佐波理加盤 附屬文書 基礎的の研究」,
『朝鮮學報』85), 넷째 동대사 대불 개안식을 축하하기 위한 파견한 사절단이라
는 견해(浜田耕策, 2002, 『新羅國史の研究』, 吉川弘文館, p.336 ; 김지은, 2007,
앞의 논문, p.18), 다섯째 대안사와 동대사를 참배하고 교역도 행하려는 두 가
지의 목적을 가졌다는 견해(田村圓澄, 1989, 「平城京と新羅使」, 『日本學』8 ·
9, 동국대 일본학연구소 ; 이병로, 1996, 「8세기 일본의 외교와 교역」, 『일본역
사연구』4 ; 연민수, 2003, 『고대한일문화교류사』, pp.251~252 ; 김창석, 2004,
앞의 논문) 등이 있다.

60) 발해가 일본에 사신을 파견한 횟수는 727년부터 919년까지 34차례인데, 일본
이 먼저 사신을 파견한 경우는 4차례에 불과하다. 그 중 3차례가 일본의 신라
정벌계획이 있던 시기에 나타나고 있으며(758, 759, 761), 발해의 답방에 대해
서도 두 차례나 전송 사신까지 파견하는 적극성을 보이고 있어(760, 763), 758
년부터 764년까지의 양국외교는 일본의 필요에 의한 것이었고 이 목적은 발해
를 신라정벌에 끌어들이기 위한 것임을 알 수 있다(한규철, 1994, 『발해의 대
외관계사』, 신서원, pp.204~205).

위의 표 7을 보면 발해는 장군 등 무관을 파견하여 군사적 목적에서 대일외교를 전개하였고, 일본 또한 신라 협공을 위해 군사적 목적으로 외교정책을 추진하고 있었음을 알 수 있다. 표 7에서 보이듯 사행인물 가운데 경덕왕대 신라에 파견되었다가 친견을 거부당했던 나) 小野田守가 758년(경덕왕 17) 발해에 파견된 것과 발해의 사행인물들이 보국대장군(가, 다, 마)이라는 직책에 있음은 저간의 사정을 보여준다. 이러한 상황을 고려할 때 신라 - 당, 발해 - 일본간 모종의 군사적 동맹이 체결되었을 가능성은 배제할 수 없을 것 같다.[62]

이 시기 일본은 공식적으로 신라와 외교를 단절하고 교역관계만을 유지시켰으며 신라 침공의도를 분명히 하고 있었다.[63] 대재부에 명하여 신라 정벌계획을 세우도록 하였고, 병선 500여 척의 건조도 추진하였다.[64] 또한 美濃(미노) · 武藏(무사시) 2國의 소년들에게 신라 침공을 목적으로 신라어를 배우게 하고,[65] 3년 이내 신라 정벌이라는 시한을 정하는 등 신라 정토계획을 구체적으로 진행하였다.[66]

---

61) 김은숙은 발해가 양승경을 파견한 목적이 약 6개월 후에 개시되는 신라정토계획과 관계가 있었을 것으로 보았다(1991, 앞의 논문, p.129)
62) 岸俊男, 1969, 『藤原仲麻呂』, 吉川弘文館 ; 李成市 지음 · 김창석 옮김, 1999, 『동아시아의 왕권과 교역』, p.148 ; 조이옥, 2002, 「8세기 중엽의 발해와 일본의 관계」, 『한국고대사연구』25, p.174 ; 박남수, 2011, 『한국 고대의 동아시아 교역사』, 주류성, p.102.
63) 윤선태는 당시 신라와 일본 간 교역을 살핀 연구를 통해 일본은 성덕왕대 시작된 대일관계 악화 이후 신라와의 공식적인 사절교환을 포기하고 대재부를 창구로 한 양국의 교역관계만을 인정하였다고 보았다(1997, 앞의 논문, pp.44~45).
64) 『속일본기』효겸천황 천평보자 3년(759) 6월 임자.
65) 『속일본기』효겸천황 천평보자 5년(761) 정월 을미.

이러한 일본의 움직임은 신라에 전해졌다.[67] 결과적으로 원인이 어디에 있었든, 경덕왕대 신라는 군사적 대응을 포함하여 체제정비를 하게 된 요인으로 작용할 수밖에 없었다.[68] 6기정의 개편은 일본의 신라 침공을 대비하여 왕경의 수도방위와 밀접한 관련을 지녔던 것으로 보인다.

이에 더하여 당의 내부적 정치 상황은 불안정한 동북아시아의 세력균형을 더욱 요동치게 하였다. 탈라스 전투(751)의 패배로 동서교역로가 차단되었고, 안록산의 난(755)이 일어나 당 현종은 사천성의 성도로 피난해 있었다. 이 때 경덕왕은 현종을 위로하기 위해 사신을 파견하였지만,[69] 사신이 귀국하여 당의 정세를 보고한 후 신라 정부에 적지 않은 영향을 미쳤던 것으로 생각된다.[70]

---

66) 이 군사적 행동계획은 당시 일본의 집권자였던 藤原仲麻呂가 군사적 긴장관계를 조성해서 자신의 집권기반을 강화하려는 목적이 내재되어 있었다(전덕재, 1996, 「신라 중대 대일외교의 추이와 진골귀족의 동향」, 『한국사론』37). 이것은 결국 그의 세력이 약화됨에 따라 신라 침공계획이 흐지부지 된 사실에서 유추해 볼 수 있다(김은숙, 1991, 앞의 논문, p.127).

67) 『속일본기』 기록을 근거로 일본에서 신라로 돌아갔던 사람들에 의해 전해졌을 것으로 본 견해가 있다(酒寄雅志, 1979, 「渤海國家の史的展開と國際關係」, 『朝鮮史研究會論文集』16, p.18).

68) 전덕재, 1996, 앞의 논문, p.29.

69) 『삼국사기』 신라본기 경덕왕 15년 2월 및 『신당서』 열전 145, 발해전.

70) 부병제의 붕괴로 지방군비가 허술한 상황에 중앙 역시 衛士를 대신한 擴騎도 붕괴되어 있어 唐朝의 지배가 파탄을 맞은 것인데, 이에 대처하기 위한 새로운 지배체제가 요구되고 있었다(栗原益南 著·정병준 옮김, 2005, 「안사의 난과 번진(藩鎭) 체제의 전개」, 『세미나 수당오대사』, 서경, p.315). 이를 참고할 때 신라 역시 성덕왕대 丁田이 시행된 후 한 세대가 되어가면서 府兵의 부실화 가능성이 있어, 경덕왕대 체제정비의 필요성을 체감하는데 충분했을 것이다.

이 무렵 당은 황제가 통치하는 전제적 형태를 띠었으나, 외척 등의 발호로 인해 제대로 운영되지 못하고 급기야 난이 일어나 국가의 존립이 위태로운 지경에 이르렀다. 이러한 상황은 경덕왕을 중심으로 한 집권세력에게 체제정비의 계기로서 역할하기에 충분했다.

특히 신라에게 당은 정치·문화적 욕구의 충족대상이면서 동시에 대발해 정책에 있어 정보지원 기능도 있었으므로,[71] 발해와 대치하던 신라에 있어 당의 정치적 혼란은 군사적 긴장을 유발할 수 있는 중대한 사안이었다. 따라서 당의 혼란 역시 신라의 체제정비에 있어 묵인될 수 없는 대외적 요인이었다.

이러한 대외적 불안요인 외에 대내적으로 수취체제의 기반이 되는 농민생활의 열악화 역시 체제정비에 영향을 주기에 충분했다. 이 시기의 기근은 상당했다. 『삼국사기』 성덕왕대의 기록을 살펴보면 재위 2년, 6년, 13~15년 등에 가뭄이나 기근이 보이고, 특히 6년에는 대흉년이었으며 2월부터 7월까지 약 6개월간 구휼한 것으로 기록되어 있다.

『삼국유사』 성덕왕조에는 "제33대 성덕왕 신룡 2년 병오(706)에 흉년이 들어 백성들이 몹시 굶주렸다. 그 이듬해인 정미(707) 정월 초하루부터 7월 30일에 이르기까지 백성을 구제하기 위하여 곡식을 나누어 주었는데 한 식구에 하루 三升씩으로 정했다. 일을 마치고 계산해 보니 도합 30만 500석이었다"라고 하여, 당시의 기근이 일시적인

---

71) 신라는 내왕한 당의 사신을 통해 발해에 관한 내부정보를 제공받았을 것으로 추측된다(浜田耕策, 1995, 「留唐學僧戒融の日本歸國をめぐる渤海と新羅」, 『日本古代の傳承と東アジア』, pp.420~421 ; 권덕영, 1996, 『신라 견당사 연구』, 한국정신문화연구원 한국학대학원 박사학위논문, p.61).

현상이 아니고 그 피해 규모 또한 적지 않았음을 볼 수 있다.

또한 『삼국유사』 기이편 수로부인조의 내용을 살펴보면 純貞公[72]이 강릉태수로 부임하는 도중에 수로부인이 바닷가에서 용에게 납치되었다가 풀려난 기록이 있다. 약간 신이한 요소가 있지만 지방민의 동향과 관련지어 볼 때, 기근과 흉년 등 경제적으로 어려운 현실이 계속되어 생계 자체가 위협받게 되자 명주 지방의 백성이 반발하였고, 그것이 납치사건으로 나타났으며 시간이 흘러 설화 형태로 남게 된 것으로 생각된다. 민생의 불안정이 성덕왕대 중반 정전의 지급 이후 소강상태를 보이다가 경덕왕대 들어서 다시 기승을 부린 것이다. 그러한 모습은 다음에서도 확인된다.

> A-16 溟州에 흉년이 들어 사람들이 모두 굶주렸다. 律師는 이들을 위하여 계법을 설하니 사람마다 받들어 삼보에 공경을 다하였는데 갑자기 高城 바닷가에 무수히 많은 물고기들이 저절로 나와 죽었다. 사람들이 이것을 팔아서 먹을 것을 장만해 죽음을 면할 수 있었다(『삼국유사』 의해 관동풍악발연수석기).

위의 사료 A-16은 경덕왕대 법상종 승려인 진표의 傳法 활동과 관련한 것인데, 흉년이 들어 사람들이 모두 굶주렸다고 하여 어려운 현실을 보여주고 있다. 표현대로 믿을 수는 없지만, 당시 民의 어려운 현실만은 사실인 듯하다. 지리적 위치는 다르지만 동시대인 다음의 기록 역시 그러한 모습을 보여준다.

---

72) 純貞公이 누구인지는 확실하지 않으나 경덕왕의 첫째 妃였던 사량부인의 父인 金順貞과 동일인일 가능성도 생각해 볼 수 있겠다. 이에 대해 양자를 동일한 인물로 파악한 견해가 있다(전덕재, 1996, 앞의 논문, pp.23~24).

A-17 웅천주의 향덕이란 사람은 가난하여 부모를 봉양할 수 없어 자기
　　　다리의 살을 베어 그 아비에게 먹였다. 왕이 이를 듣고 자못 후히
　　　하사하는 동시에 그 문려를 정표하였다(『삼국사기』신라본기 경
　　　덕왕 14년 및 『삼국사기』열전 향덕).

위의 사료 A-17에 따르면 웅천주의 향덕이 가난하여 부모를 봉양
하기 위해 割股供親하여 포상을[73] 받았다고 한다. 특이한 사례로 보
이기도 하지만, 『삼국사기』의 경덕왕 재위 13·14년에 연이어 기근
기사가 실려 있음을 볼 때 백성들의 기근은 일반적 현상이었던 것 같
다.[74]

곧 사료상에 나타난 사례는 향덕만의 처지가 아니었으며 당시 백
성의 전반적인 경제적 현실이 상징적으로 축약되어 있는 것이다.
「촌락문서」에 촌락의 사망자 수가 출생자 수를 웃돌고 있는 점, 60세
이상의 사람이 극소수에 지나지 않는 점, 농촌의 호구 이동현상이 뚜
렷한 점 등을 바탕으로 할 때 당시의 사회·경제적 피폐 상황은 농민
층의 생활조건이 매우 열악했음을 설명하기에 충분하다.

경덕왕은 재위 8년(749) 천문박사 1인과 누각박사 6인을 증치[75]한
바 있는데, 이는 자연재해 등에 좀더 체계적인 대응을 하기 위해 시
행한 정책으로 보인다. 경제난으로 인해 야기될 수 있는 민심이반을
사전에 차단하여 사회안정을 유도한 시책이었다. 하지만 5년 뒤에

---

73) 김선숙은 孝를 권장하기 위해 실천한 신하와 백성들에게 시행한 정려표창의
　　조처로 보았다(2007, 앞의 논문, p.67). 물론 이 견해가 설득력이 없는 것은 아
　　니나, 이 경우는 효행보다는 체제 안정을 위한 민심위무라는 표현이 보다 적
　　합하지 않을까 한다.
74) 『삼국사기』신라본기 경덕왕 13년 8월 및 14년.
75) 『삼국사기』신라본기 경덕왕 8년 3월.

향덕의 이야기가 발생했다는 것은 사후적 대책일 뿐 효율적인 예비조치가 되지 못했음을 보여준다.

따라서 이러한 현실상황에서 국가의 수취가 제대로 수행되지는 못했을 것이다. 설령 수취가 이루어지더라도 그것은 백성의 경제적 고통만 가중시켰을 것이므로 수취가 원만했다고 보기는 힘들다.

결국 향덕이나 명주 지방민에서 보았듯 민의 열악한 경제적 현실은 기근이 직접적 원인이기는 했지만, 근본적으로 수취구조를 포함한 제도를 개혁하지 않고서는 해결될 수 없는 상황이었다. 따라서 기층민의 경제적 극빈화는 대민수취와 밀접하게 연계되어 있는 지방제도의 개편을 압박하는 또 다른 요인이 되기에 충분했다.

요컨대 唐의 등주를 공격하며 군사적으로 팽창을 하던 무왕대 발해, 악화된 외교관계로 인해 신라 침공을 준비하던 일본, 탈라스 전투와 안록산의 난 이후 약화되고 정치적 혼란을 겪고 있던 당, 이 모든 대외적 사건들은 체제정비의 요인이 되기에 충분했으며 더하여 향덕의 할고공친 기사가 상징하듯 민의 극빈화는 수취에 영향을 주게 되었고 결국 지방제도 개편의 주요 배경이 되었다.

2. 6畿停의 설치와 군사제도의 재편

경덕왕대 군현제의 개편은 율령체제를 뒷받침할 수 있는 군사력의 정비와 경제력의 확보가 주된 방향이었다. 대외관계의 불안정 요소 가운데 일본의 신라 정토계획 등은 경덕왕대 집권세력에게 매우 시급한 현안이었다. 그것은 왕도 방어와 불가분의 관련이 있는 6기정의 개편이 군현 개편과 더불어 시행된 사실에서 알 수 있다.[76] 6기정의 표현 중 「畿」라는 지역적 중요성과 「停」이라는 군사조직이 모두 나타나고 있어 이를 방증한다.

그렇다면 기존의 6기정에 어떠한 기능적 필요성이 대두되어 개편이 되었을까? 삼국통일 이전은 제외하더라도 경덕왕대에서 시간적으로 그리 멀지 않은 시점인 성덕왕대 일본과 외교관계가 상당히 악화되고, 그에 따라 큰 전투를 치른 바 있어[77] 동해방에 편재한 왕경의 지리적 취약성이 노출되어 있었다. 북쪽의 발해도 군사적 위협이었지만 왕경에 직접 노출된 위협을 고려한다면 일본에 상대가 될 수 없었다. 신라 중앙정부로서는 비공식적 대일교섭을 통한 긴장완화를 시도했을 가능성도 있지만, 근본적으로 군사력과 군사조직의 정비만이 실질적 대응이 될 수 있었다. 이러한 요인이 6기정의 개편 배경이 되었다.

기존의 6기정이 어떠한 상태였는지 확인하기 위해서는 그것의 설치시기에 대한 이해[78]가 필요하나 『삼국사기』에 직접적인 기록은 없

---

76) 木村誠은 6기정의 설치를 "唐制의 모방으로써 중국적 王畿제도의 萌芽이며, 고려시대 왕기의 原形으로 판단된다"고 하며 제도사적인 면에서 평가하고 있는데(2004, 『古代朝鮮の國家と社會』, 吉川弘文館, pp.123~136), 일단 체제정비에 있어 6기정이 지니는 의미는 결코 작지 않았다고 하겠다.

77) 『삼국사기』 신라본기 성덕왕 21년 10월 및 동왕 30년 4월.

78) 6기정의 설치에 대해서는 견해가 나뉘어 있다. 첫째 『양서』 신라전에 보이는 「육탁평」을 6기정과 관련지어 6세기 초는 보는 견해이며(이기백·이기동, 1982, 앞의 책, p.225 ; 이인철, 1993, 앞의 책, p.301), 둘째 진흥왕 5년(544) 10정 설치시 같이 두어진 것으로 보는 견해가 있으며(안정복, 『동사강목』제3 상, 갑자조), 이문기는 6탁평과 6기정이 아닌 6부라 지적하고 안정복의 견해를 따르고 있다(이문기, 2009, 앞의 논문, pp.112~113).

다. 관련해서 다음을 참고한다.

> B-1 신라에서는 城을 健牟羅라 부르며 그 읍이 (건모라) 안에 있는 것
> 은 啄評이라 하고, 밖에 있는 것은 邑勒이라 하니 이것은 중국의 군
> 현과 같은 말이다. 나라 안에는 6곳의 탁평과 52곳의 읍륵이 있다
> (『양서』 신라전).

위의 사료 B-1은 중국측의 기록 가운데 '6탁평 52읍륵'과 관련하
여 자주 인용되는 것이다. 우선 6탁평에 대한 실체가 궁금한데 이를
6개 정으로 파악하고 6세기 초에 설치된 것으로 이해한 견해가 있으
나,[79] 그와 달리 6탁평이 왕경의 6부라는 견해도 있어 고찰이 필요하
다.[80]

사실 사료에 나타난 표현대로 해석하면 '안에 탁평, 밖에 읍륵이
있으며 중국의 군현과 같다'는 것이다. 이는 탁평과 읍륵이 각기 대
칭되는 것으로 군현이라는 점에서 탁평은 중앙행정구역을, 읍륵은[81]

---

79) 이기백 · 이기동, 1982, 앞의 책, p.225.
80) 이문기, 2009, 앞의 논문, p.112. 이와 관련하여 王宮, 王京, 王都, 王畿에 대한
   개념이 혼동되어 6탁평의 개념과 위치가 6기정과 연관지워 고찰되는 것 같다.
   만일 왕도와 왕기를 엄밀히 구분한다면 양자는 다르게 볼 수밖에 없다. 왕기
   제와 관련한 연구성과는 전덕재의 논저가 참고된다(2009, 『신라 왕경의 역
   사』, 새문사).
81) 읍륵에 대한 견해 역시 다양하게 나뉘어 있으며 다음과 같다. 첫째 외여갑당
   주로 불리는 법당주에 의해 통솔되는 법당군단의 소재지라는 견해(武田幸男,
   1980, 「六朝期における朝鮮三國の國家體制」, 『日本古代史講座』4, pp.50~51 ;
   井上秀雄, 1974, 앞의 책), 둘째 삼한시대 國의 후신으로서 군이라는 견해(末
   松保和, 1954, 앞의 책, pp.393~395), 셋째 군의 치소를 포함하는 행정성 또는
   행정촌이라는 견해(주보돈, 1988, 「신라 중고기의 군사와 촌사」, 『한국고대사
   연구』1), 넷째 성 또는 촌으로 후일 현으로 편제되었다는 견해(김재홍, 1991,

지방군현을 지칭하는 것으로 보는 것이 순리일 듯하다. 『양서』 신라 전의 편찬시기도 고려되어야 하겠지만, 일단 중앙과 지방의 행정구획으로 판단된다. 그러한 점에서 6탁평을 6개의 정으로 보는 견해는 동의하기 어려워 보인다.

> B-2 大成郡 ⋯ 東畿停은 본래 毛只停으로 경덕왕이 改名하였고, 지금은 慶州에 합하였다. 商城郡은 본래 西兄山郡이었는데 경덕왕이 개명하였으며 지금은 慶州에 합하였다. 南畿停은 본래 道品兮停인데 경덕왕이 개명하였고, 지금은 慶州에 합하였다. 中畿停은 본래 根乃停인데 경덕왕이 개명하였고, 지금은 慶州에 합하였다. 西畿停은 본래 豆良彌知停이었는데 경덕왕이 개명하였고, 지금은 慶州에 합하였다. 北畿停은 본래 雨谷停이었는데 경덕왕이 개명하였고, 지금은 慶州에 합하였다. 莫邪停은 본래 官阿良之停(北阿良이라고도 한다)이었는데 경덕왕이 개명하였고, 지금은 慶州에 합하였다(『삼국사기』 지리지 신라).

> B-3 도성 안에 仇力(주 : 대성군) · 西兄山(주 : 상성군) 2군을 두고 6정을 나누어 설치하였다. 毛只停(주 : 동기) · 道品兮停(주 : 남기) · 豆良彌知停(주 : 서기) · 雨谷停(주 : 북기) · 根乃停(주 : 중기) · 官阿良之停(주 : 막야)인데 모두 왕성을 鎭衛하였다(『동사강목』 제3 상, 갑자년, 진흥왕 5년).

위의 사료 B-2는 『삼국사기』 지리지의 6기정 관련 기사이며, 사료 B-3은 『동사강목』에 나타난 6기정 관련 기사이다. 사료들을 보면

「신라 중고기의 촌제와 지방사회구조」, 『한국사연구』72, p.25), 다섯째 신라 중대의 군이라는 견해(이종욱, 1974, 「남산신성비를 통하여 본 신라의 지방통치체제」, 『역사학보』64, p.43) 등이다.

『삼국사기』 지리지와 『동사강목』에 보이는 6기정이 내용상 모두 일치하고 있어 사실로 보아도 좋을 듯한데, 사료 B-3의 경우 설치시기가 甲子(진흥왕 5년, 544)라 하여 주의가 요망된다. 진흥왕 5년은 10정의 설치시기와 같은데 10정의 위치상 그 시기에 설치가 불가능했던 점을 고려할 때, 6기정 역시 신빙성에 의문이 따른다. 표현에서 6기정이라 한 것은 경덕왕대 군현개편이 이루어진 후에 적용될 수 있기 때문이다. 6기정 이전에 6개의 정은 존재 가능하나 표현대로 「6기정」 형태의 완비는 아니기 때문이다.

구체적으로 확인되지는 않지만 군사구역으로서 왕경 수위의 기능을 하였던 지역임은 명칭에서 확인된다. 6기정이 위치했던 대성·상성의 양군은 경주를 둘러싸고 있는 특수한 군의 성격을 지녔던 것만은 확실해 보인다. 『삼국사기』 지리지에 나타난 일반 군이 대체로 3~4개의 일반 영현을 가졌던 것과 달리, 상성군은 영현이 없이 단순히 停으로만 편성된 조직의 형태이며, 대성군 역시 3성·1정·1현으로 구성되어 있어서 양군의 조직은 일반 군과는 사뭇 다른 모습을 보인다. 이들 지역은 특별한 군사적 통제가 있었던 곳이다.[82]

신라는 삼십구여갑당[83]이라 하여 경여갑당, 소경여갑당, 외여갑당이 존재했다. 시기상 삼십구여갑당은 「소경여갑당」이라는 표현이

---

82) 그와 관련한 사료가 없어 구체적인 지배방식을 설명하기는 힘들다. 다만 진의 설치 지역은 일반 군현과는 달리 다른 통치방식이 적용되었을 것으로 본 연구가 있는데(이인철, 1993, 앞의 책, p.227), 이를 참고할 때 6기정 지역 역시 기타 군현과는 다른 지배체제가 실시되었다고 생각된다.
83) 이인철은 삼십구여갑당이 6세기 초 신라 중고기에 창설된 것으로 보았으나(1993, 앞의 책, pp.300~301), 필자는 신문왕대 5소경 정비 이후로 생각하여 685년 이후에 완편된 것으로 생각한다.

있으므로, 5소경이 정비된 이후(685)에 성립한 것으로 보인다. 또한 6기정이 왕도 주위에 위치했고 시간상 경덕왕대 정비되었다는 점도 고려해야 한다. 이에 대해서는 四設幢이 주둔한 곳이라는 견해가 있고,[84] 경여갑당이라는 견해도 제시되어 있다.[85]

하지만 왕도 주위를 위수하는 곳에 존재하는 군사조직으로는 위상이나 편제가 상당히 취약해 보인다. 표 9에서 확인되듯 사설당은 4개의 기능성 군사조직인데, 그러한 4개 조직이 6곳에 분산하여 존재한다는 것은 설득력이 약해 보인다. 또한 경여갑당은 표 9에서 배치된 군관수를 살펴보면 법당감 15인과 법당화척 15인으로 되어 있는데, 이를 근간으로 병력이 편성될 경우 군단의 위상이나 규모가 상당히 왜소하여 왕도 주둔 군사조직으로는 격이 맞지 않는다.

따라서 별개의 군사조직이 존재했을 것으로 생각되는데, 가능성이 높은 것이 대당이다. 대당은 신라중고기부터 군사력의 핵심이지만, 언제부터인가 신라중대에는 그 모습이 잘 살펴지지 않는다. 이는 대당이 폐지되었거나 개편되었을 가능성을 생각케 한다. 지방에 소재했던 5정이 10정으로 전환된 사례를 생각하면, 대당의 폐지는 신라의 군사력을 감안할 때 쉽지 않은 결정이다. 오히려 그보다는 귀족의 사병적 성격이 신라중대의 율령체제에 적합하도록 탈색되고 조직이 개편되었다고 보는 것이 순리일 듯하다. 환언하면 대당이 신라중대에 들어 왕경 주위의 6개 요충지에 분산 배치되었을 것으로 보

---

84) 武田幸男, 1984, 「中古新羅の軍事的基盤-法幢軍團とその展開」, 『西嶋定生還曆紀念東アジアにおはる國家と農民』, p.241.
85) 이인철, 1993, 앞의 책, pp.301~302 및 pp.391~392.

인다.[86]

6기정의 개편과 더불어 시위부도 체제가 정비되어 신라중대 왕실의 친위군으로서 보다 확고하게 위치하였다.[87] 경덕왕 16년(757) 군현개편 직후 6기정의 명칭과 군현 영속관계를 정리하면 다음과 같다.

표 8 _ 6기정의 개명과 영속관계

구분	개편전 명칭	개편후 명칭	영속 군명	현재 위치[88]
가)	毛只停	東畿停	大城郡	경주시 동방동
나)	道品兮停	南畿停	商城郡	경주시 남산동 일대
다)	根乃停	中畿停	〃	경주시 건천읍 일대
라)	豆良彌知停	西畿停	〃	경주시 서면
마)	雨谷停	北畿停	〃	경주시 견곡면
바)	官阿良支停	莫耶停	〃	경주시 천북면

위의 표 8에 따르면 6기정 모두 방향을 칭하고 있으나, 바) 莫耶停은 예외적으로 되어 있다. 기존의 명칭을 유지한 것도 아니며 표현상

---

86) 이문기, 1997, 앞의 책, pp.363~365에 근거가 제시되어 있어 참고된다. 전덕재 또한 6기정은 왕도의 수비를 위해 설치된 군대주둔지이고 전략적 요충지에 위치했을 것으로 보았다(2009, 앞의 책, p.64).

87) 이문기는 『구당서』 신라전에 보이는 사자대를 시위부의 별칭으로 이해하고, 경덕왕대 군제개혁을 통하여 규모가 3,000명을 포괄하는 군사조직으로 크게 확대되었으며 임무도 국왕과 왕실집단의 호종과 경호, 궁성의 숙위와 경비 등 본연의 업무뿐만 아니라 왕도인 금성을 지키는 수비부대로 더욱 넓어졌다고 하였다(2009, 앞의 논문, pp.122~124).

88) 정구복 외, 1997, 『역주삼국사기』4(주석편 하), 한국정신문화연구원, pp.211~213.

군사조직 관련성도 드러나지 않는다. 하지만 6기정에 엄연히 포함되어 있으므로 군사조직 자체를 의심하기는 힘들다. 그러면 왜 이런 현상이 나타났을까?

6기정의 수위지역을 살펴보면[89] 5기정은 왕도 주변의 동서남북 중 각 지역을 군사활동 영역으로 정했던 것으로 추측되는데, 막야정만은 특정한 배속지역의 표시없이 나타나고 있어 궁금하다.

여기에서 막야라는 표현을 고찰하는 것이 실마리가 되지 않을까 한다. 『荀子』性惡편에 막야라는 표현이 보이는데, 名劍을 뜻하고 있어 군사조직인 막야정과 연결해 볼 수 있을 것 같다.[90] 막야는 명검을 뜻하는 말로 사용되었는데, 바로 이 막야가 신라 왕도를 수위하는 군사구역의 명칭으로 사용되고 있는 것이다. 우연이라고 하기에는 간단치 않아 보인다.

아마도 신라에서 그 유래와 의미를 알고 있었기에 명검을 뜻하는 「막야」라는 명칭을 사용함으로써 정예 군사조직의 이미지를 각인시키고자 했던 것 같다. 앞서 살핀 5기정이 왕도의 특정 지역을 할당받아 위수했던 것에 비하여, 막야정은 예비 전력으로 활용되지 않았나 싶다. 일반적으로 군단을 배치할 경우 비상 전력으로서 후방군단 또

---

89) 이문기는 기존 견해와 사료를 종합하여 6기정의 위치를 비정하였는데, 첫째 왕도 주변의 지역, 둘째 방어시설인 성곽의 존재와 활용, 셋째 왕도 주변 주요 교통로 통제 가능한 곳 등을 조건으로 파악하였다(2009, 앞의 논문, pp.127~140). 이와 관련해 전덕재는 6기정을 5通과 관련지워 위치고증을 시도하였다(2009, 앞의 책, pp.61~62).

90) 『荀子』性惡篇에 "桓公之蔥 太公之闕 文王之錄 莊君之曶 闔閭之干將莫邪 鉅闕辟閭 此皆古之良劍也 然而不加砥厲則不能利 不得人力則不能斷"이라 하였다.

는 예비군단을 편제함을 고려할 때 가능성이 높다. 이 시기 시위부가 왕궁의 호위를 전담했으므로 6기정은 중복된 임무를 수행하지는 않았을 것이므로, 막야정이 왕경 내부와는 별도로 왕도 외곽의 수위 기능을 전담하며 존재했고, 5기정이 모두 배속된 상황에서 추가 예비 전력으로 존재했던 것이다.

대외정세의 변동을 배경으로 왕도 주위 6기정을 정비한 경덕왕은 군제에 대해서 재정비에 나섰다. 개혁의 주된 배경은 앞에서 고찰했던 발해의 팽창과 대일관계 악화가 주된 요인이었지만, 삼국통일 당시 편제된 것으로 생각되는 신라의 군제는 새로운 점검이 필요한 시기이기도 했다. 신라가 당군을 축출한 해(676)로부터 경덕왕대 군현개편시(757)까지는 70여 년이라는 시간이 경과하였고, 군 편제 역시 군사조직 자체의 효율성은 물론 병력충원 방식 또한 기존과는 달라져야 했다.

『삼국사기』 직관지 무관조의 23개 군사조직, 즉 23軍號의 존치시기에 대한 재고찰이 필요할 듯하다. 23군호와 제군관을 정리하여 제시하면 표 9와 같다.

표 9[91]를 보면 23군호에 군관 배속이 균형적으로 되어있지 않음을 볼 수 있다. 군관이 6정, 9서당, 10정, 5주서 등에 집중하여 배치되어 있으며, 기타 군호에는 존재가 의심될 정도로 편제가 빈약함을 알 수 있다. 또한 23개 군호가 동시에 설치된 군사조직인지도 의문이 든다. 이러한 이유로 관련 연구 역시 위에 언급한 군호에 집중되어 왔고,

---

91) 『삼국사기』 직관지 무관조 23군호 가운데 급당, 중당, 구칠당, 이계당, 이궁, 삼변수당, 신삼천당 등은 군관수 미상으로 제외하였다.

표 9_ 23軍號의 軍官 배속현황92)

軍號名	軍官名		王都	大停						九誓幢									十停										五州誓					罽衿幢	三武幢		四千幢
				大	上	漢	完	河	牛	綠	紫	白	緋	黃	黑	碧	赤	靑	音	古	居	三	召	未	南	骨	伐	伊	菁	漢	完	牛	河	白	赤	靑	
1	將軍		4	4	3	3	2	2	2	2	2	2	2	2	2	2	2	2																			
2	대관대감	領騎	5	5	4	4	4	4	4	3	3	3	3	3	3	3	3	3																			
		領步	5	5	4	4	4	4	4	4	4	4	4	4	4	4	4	4	1	1	1	1	1	1	1	1	1	1									
3	대대감	領騎	3	3	2	2	0	2	2	3	3	3	3	3	3	3	3	3	1	1	1	1	1	1	1	1	1	1									1
		領步	2	2	2	2	2	2	2	2	2	2	2	0	2	2	2	2	1	1	1	1	1	1	1	1	1	1									1
4	제감	領步	1	1	1	1	1	1	1	4	4	4	4	4	4	4	4	4	1	1	1	1	1	1	1	1	1	1								1	1
5	감사지		1	1	1	1	1	1	1	2	2	2	2	2	2	2	2	2	1	1	1	1	1	1	1	1	1	1								1	1
6	소감	領騎	15	15	15	13	12	13	13	13	13	13	13	13	13	13	13	13	2	2	2	2	2	2	2	2	2	2	3	3	3				1		
		領步	15	15	13	13	13	13	13	13	13	13	13	13	13	13	13	13	2	2	2	2	2	2	2	2	2	2	3	3	3				1		
7	화척	領騎	6	6	6	4	0	4	4	4	8	4	4	4	4	4	4	4	9	9	9								9	9	9						
		領步	4	4	4	0	4	4	4	6	0	6	6	6	6	6	6	6											2	2	2						
8	군사당주		1	1	1	1	1	1	1	10	10	13	10	13	13	13	13	13											2	2	2					1	1
9	대장척당주		1	1	1	1	1	1	1	10	10	10	10	10	10	10	10	10											2	2	2					1	1
10	보기당주		6	6	6	4	0	4	4	6	6	6	6	6	6	6	6	6											6	6	4	4			2	2	1
11	삼천당주		1	1	1	1	1	1	1			4	4	0	4	4	4	4											6	6	4	4			2	2	1
12	착금기당주																												6	6	6	3	1	2	1	1	
13	비금당주		3	3								18	18	18	18	18	18	18											18	18	18	18	18	18			3

92) 군관명 중 음영 표시된 비금당, 사자금당, 만보당의 말주는 9서당과는 무관하며 9주에 배속된 것인데, 필자가 [표] 작성공간 편의상 삽입하였음을 밝힌다.

軍號名 · 軍官名 分布表

番號	軍號名	四千幢	京五種幢	二節末幢	百官幢	京餘甲幢	外餘甲幢	石投幢	衝幢	弩幢	雲梯幢	餘甲幢	外法幢	軍師幢	師子衿幢
14	사자금주 법당주	3													
15	법당주														
16	흑의장창말주	30	22	28	20	20	20								
17	삼무당주	20	0	20	0	20	20								16 16 16
18	만보당주		24	20	20	20	20								16 16 16
19	군사당	2	2	2	2	2	2								
20	대장대감	1	1	1	1	1	1								
21	보기당	6	4	4	4	4	4								
22	삼천감	2	2	2	2	2	2	15	6		6				
23	사자금당감	2	2	2	2	2	2	15	6		6		6		
24	법당감	1	1	1	1	1	1	15	6		6		6		
25	비금감	1	1	0	1	1	1	15	6		6		6		
26	착금감	18	18	18	18	18	18	15	6		6		3		
27	개지극당감	4						15	6		6		3		3
28	법당두상							15	6		6		6		
29	법당화척							15	6		6				
30	법당벽주							15	6		6				
31	삼천졸							15	6		6				

軍官名	四千幢	京五種幢	二節末幢	百官幢	京餘甲幢	外餘甲幢	石投幢	衝幢	弩幢	雲梯幢	餘甲幢	外法幢	軍師幢	師子衿幢
18 만보당주	15	4		30	15	68	12	12	40	12	45			
24 법당감					15	102	18	18	45	11	45	102	30	20
28 법당두상														
29 법당화척														
30 법당벽주									135			306		

무관조 기록의 반영시기에 대해서도 다양한 견해가 제시되어 있다.[93]

23군호의 존치시기에 대해서 신라중고기와 통일기의 것으로 나누어 파악한 견해가 있지만,[94] 여전히 논증이 보완되어야 할 부분이 있다. 일단 주명을 차용한 군호의 경우 존속시기가 고려되어야 할 것 같다. 경덕왕대 군현개편시 기존 명칭은 새롭게 바뀌었을 것인데, 오주서, 신삼천당, 삼변수당, 이궁 등이 이에 해당한다.

5주서의 경우[95] 문무왕 12년(672)에 9주 가운데 일부에만 설치된

---

93) 『삼국사기』 직관지 무관조 기사에 대한 연구자의 시각은 다양한 편인데 정리하면 다음과 같다. 첫째 여러 시대의 사실이 혼합된 것이라는 견해(末松保和, 1954, 앞의 책, pp.359~367), 둘째 神文王 10년에 근접한 시기의 것이라는 견해(井上秀雄, 1974, 앞의 책), 셋째 武烈王 8년·文武王 원년·8년의 정벌군단 편성시 임시군관 배치표라는 견해(李成市, 1979, 「新羅六停の再檢討」, 『朝鮮學報』92), 넷째 시위부는 681년~9세기 전반, 일반 군호는 경덕왕 전후, 군관직은 7세기 후반이라는 견해(이문기, 1990, 「'삼국사기' 직관지 무관조의 사료적 검토」, 『역사교육논집』5), 다섯째 중고기 이전·중고기·통일기 시기를 모두 포함한 것이라는 견해(노근석, 1992, 「신라 중고기의 군사조직과 지휘체계」, 『한국고대사연구』5) 등이 있다. 필자 역시 『삼국사기』 직관지 무관조의 기사가 적어도 동일한 시기에 편성된 것으로는 생각되지 않는다. 예를 들면 군단의 칭호 등에 있어서 '10정'의 고유적 명칭과 '5주서'의 한식 표현은 군단편성에 있어 일관성을 찾기가 힘들기 때문이다.

94) 이인철은 6정, 10정, 삼천당, 서당, 사천당, 낭당, 시위부, 계금당, 이궁 등을 신라 중고기 군사조직으로, 시위부, 9서당, 삼무당, 오주서, 착금서당, 10정, 삼천당, 비금당, 만보당, 사자금당, 노당 등을 통일기 군사조직으로 파악하였다(1993, 앞의 책, pp.325~328).

95) 5주서가 통일 이후에도 지속되었는지는 의문이 든다. 이미 무관조에 기록된 일반 군호의 존재시기를 경덕왕대 전후로 파악된 바 있다(이문기, 1997, 앞의 책). 필자는 5주서의 경우 9주체제 가운데 북쪽 변경이 아닌 신라본토 내에서

것인데, 위치를 보면 신문왕대 5소경을 연상케 한다. 위치는 조금 다르지만 소백산맥 외곽에 위치함으로써 당군축출시까지 옛 신라 지역 방어에 활용된 것이 아닌가 여겨진다.

더하여 신삼천당 역시 5주서와 무관치 않아 보인다. 문무왕 12년(672)에 牛首州·柰吐郡 삼천당이 설치되고, 동왕 16년(676)에 柰生郡 삼천당이 설치되었다. 통일전쟁 당시 신라의 북변 지역이며, 매소성 전투(676)를 참고할 때, 당군의 침략에 대응하여 집중적으로 설치된 군호들이다.

이 때 신삼천당이 칭한 주명 혹은 군명은 경덕왕대 군현개편 이전이므로, 개칭 후 우수주는 朔州, 내토군은 柰堤郡(삭주), 내생군은 內城郡(영월)으로 각기 바뀌었다. 아마 신삼천당이 폐지되지 않았다면 당연히 개편후의 명칭으로 변동되었을 것이라 생각된다. 삼변수당의 漢山邊, 牛首邊, 河西邊 역시 그러했을 것이며, 이궁의 한산주궁척, 하서주궁척 역시 동일한 방식이 적용되었을 것이다. 실제로 그러한 모습을 보여주는 사료가 있어 참고된다.

> B-4 경덕왕대 熊川州停에 장군 3인을 증원했다(『삼국사기』 직관지 무관).

위의 사료 B-4는 10정의 변화 모습을 보여준다. 웅천주정에 장군 3인을 더 두었다 하는데, 『삼국사기』 무관조를 살펴보면 웅천주정이라는 지방군단은 존재하지 않는다. 간혹 통일전쟁 중에는 지역을 나

일부 주에만 설치된 군사조직으로서 운영된다는 것은 현실적으로 어려웠다고 생각하며, 어느 시점에 확대되거나 폐지되었을 것으로 본다.

타내는 표현으로써 停이 등장하지만,[96] 이 시기는 그와 거리가 멀어 가능성이 낮다.

대체로 신라 통일기에 지방에 설치된 10정군단 가운데, 현재의 충청도 청양지방에 주둔했던 고양부리정을 지칭하는 것으로 이해된다. 고양부리정에 군현개편의 모습이 반영된 것으로 판단되는데, 즉 '고양부리정→웅천주정→웅주정'으로 이어졌다고 하겠다. 10정의 명칭은 시기가 확실하지는 않지만,[97] 언제부터인가 주의 명칭을 사용했던 것으로 보인다. 웅천주가 웅주로 개명되면서 웅천주정은 웅주정으로 개명되었을 것이라 여겨진다. 이를 참고할 때 나머지 다른 주의 정 역시 주명으로 개칭되었을 것이라 생각된다.[98]

다만 〈高仙寺誓幢和尙碑〉의 "喜里火三千幢主"라는 기록을 고려한다면 전적으로 개편된 명칭만 사용되었다고 단정하기 힘들다. 비록 신라하대의 것이지만 사실로 확인되기 때문이다. 대략 개편된 이후에도 양자가 혼용되었을 가능성이 있을 것으로 추측된다. 신라하대 시행된 일부 군현조정시 경덕왕대의 개편된 지명이 근간을 유지한다는 점에서 가능성을 생각해 볼 수 있다. 그렇지 않을 경우 개편 후의 지명과 통일되지 않은 명칭의 사용은 체제정비의 목적과 부합

---

96) 문무왕 원년(661) 8월 김유신 등이 고구려 정벌시 도착했던 始飴谷停(충남 금산 추부일대)과 동년 9월 10일 문무왕이 진주했던 熊峴停(충남 회덕) 등이 그러하다.

97) 경덕왕대 군현 개편이 이루어졌으므로 시기상 가능성이 제일 많으나, 軍制는 일정한 시차를 두고 개편하였을 수도 있어 단정하기는 어렵다.

98) 10정 가운데 한주에 설치된 남천정과 골내근정의 명칭이 문제가 되는데, 이들 2개 정은 한주정으로 명칭이 통일된 후, 기존 2개 지역에 그대로 분산 주둔하였을 것으로 생각한다. 양자가 통합되었을 가능성이 없는 것은 아니지만 『삼국사기』지리지 군현명을 볼 때 가능성은 낮다.

되지 않는다는 점에서 존재가능성은 희박해진다. 가령 삼변수당의 한산변, 우수변, 하서변 등이 한주, 삭주, 명주와는 양립할 수 없는 것이다.

결국 경덕왕대 군제의 재정비는 개편된 군현명으로 통일된 군사조직의 편제로 나타났을 것이며, 이는 군사조직 운영에 있어 효율성을 높이는 결과를 보였을 것이다.

다음으로 병력충원 방식 역시 변화했을 것이라 보여진다. 대표적인 중앙군단인 9서당을 살펴보면 녹금·자금·비금은 신라인, 백금·청금은 백제인, 벽금·적금은 보덕국인, 황금은 고구려인, 흑금은 말갈인으로 편성되었다. 이러한 방식이 통일초기에는 민족화합이라는 차원에서 가능했겠지만,[99] 반세기가 경과한 신라중대의 충원기준으로는 한계가 있었다.

여제라는 지역의식이 완전히 몰각되지는 않았겠지만, 삼국민의 구분은 더 이상 필요하지도 가능하지도 않았다. 아마 시간이 경과하면서 그러한 의식을 탈피한 새로운 병력충원 방식으로 운영되었을 것으로 보이는데, 9주를 새로운 틀로 하는 병력충원이다.

위의 표 9에서 제군관 가운데 비금당, 사자금당, 만보당의 당주는 공히 9주에 배속된 것으로 되어있다. 군사조직이 임의로 특정지역에 주둔하는 것이 아니라, 지방제도의 틀인 9주체제 내에 존재하는 것

---

99) 9서당을 신라 중앙정부가 이민족을 포용하려는 차원에서 시행한 정책으로 보는 것이 학계의 통설이다. 이에 대해서는 다음의 연구들이 참고된다(末松保和, 1954, 앞의 책, pp.286~296 ; 井上秀雄, 1974, 앞의 책, p.179 ; 村上四男, 1978, 「新羅外位 投降者 授位」, 『朝鮮古代史研究』, 開明書院, pp.8~12 ; 김철준, 1978, 앞의 책, p.60).

이다. 이는 해당 군사조직의 병력 충원과 운영에 있어 9주가 무관하지 않음을 말한다. 삼국통일전쟁 당시 취도의 사례에서 보았듯 지원병이 군사력 강화에 일조한 시기도 있었지만, 본질적으로 율령체제 하에서 의무병이 근간을 형성했다고 여겨지며 9주의 民이 대상이었을 것이다.

표 9에 따르면 비금당주 3인, 사자금당주 3인, 만보당주 2인씩 각각 설치되어 이들을 중심으로 군단이 구성되면 州治의 상비군으로써 충분한 수준은 아니지만, 10정이 9주에 배치되어 지방 군사력의 중핵을 형성하는 상황에서 군사력 운용에 부담은 없었을 것이다.

이러한 주를 중심으로 한 군단개편은 지휘체계에 있어 변화를 유발했다. 신라하대의 사례이지만 주의 장관인 도독의 군사적 지휘권이 강화되는 모습에서 그러한 모습을 살펴볼 수 있다.

> B-5 熊川州도독 憲昌이 아버지인 周元이 왕이 되지 못한 것을 이유로 반란을 일으켜 국호를 長安이라 하고, 연호를 세워 慶雲 원년이라 하였다. 武珍 · 完山 · 菁 · 沙伐州 등 4주의 도독과 國原 · 西原 · 金官京의 仕臣 및 여러 군현의 수령을 위협하여 자기 소속으로 하니 菁州도독인 向榮이 몸을 빼어 推火郡으로 달아났고, 漢山 · 牛頭 · 歃良 · 浿江 · 北原 등은 먼저 헌창의 역모를 알고 군대를 일으켜 스스로 지켰다(『삼국사기』 신라본기 헌덕왕 14년 3월).

> B-6 헌창의 아들 범문이 高達山賊 壽神 등 100여 인과 함께 모반하여 도읍을 평양에 정하려 하여 북한산주를 치자, 도독 聰明이 군사를 이끌고 그를 잡아 죽였다(『삼국사기』 신라본기 헌덕왕 17년 3월).

사료 B-5, 6은 김헌창 父子의 반란과 관련된 것이다. 내용을 보면 漢山州 · 牛頭州 · 歃良州 및 浿江鎭 등이 각기 거병하여 自守하였다

고 한다. 주의 장관인 도독이 스스로를 방어하는 모습으로, 도독이
주의 군사를 동원하고 지휘했음을 보여준 사례이다. 김범문의 반란
(825)시에도 한산주도독인 총명이 지휘권을 행사한 것에서도 확인된
다.[100]

軍制에 있어 주의 역할과 기능이 강화된 결과인데, 이를 9주정체
제라 불러도 좋을 것 같다.[101] 다만 기존 10정 가운데 주 직할지에 주
둔했던 음리화정, 미다부리정, 남천정, 벌력천정 등의 주둔지가 사실
상 州治라는 점에서 중복되므로 이에 대한 정리는 필요할 것 같다.
'비금당 - 사자금당 - 만보당'으로 편성된 주 병력을 '州治停'이라
하고 9주정 체제라 한다면, 지방군단의 주력인 기존의 10정 위상에
변화가 수반되어야 할 것으로 보인다. 물론 이 때의 변화는 주치정보
다 낮은 단계로 편제되어야 한다고 여겨지는데, 현실적으로 가능했
을지는 의문이 든다.

따라서 경덕왕대 9주정의 근간은 지방군사력의 중심을 형성한 10
정 중심의 9주이며, 그 병력은 의무병이 일반화된 보병군단으로 충
원되었을 것으로 여겨진다.

요컨대 군현개편시 왕도 주변은 군사적 성격이 강화되었다. 6기정
의 정비로서 이전에 6개의 정으로 존재했던 곳이 경덕왕대 공식적으
로 완비된 것이다. 이 때 막야정은 다른 5기정과 달리 특정 수위지역

---

100) 도독 聰明이 동원한 군사가 어떠한 것인지 확실하지는 않지만 한산주의 군사
    력은 분명하다(이문기, 1997, 앞의 논문, p.402).
101) 이문기는 경덕왕대 군제개혁을 통해 지방의 9주의 주치 지역에 '비금당주 -
    비금감 · 사자금당주 - 사자금당감'으로 구성된 각각의 군사조직이 설치되었
    고, 이를 '9주정 체제'라 불러도 무방할 것이라 하였다(1997, 앞의 책, pp.370
    ~371).

없이 5기정을 지원하는 예비 군사조직으로 성격이 지워졌다. 신라의 군제는 경덕왕대 지방제 정비와 맞물려 혁신될 수밖에 없는 구조적 특징을 지니고 있었으며, 지방제도 개편 후 주명을 칭한 군단으로 혁신되었다. 이 때 9주가 중심이 되는 지방군단이 편제되고 의무병으로 충원되면서 지방제도와 군사력이 유기적으로 맞물려 율령체제에 적합한 군제로 재정비되었다.

3. 군현제의 개편과 수취체제의 재정비

경덕왕은 재위 16년(757) 군현제 개편을 단행하였다.[102] 신문왕대

표 10 _ 군현개편 전후 주군의 개명과 영속현황

故地	개명전	개명후	영속현황				현재 위치
			주	소경	군	현	
신라	사벌주	상주	1		10	30	상주
	삽량주	양주	1	금관	12	34	양산
	청주	강주	1		11	27	진주
고구려	한산주	한주	1	중원	27	46	광주
	수약주	삭주	1	북원	11	27	춘천
	웅천주	웅주	1	서원	13	29	공주
백제	하서주	명주	1		9	25	강릉
	완산주	전주	1	남원	10	31	전주
	무진주	무주	1		14	44	광주
	합계103)		9	5	117	293	

102) 『삼국사기』 신라본기 경덕왕 16년 12월.
103) 군현의 수가 「신라본기」에는 117군 293현으로, 「지리지 신라조」에는 120군 305현으로 되어 있는데, 이에 대한 자세한 분석은 김태식의 논고를 참조

정비되었던 9주 5소경 117군 293현의 군현이 漢式으로 재정비되었다. 『삼국사기』 본기의 기록을 토대로 개편된 군현의 영속을 정리하면 표 10과 같다.

표 10을 보면 군현 개편 이후 정비된 주군현의 영속현황[104]을 통해 주나 소경이 여제의 고지와 신라에 지역적으로 균등 배분되었음을 알 수 있다. 이러한 군현제의 개편은 일시에 진행될 수 없으므로 작업의 규모나 성격상 몇 단계로 나뉘어 시행되었을 것이다.

먼저 개편은 개명작업과 작업참여자를 통해서 살필 수 있을 것 같다. 개명에 참여한 계층은 조교나 촌주 등 지방유력층이 동원되었을 가능성이 있다. 다음 자료를 참고한다.

> C-1 韓忿意는 唐나라 天寶연간(742~755)에 熊川助教가 되어 州의 사람
> 番吉의 묘비를 지었는데 지금도 孝家里에 있다(『신증동국여지승
> 람』3, 공주목 건치연혁).

사료 C-1은 『신증동국여지승람』 공주목조의 기록이다. 사료에 따르면 웅천조교 한서의가 州 사람 번길의 묘비를 지었다고 한다. 하지만 경덕왕 6년(747)에 국학에 박사와 조교를 설치했다는 기록 외에

(1995, 「『삼국사기』 지리지 신라조의 사료적 검토」, 『삼국사기의 원전 검토』, 한국정신문화연구원, pp.187~198).

104) 『신증동국여지승람』권16, 여주목 등신장조에 "今按 新羅建置州郡時 其田丁 戶口未堪爲縣者 或置鄕 或置部曲 屬于所在之邑"이라 하였다. 이를 통해서 보면 당시 군현의 조정에는 일정한 기준이 있었던 것으로 파악되며, 田丁과 戶口가 그 기능을 했던 것 같다. 물론 신라라는 표현이 구체적으로 어느 왕대를 말하는지 분명치는 않지만, 적어도 통일 이후인 신문왕대가 가장 유력해 보이며, 경덕왕대 군현 개편 역시 이 시기의 기준에 준하여 시행했을 것이다.

별도로 지방에 조교가 설치되었다는 기록은 없어 그 존재 여부가 주목된다.

그런데 기록의 천보연간과 번길의 묘비를 지었다는 구절이 『삼국사기』열전 향덕조와 대체로 일치하고 있어, 경덕왕대 군현개편시의 실제 지방상황을 보여주는 사료로 생각된다. 한화정책의 추진이라는 정책상의 기본전제와 이재가 빈발하던 당시의 상황을 보여주는 것으로 이해되는데, 즉 유교적 윤리의 구현과 효치주의의 표방을 통해 대민교화의 지향과 민심이반의 억제를 의도했음을 보여준다.[105]

여기에서 사료상의 웅천조교라는 표현을 웅천주의 조교라 풀이할 수 있다면, 적어도 주가 설치된 곳에 조교가 두어졌을 것으로 생각된다. 경덕왕은 종래의 국학을 태학감으로 개칭하면서 박사와 조교를 두어 그 교육능력을 강화시킴으로써, 유교적 정치이념의 수용이라는 성격을 분명히 한 바 있는데 지방까지 확대되었을 개연성이 있다.

『삼국사기』직관지 외관조 도독에 "州助(或云 州輔)九人 自位奈麻至重阿湌爲之"라 했다. 주조를 주의 장관인 도독을 보좌한다는 기본적인 의미 이외에 그가 수행했을 기능을 생각해 본다면, 전술한 웅천조교와 같은 역할을 담당했을 가능성이 있기 때문이다.

9주와 5소경에는 국학과 격이 동일하지는 않더라도 유사한 성격의 교육기관이 설치되었을 것이다. 고려 초기의 〈龍頭寺鐵幢記(962)〉에 學院이라는 표현이 나타나고 있다. 이는 신라의 소경 지역이 왕경에 준하는 체제로써, 중앙에 국학이 있었던 것과 궤를 같이하여 소경에도 교육기관이 마련된 것으로 볼 수 있다는 견해가 참고된다.[106]

---

105) 윤용혁, 1978, 「신라 효자 향덕과 그 유적」, 『백제문화』11, p.52.

즉 소경지역의 학교 설립 가능성은 학문 · 교육적인 환경에서 보다 뚜렷하게 나타나고 있으며, 강수는 그 상징적 사례로서 제시된 것이다. 나아가 그가 가야계로서 중원경 출신임을 통해서 소경이 그만한 학문 · 교육적 분위기가 조성되었음을 알 수 있다.

이를 토대로 할 때 지방에도 교육기관이 존재한 것으로 여겨지며, 웅천조교와 같은 인물들이 그 기능을 담당했던 것으로 볼 수 있다. 뿐만 아니라 이들은 임무수행과 더불어 지방사회의 지식층을 형성하여 지방문화의 형성과 발전에도 일정한 역할을 했던 것 같다. 州治나 小京에 왕경과 유사한 구획이 설정되었음을 참고한다면 가능성이 높다. 『삼국사기』열전 강수전에 따르면 그가 "中原京 沙梁部人"이라 하였고, 청주의 상당산성에서 발견된 비편에도 "西原京 沙梁部"라는 표현이 나타나고 있어 지방사회의 정비를 파악할 수 있다.[107] 당시 지방사회가 왕경에 준하는 일정한 문화적 수준을 향유하고 있음이 확인된다.

이들 지방유력층은 지방통치와 관련되어 역할했을 것인데, 이러한 기반을 토대로 경덕왕대 군현개편에도 일정한 기능을 담당했을 것으로 여겨진다. 곧 군현제 개편의 첫 단계인 개명과정에 참가하지 않았을까 생각된다. 그것은 조교의 경우 유교적 소양을 지녔다는 점과 촌주의 경우는 말단 행정자로서 업무수행을 위해 문자 능력과 재지사회 내의 기반이 있었을 것이라는 점에서 가능성이 낮지 않다.[108]

---

106) 김광수, 1972, 「나말려초의 지방학교문제」, 『한국사연구』7, pp.116~121.
107) 전덕재, 2005, 앞의 논문, pp.16~29.
108) 지방 토착출신인 촌주는 경제적 · 사회적 · 학문적으로 높은 지위에 있었다 (최근영, 1990, 앞의 책, p.106).

대체로 이들의 활동이 군현의 개명작업에서 특징적 요소를 나타
나게 했을 것이다. 개명을 통해 드러나듯 군현개편은 지방유력층의
참여를 통해 지역정서를 유지하면서 동시에 효율적인 체제정비의
성과도 달성할 수 있었다. 일부 군현은 기존의 군현명이 계기적으로
이어지도록, 또 일부 군현은 전혀 새로운 군현명으로 나타나게 되었
다. 관련 사례를 정리하여 제시하면 다음과 같다.

표 11 _ 군현 개명 사례 (1)

구분	개편전 地名	개편후 地名	관할 郡	관할 州
가)	所利山縣	利山縣	管城郡	尙州
나)	烏也山縣	烏丘山縣	密城郡	良州
다)	平西山縣	平山縣	南海郡	康州
라)	道西縣	都西縣	黑壤郡	漢州
마)	買谷縣	美谷縣	奈靈郡	朔州
바)	翼峴縣	翼嶺縣	水城郡	溟州
사)	今勿縣	今武縣	伊山郡	熊州
아)	赤川縣	丹川縣	進禮郡	全州
자)	因珍島郡	珍島縣	務安郡	武州

위의 표 11을 보면 개편된 군현의 지명에 옛 군현의 의미가 일정수
준 반영되어 있음을 알 수 있다. 가) 소리산현→이산현, 나) 조야산현
→조구산현, 다) 평서산현→평서현, 라) 도서현은 漢字의 전환, 마)
매곡현→미곡현, 바) 익현현→익령현, 사) 금물현→금무현, 아) 적천
현→단천현, 자) 인진도군→진도군 등으로 변경하였지만 기존 군현
명칭을 바탕으로 약간의 변화만을 주었을 뿐이다. 살펴보면 이는 末
松保和가 언급한 개명의 여섯 유형 가운데 일부를 보여주고 있
다.[109]

즉 가), 나), 다)는 음절의 수를 조정한 것으로 音改이며, 마)는 명
칭을 미화한 美改이고, 바)와 아)는 명칭의 일부를 동의어로 바꾼 義

改, 자)는 읍격의 昇降인 省改이다. 라)는 음개나 미개의 가능성이 보이며, 사)는 職改의 가능성을 살펴볼 수 있다. 이유는 10정의 소재지 군현들이 모두 武, 驍, 雄 등의 글자를 사용한 사례에서 유추할 수 있는데, 금무현의 경우 군사조직이 살펴지지 않아 확언하기는 어렵다.

그런데 일부 군현에서는 기존의 지역적 특성이 유지되고 있는데,[110] 편중되지 않고 각 주마다 나타나고 있어 군현개편의 한 형태로 파악된다.

이러한 개편방식은 지방사회의 상층 부분을 형성하던 지방유력층과 재지 기반을 유지하던 진골귀족과 일정한 관련이 있었다. 그 이유는 군현개편 과정상 말단 지방행정 부문까지 동원되거나 포함되었을 것이므로, 사실상 재지기반이 유지되고 있던 귀족세력과 무관할 수는 없었기 때문이다. 즉 귀족세력은 어떠한 형태로든 자신들의 기득권을 유지하기 위해 군현개편을 추진하던 집권세력에 대해 정치적 대응을 하였을 것이다.

---

109) 개명에 대해서는 김형규(1949, 「삼국사기 지명고」, 『진단학보』16)가 언급한 이래, 末松保和(1954, 앞의 책, p.364)에 의해 체계적으로 연구되었다. 그에 따르면 개명의 형태는 音改 · 義改 · 省改 · 美改 · 地改 · 職改 등이라 하였다. 이 가운데 직개 곧 직능과 관련한 개명은 10정의 주둔지를 근거로 파악한 것인데, 軍制와 관련하여 연구된 바 있다(이문기, 1997, 앞의 책, pp.371~375).

110) 군현의 개명은 재지세력의 지역의식을 약화시키고 중앙의 지방에 대한 통제력을 더욱 강화시키는 역할을 했다는 연구(노중국, 1988, 앞의 논문, p.141)를 참고할 때, 재지세력의 기반은 약화되었다고 할 수 있다. 그런데 위에서 재지세력이 참여하여 기존의 정서와 전통이 유지된다는 것이 중앙의 행정력 강화와 논리적으로 상치되어 문제가 된다고 할 수도 있다.

전술했듯이 양측은 대립을 통해 자신들의 의지를 관철시키기 보다는 현실적 상황을 우선적으로 고려했던 것 같다. 사실상 대외관계 악화와 내부적 모순을 개선하기 위해 타협을 하였고, 이는 군현 개편이 정치적 대립과는 일정한 거리를 두며 지배체제의 정비라는 공통된 목적에서 체계적으로 시행되는 배경 요인이 될 수 있었다.

그렇다면 군현개편시 군현의 명칭이 앞의 경우처럼 군현명칭이 계승되는 형태만 존재했을까. 『삼국사기』 지리지를 살펴보면 대부분의 군현은 상당히 정제된 이름으로 아화되었다. 한 예로 군사적 기능과 관련된 지역은 漢式으로 명칭에 그 특성이 나타나고 있다. 관련 기록을 정리하여 제시하면 다음과 같다.

표 12 _ 군현 개명 사례 (2)

구분	개명전	금색	개명후	관할주
가)	音里火縣	青色	青驍縣	尙州
나)	三良火縣	黑色	玄驍縣	良州
다)	召彡縣	黑色	玄武縣	康州
라)	南川縣	黃色	黃武縣	漢州
마)	骨乃斤縣	黃色	黃驍縣	漢州
바)	伐力川縣	綠色	綠驍縣	朔州
사)	伊火兮縣	綠色	綠武縣	溟州
아)	古良夫里縣	青色	青正縣[111]	熊州
자)	居斯勿縣	青色	青雄縣	全州
차)	未多夫里縣	黑色	玄雄縣	武州

111) 『삼국사기』 지리지 웅주 임성군에 '青正縣'이라 하였으나, 필자는 상기 표 5의 10정과 관련하여 청정현이 경덕왕대 군현 정비될 당시 '青武縣'으로 개명되었을 가능성이 높다고 생각한다. 다만 기록이 되는 과정에서 찬자의 실수 등으로 인해 武字가 正字로 남게 된 것이 아닌가 한다.

위의 표 12는 10정 주둔지만을 정리한 것인데, 현의 명칭에 공통되는 부분이 나타난다. 개명된 현의 첫 글자가 가), 아), 자)의 靑·나), 다), 차)의 玄·라)의 黃·바), 사)의 綠으로 시작하고 있으며, 가운데 글자는 가), 나), 마), 바)의 경우는 驍이며, 다), 라), 사)의 경우는 武이고, 자), 차)는 雄으로 채워져 있어 10정 각 부대의 특징과 관련이 있다. 곧 10정의 衿色과 주둔지의 개편된 군현명이 연결이다.[112)]

衿色과 武勇을 나타내는 표현이 드러나고 있어 군현제의 정비가 군사력의 정비와 연계되어 있음을 보여준다. 군현제의 개편이 군사력의 정비와 무관치 않음을 반증하는 것으로 경덕왕대 군현 개편의 한 단면을 드러낸 것이라 하겠다.[113)]

다음으로 군현개명시 동원된 지방유력층으로 촌주 등이 주목된다. 먼저 개명이 舊名을 토대로 했다는 점에서 조교나 촌주 등 지방유력층 없이는 사실상 불가능했을 것이므로, 그들이 일정한 역할을 수행했다고 생각된다.[114)] 그들이 군현제의 개편에 참여할 수 있었던 배경은 앞에서 살핀 대로 그들이 문자 해득능력을 소유했던 사실에 더하여, 재지세력이 지방통치기구인 郡司와 村司 등을 통해서 행정에 참여했다는 견해를 참고할 때 가능성은 충분하다.[115)]

---

112) 김윤우, 1988, 앞의 논문.
113) 이문기, 1997, 앞의 논문, pp.371~375.
114) 현 단위의 개명은 촌주층이, 군 단위의 개명은 군내의 관료나 지식층이, 주나 소경의 개명은 전술했던 조교와 같은 인물들이 참여하였을 것으로 생각된다.
115) 김주성, 1983, 「신라하대 지방관사와 촌주」, 『한국사연구』41 ; 주보돈, 1995, 『신라 중고기의 지방통치와 촌락』, 계명대학교 대학원 박사학위논문, pp.181 ~188.

본래 국가에서 지방통치를 시행할 경우 중앙에서 명령을 내리면 하부 행정단위로 전달되었고, 보고는 그 반대의 경로를 통해서 이루어졌다.[116] 군현개명 역시 이러한 계통체계를 지키며 중앙에 보고되었던 것 같다. 지방통치와 관련 있는 촌주층이 자연스럽게 개편작업에 동원될 수밖에 없는 것이다.

지방토착 출신인 촌주는 경제적·사회적·학문적으로도 높은 지위에 있었던 것으로 보인다.[117] 촌주의 지위가 강력한 지방에 파견되는 外官들의 경우 현지 사정에 어둡고 토착기반이 없기 때문에, 고유의 통치권을 발휘하거나 세력기반을 구축하기에는 여러 면에서 어려움이 있었다.[118] 따라서 이들 세력을 통해 통치의 효율성을 높이는 것이 현실적으로 용이하였기에 커다란 장애없이 동원되었다고 할 수 있다.

결국 조교와 촌주로 상징되는 지방유력층은 군현개편시 일정한 역할을 하였을 것이며, 촌주는 지역정서의 유지로 나타났고, 조교는 개명을 통한 개혁으로 나타났던 것이다. 따라서 양자의 군현개편 참여는 군현개편의 성격이 안정과 개혁의 균형이라고 하겠다.

그런데 지방군현의 개편이 중앙집권력을 강화를 위한 선행적 조치라는 본질적 측면을 고려할 때 지방유력층이 활동하게 된 이유는

---

116) 통일기 지방의 명령체계는 「중앙-주-소경·군·현-행정촌-자연촌」으로 이어진다고 하였다(이종욱, 1980, 「신라장적을 통하여 본 통일신라의 촌락지배체제」, 『역사학보』 86).

117) 김광수, 1972, 앞의 논문, pp.127~130 ; 이기백, 1979, 「신라 경덕왕대 화엄경 사경 관여자에 대한 고찰」, 『역사학보』 83 : 1996, 『한국고대정치사회사연구』, 일조각, pp.363~367.

118) 최근영, 1990, 앞의 책, p.105.

무엇인가? 전술한 바와 같이 유교적 소양이나 학문적 식견이 어느 정도 감안되었겠지만 다른 이유도 있었을 것이다.

아마도 여제의 고지 같은 경우 國系의식이 잔존했을 가능성이 높다는 점에서 지역민 정서를 순화시키려는 의도가 내재되었을 것이다. 삼국통일 후 신라는 여제의 유민을 받아들이면서도 그들을 차별하여 대우하였기 때문이다.[119] 하지만 이러한 조치가 신라 집권세력의 의도대로 지역민에게 완전하게 이입되지는 못한 것으로 보인다. 신라하대에 나타나는 지방분권 및 반신라적 세력의 등장이 사료에서 확인되기 때문이다.

한편 군현제 개편의 주요 사안이라 할 수 있는 것이 군현질서의 재편인데 군현의 승격 및 강등으로 나타났다.[120] 군현개편에 나타난 현상은 『삼국사기』 지리지와 『신증동국여지승람』의 기록을 통해 모습을 살펴볼 수 있다.[121] 군으로 승격된 곳을 정리하여 제시하면 다음과 같다.

---

119) 『삼국사기』 직관지 외관조 고구려 및 백제 참조. 이에 대해 최근영은 고구려 인을 백제인보다 우대한 이유가 하나는 직접적인 피해규모가 백제와의 싸움 에서 상대적으로 많았기 때문이고, 다른 하나는 고구려의 광대한 영토와 유 민이 완전히 통합되지 못한 불완전한 통일이었기에 환심을 얻고자 했던 회유 책이라고 보았다(1990, 앞의 책, pp.62~63).

120) 지금까지의 연구는 신문왕대 정비된 지방지배체제가 그 틀은 유지하면서 경 덕왕대 개명만 이루어진 것으로 보고 있다. 그러나 사료를 통하여 보면 『삼 국사기』 지리지에 일부 현이 군으로 승격된 기록을 발견할 수 있어 이 시기 군현 개편이 단순히 개명 단계를 넘어 실질적인 군현조정이 있었던 것으로 판단된다.

121) 1995년 『삼국사기』 지리지를 주제로 한 연구가 있는데, 지리지의 신라관련 기사를 분석하여 신문왕대 군현의 조정이 있었고 경덕왕대는 이러한 군현의 전면적인 개명만이 있었던 것으로 파악 하였으며(김태식, 1995, 앞의 논문,

표 13 _ 군현의 승격 및 강등

구분	개명전	개명후	관할	故地	현재	비고
가)	獐項口縣	獐口郡	漢州	고구려	안산	昇
나)	馬忽縣	堅城郡	漢州	〃	포천	昇
다)	烏斯含達縣	兎山郡	朔州	〃	장단	昇
라)	泉井口縣	交河郡	漢州	〃	적성	불일치
마)	買省縣	來蘇郡	漢州	〃	양주	불일치
바)	于珍也縣	蔚珍郡	溟州	〃	울진	불일치
사)	任存城	任城郡	熊州	백제	예산	昇
아)	古尸伊縣	岬城郡	武州	〃	장성	昇
자)	徒山縣	牟山郡	武州	〃	진도	昇
차)	半奈夫里縣	潘南郡	武州	〃	나주	昇
카)	碧骨縣	金堤郡	全州	〃	김제	불일치
타)	阿次山縣	壓海郡	武州	〃	나주	불일치
파)	波夫里郡	夫里縣	武州	〃	화순	降
하)	因珍島郡	珍島縣	武州	〃	진도	降

위의 표 13을 보면 현에서 승격된 군이 가)~다), 사)~차)의 7개이다.[122] 지역별 승격은 옛 고구려지역 3개, 옛 백제지역 4개이다.

그런데 군으로 승격된 7개 현은 모두 그 위치가 경기 북서부의 패강진이나 파주 지역 일대, 그리고 충남 예산과 전라도 일대 등으로

----

p.217), 지리지 백제기사를 분석하여 "백제의 군현이 멸망전 5부 37군 250(200)현에서 신문왕대 3주 2소경 37군 104현으로 축소되었는데, 이는 신문왕대 군현의 통폐합을 의미하는 것"이라 하였다(노중국, 1995, 「『삼국사기』의 백제지리관계기사 검토」, 『삼국사기의 원전검토』, 한국정신문화연구원, p.167).

122) 표 6에 보이는 반남군의 승격사실이 신문왕대에 있었던 것으로 파악한 견해가 있다(김태식, 1995, 앞의 논문, pp.190~191). 그러나 필자는 백제 멸망후 백제의 군현이 5부 37군 250(200)현에서 3주 2소경 37군 104현으로 변동된 사실에서 군 단위 행정구역의 승격 및 강등이 없었다는 점에서 동의하지 않는다.

대부분이 평야지대라는 공통점이 있다. 반대로 파), 하)의 2곳은 강등된 것으로 나타나는데 구체적 사유는 확인되지 않는다. 이 가운데 자), 차), 타), 하)의 4군현을 옛 백제의 군현으로 경덕왕대 읍격이 변동된 것으로 파악한 견해가 있는데,[123] 일단 군현의 승강은 사실로 보아도 좋을 듯하다.

표 12 가운데 라), 마), 바), 카), 타) 등 불일치라 표기된 곳은 『삼국사기』 지리지와 『신증동국여지승람』의 기록이 일치하지 않는 경우로써 지리지에서는 승격한 것으로 되어 있으나, 『신증동국여지승람』에서는 개명만 된 것으로 나타나고 있다.

상기 지역을 농업생산과 관련해 경제적 측면에서 살펴보면 오늘날의 황해도 연백평야, 경기도 파주 및 양주, 충청도 예당평야, 전라도 만경평야 및 나주평야 지역이다. 이를 볼 때 승격된 군현은 대체로 경제적 생산력이 높았던 지역들이며, 임성군(옛 임존성)의 경우처럼 군사적 요충지도 있어 군현 개편에 군사적 정비도 관련 있음을 암시한다.

더하여 살펴지는 것이 군현 영속관계의 변동이다. 『삼국사기』 지리지를 살펴보면 각 주·군마다 영현 3 혹은 4라 하여 주와 군이 각각 현을 거느리고 있음을 알 수 있다. 주와 군 사이의 영속관계가 단순한 형식관계일 뿐이고 실질적인 상하관계는 아니었을 가능성도 제기할 수 있지만, 특별한 예가 아니라면 이는 단순히 행정계통상의 전달관계가 아니라 영속군현에 대해 실질적인 지배관계가 관철되었을 것으로 판단된다.

---

123) 木村誠, 1976, 「新羅郡縣制の確立過程と村主制」, 『朝鮮史硏究會論文集』13, pp.8~9.

참고되는 것이 감찰관으로써 외사정의 존재이다. 문무왕 13년
(673)에 주와 군에 각기 설치된 외사정은 주와 군이 하부 행정단위인
현 등에 대한 감독을 실질적으로 행사하였음을 보여준 것이 아닌가
한다. 이는 현에 별도로 감찰관이 파견되지 않았다는 점에서 가능성
을 생각할 수 있다. 그런데 이러한 영속관계가 경덕왕대 군현제의 개
편시에 나타나고 있어 주목된다.[124]

표 14 _ 군현 영속관계의 변동

구분	군현명	변경 前		변경 後
가)	獐項□縣	栗木郡		獐口郡
나)	古尸伊縣	月奈郡		岬城郡
다)	半奈夫里縣	月奈郡	→	潘南郡
라)	夫里縣	波夫里郡		陵城郡
마)	徒山縣	因珍島郡		牟山郡
바)	珍島縣	因珍島郡		務安郡

표 14를 보면 가) 장항구현은 본래 고구려의 율목군(율진군)에서
분리되어 장구군이 되었고, 나) 고시이현과 다) 반내부리현은 본래
백제의 월내군(영암군) 소속이었다가 분리되어 각기 갑성군과 반남
군이 되었다. 라) 부리현과 바) 진도현의 경우는 현으로 강등되어 능
성군과 무안군의 영현으로 배속되었다.

왜 이러한 모습이 나타나는가? 다양한 가능성을 언급할 수 있지만
우선 삼국통일전쟁이 관련 있을 것으로 생각된다.[125] 전쟁기간 중에

---

124) 이문기, 2009, 앞의 논문, p.109.
125) 고려 말 왜구의 창궐로 인해 전라도 해안지역의 군현 가운데 폐현되는 경우
　　가 나타난 사례에서 가능성을 유추해 볼 수 있다(김호동, 1998, 「군현제시각

격전지이어서 토지 등 경제기반의 황폐화된 경우나, 또는 병역이나 요역에 동원되어 민호 감소가 극심한 경우, 군현의 유지가 어렵게 되자 중앙정부에서 읍격과 영속을 변경시켰을 가능성이 있다.[126]

표 14에서 마) 도산현과 바) 진도현이 영속변경이 되었는데, 이는 진도현의 읍격조정으로 인한 후속조치로 생각된다. 진도현이 인진도군에서 읍격이 강등되어 무안군의 영현으로 속하자, 무안군에서 상대적으로 원거리에 위치한 도산현이 군현지배를 받기에 어려워졌고, 뇌산군으로 승격되어 주변을 관할하게 되었던 것이다. 다만 이 시기 영속변경이 모두 합리적인 조정을 받은 것이 아니었다. 일부 군현의 경우 飛地나 越境地의 모습이 나타나기도 한다.[127]

경덕왕대 군현개편은 신문왕대 유민의 회유와 고지병합이라는 차원에서 재지질서가 해체되지 않고 편입되었던 여제의 고지와 촌락질서를 실질적으로 조정한 것이라 하겠다.[128] 곧 경덕왕대 군현제의

에서 바라다 본 울릉도·독도」, 『울릉도·독도의 종합적 연구』, 영남대 민족문화연구소, p.56).

126) 『신증동국여지승람』에 나타난 각 군현의 건치연혁조를 살펴보면 경덕왕대 군현개편시에 영현이 정해진 것으로 되어 있다. 물론 기록의 작성시기가 조선시대(1530년)라는 점에서 사료의 정확성에 의문을 제기할 수 있으나, 위에서 살펴보았듯 가능성은 있다고 생각된다. 그 예로 현재 군현제 연구와 관련하여 여주목 등신장조의 기록을 사용하고 있다는 점에서 사료의 신빙성에 커다란 문제가 있을 것으로는 생각되지 않는다.

127) 木村誠의 연구를 보면 압해군과 무안군의 군현의 영속변경 사례에서 그러한 모습을 파악할 수 있다(1976, 앞의 논문, pp.9~10).

128) 군현의 개명이 경덕왕대 시행된 후 보류되었다가 문성왕대 다시 시행된 것이라는 견해가 있으나(김태식, 1995, 앞의 논문, pp.187~198), 강력한 중앙집권의 시기인 경덕왕대에도 힘들게 시행된 군현개편이 귀족연립적 성향이 강했던 신라 하대에 시행되었다는 것은 현실적으로 어렵지 않을까 한다.

개편은 신문왕대 군현개편이 시행되지 못한 일부 여제지역에 대한 군현질서의 재편이었다.

다만 신문왕대 9주 획정시 군현개명이 시행된 것으로 보기는 어려울 것 같다. 사료상의 기록을 검토해 볼 때 가능성이 보이지 않기 때문이다. 백제 멸망직후 당은 백제의 5부 37주 250현[129]을 1도독부 7주 51현으로 바꾸었지만,[130] 이 시기 백제유민은 부흥운동으로 강하게 저항하고 있었기에 실질적으로 기능했을지는 의문이다.

당군축출 후 신라가 당이 시행했던 무리한 정책을 펴지 않고 기존의 명칭을 유지시킴으로써, 고지지배를 보다 효율적으로 진행할 수 있었을 것이다. 즉 신문왕대 군현정비 특색으로서 기존 지명유지가 중앙집권의 강화와 무조건 상치되는 것은 아님을 보여주는 것이라 생각된다.

기존 지명을 인정하는 것만으로도 고지지배에 커다란 어려움은 없었을 것이며 오히려 통치의 효율성을 높일 수 있었다. 이러한 유민 및 고지지배정책은 경덕왕대까지 이어졌으며 군현개편시 개명작업과 관련하여 그 틀이 유지되었던 것이라 하겠다.

그리고 조교와 촌주 등 지방유력층이 동원된 것과 10정 주둔지 개명은 앞에서 살폈듯이 획일적 성격이 아니라, 개혁을 통한 중앙의 행

---

129) 〈定林寺址五層石塔銘〉(《朝鮮金石總覽》上,〈唐平百濟塔〉).
130) 『삼국사기』 지리지에 백제 군현 기록은 3곳에서 살필 수 있다. 첫째로 지리지 웅주·전주·무주조이며(3주 2소경 37군 104현), 둘째로 지리지4 백제 주군현 기사이고(147개 주군현), 셋째로 지리지4 總章2年 李勣奏狀 이하의 기록이다(1도독부 7주 51현). 필자는 이 기록들 가운데 세 번째 기록을 백제멸망 이후 신라의 손길이 닿기 이전의 상태라는 견해(노중국, 1988, 앞의 논문, p.139)를 참고하였다.

정력 강화와 지역정서를 조화시키고자 했던 중앙정치세력의 타협위에서 시행된 정책이었다.

이 무렵 군현제 정비와 더불어 수취질서도 조정되었다. 중앙정부가 민의 열악한 경제적 현실을 정확히 파악하고 개선함으로써, 양호한 수취원으로 양성하고자 수취체제의 개편에 주안점을 두었던 것으로 보인다. 촌락문서에 기재된 토지면적 가운데 96%를 차지하는 것이 연수유전답이고, 이것이 고려시대의 民田과 계통적으로 연결된다는 점을 고려할 때[131] 가능성은 높다고 생각된다.

이와 관련해 촌락문서[132] 내에 보이는 麻田 역시 주목된다. 공동경작지라고 생각되는 마전은 농민에게 큰 부담으로 작용하지는 않았을 것이고, 그것의 활성화는 농민에게 있어 유리하게 작용하였을 것이다. 아마 수취의 불균형을 보완하는데 어느 정도 도움을 주었을 것이다. 명주지방이나 옛 신라 지역 등과 같이 상대적으로 생산력이 높지 않았을 지역은 수취에 있어 중앙정부가 다소 신축적으로 대응

---

131) 박찬흥, 2001, 앞의 논문, pp.78~79.
132) 촌락문서의 작성연대에 대해서는 촌락문서의 성격을 파악하는 시각에 따라 여러 견해가 있으나 크게 두 가지 설로 구분할 수 있다. 경덕왕 14년설(755)과 헌덕왕 7년설(815)이다. 이러한 견해의 차이는 문서에 보이는 토지지배 양식을 정전제적인 것과 녹읍제적인 것으로 파악한데서 기인한다. 전자는 촌락문서에 보이는 연수유전을 성덕왕 21년(722)에 분급했다는 丁田과 같은 것으로 보고, 내시령답과 관료전으로 이해하여 관료전이 존재했으며 녹읍이 부활되기 전의 을미년인 755년이라는 것이다. 반면에 후자는 촌락문서에 나타나는 서원경이라는 명칭이 신문왕 5년(685)에 '西原小京'으로 처음 설치되었다가 경덕왕대 서원경으로 개칭되었다고 하여 그 시기를 군현제 정비 시기인 경덕왕 16년(757)으로 보고 이후의 을미년인 815년이라는 것으로, 관료전은 녹읍 부활과 무관하게 계속되었다고 한다.

하였을 것으로 추측된다.

수취는 토지 생산물 이외에 대해서 변화가 있었을 것이며 공물이나 진상 등의 강화로서 수취상의 보완이 이루어졌던 것 같다. 그것은 촌락문서상에 보이는 桑·栢·秋子木 등의 세밀한 수치기재 등을 볼 때 설득력을 가지지 않을까 한다. 다음을 참고한다.

표 15 _ 촌락문서의 토지 및 인구 변동

구분	토지 촌명	官謨畓	內視令畓	烟受有畓	村主位畓	麻田	인구증감
가)	사해점촌	4結	4結	94結2負4束	19結10負	1結9負	産8 死10
나)	살하지촌	3結66負7束		69結98負2束		1結2負	産6 死?
다)	△△촌	3結		68結67負		1結2負	産? 死6
라)	서원경△△촌	3結20負		25結99負		1結8負	産7 死21

위의 표 15는 촌락문서의 내용 가운데 토지 부분만을 정리한 것이다. 관모답과 연수유답 등의 토지는 4개의 촌락에 모두 보이나, 내시령답과 촌주위답은 가) 사해점촌에만 나타나고 있고, 관모답 역시 촌마다 그 규모가 다르게 나타나고 있다. 촌주위답의 경우 촌주가 존재하는 행정촌에 한해서 설정될 수 있겠지만, 내시령답의 경우 그와 조금 다를 듯하다.

내시령답의 사해점촌 내 설정은 우선 촌주위답과 성격을 같이 하는 것이기에 설정되었을 경우와 우연히 설치되었을 경우도 있겠다. 내시령의 실체가 명확히 규명되지 않은 상황에서 속단하기는 힘들지만, 丁田으로 인식되는 연수유전답이 가장 많은 사해점촌에 위치한다는 점에서 촌주위답과는 성격을 달리하는 것으로 보인다. 만일 촌주위답 역시 그러한 방식이라면 추측은 달라질 수밖에 없지만, 그럴 가능성은 없다고 여겨진다. 결국 내시령답은 촌락의 제반 상황을 파악한 후 설정된 地目으로써, 관료전 성격의 토지인 것만은 확실하다고 할 수 있다.

생각컨대 이것은 4개 촌의 경제적 생산력이 파악되고 그것을 토대로 하여 내시령답이나 관모답이 설치된 것이 아닌가 한다. 이러한 가능성은 마전을 통해서도 살펴볼 수 있다. 표 9를 보면 마전의 설치규모가 촌마다 다르게 나타나고 있어, 촌의 생산력에 따라 설치된 것으로 여겨진다.

그리고 烟과 戶口의 이동 또한 주목된다. 촌락문서에는 "三年間中收坐內烟" 및 "廻去烟" 그리고 "夫追以出去因白妻是子女子幷四"라는 기록이 있다. 이는 각각 "3년 사이에 거두어 앉힌 烟"과 "돌아간 烟" 그리고 "남편을 쫓아가기 때문에 나간 연유로 보고하옵는 妻인 자 여자 모두 4명"이라는 의미의 이두식 표현이다.[133]

이를 보면 촌락 구성원의 전출입이 있는바 이러한 인구이동의 기재는 수취와 관련하여 시사하는 점이 크다. 곧 각 촌에 기록된 토지의 차이와 인구의 변화는 생산력과 노동력의 차이를 수반하였을 것이고, 이를 기록한 촌락문서는 차등수취의 자료로 이용되었을 것이다. 촌락문서 작성 당시 人丁과 牛馬가 결합된 노동력과 토지의 결수를 고려한 기준이 호등산정의 요소였던 것 같다.[134]

촌락문서에 나타난 각 촌락의 토지 및 인구 등 경제적 지표에 대한 세밀한 기재는 국가의 수취기반 재편 노력이었다. 국가의 그러한 노력은 이미 녹읍이 부활되기 전부터 준비되고 있었다. 녹읍이 부활되기 5년 전인 경덕왕 11년(752)에 창부사 3인의 증원이 있었고, 재위

---

133) 이인철, 1996, 앞의 책, p.53의 해석을 따랐음.
134) 백영미, 2005, 앞의 논문, p.212.

16년(757) 군현개편 5개월 후에 조부사 2인의 증원이 있었다.

녹읍 재시행 이후 대민지배 방식에 있어 변동이 있었지만, 성덕왕 대 丁田지급 이후 수취정책이 일관되게 지속되고 있음을 반영한 것으로 여겨진다.[135] 특히 촌락문서에 보이는 결부제의 경우 토지를 매개로 한다는 점에서, 이전의 인두적 수취와는 다른 모습이 나타났을 것으로 보인다.[136] 당연히 종래의 획일적인 과세나 과역보다는 촌락문서에 나타난 것처럼 9등호제나 결부제 시행을 참고할 때, 경제적 상황에 따른 차등수취로 역역체계상에 변화가 이루어졌을 것이다.

여기에서 수취와 관련하여 주목되는 것이 바로 내시령이다. 현재 내시령에 대해서는 旗田巍가 내성의 역인이라 한 이래 견해가 다르게 나타나고 있는데,[137] 주에 상주하며 조세수취를 담당하던 관리가

---

135) 정전지급은 국가가 자영농민의 적극적인 육성 의지를 나타낸 것이다(이기동, 1996, 「수취체제의 모순과 농민층의 피폐」, 『한국사』11, 국사편찬위원회, p.57).

136) 촌락문서에는 결과 부를 단위로 하여 4개 촌의 토지가 기재되어 있다. 따라서 토지와 관련한 생산물을 수취함에 있어 결부제가 기준이 되었음은 어렵지 않은 추측이라 생각된다. 이와 관련하여 김기흥은 삼국시대의 조세가 공동체 단계 이래의 형식적 평등원칙에 따른 인두세적이며 획일적이고 약탈적인 수취인데 반하여, 8세기에 확립된 결부제를 주축으로 한 통일신라의 수취는 질적으로 다른 성격을 갖는 것이라고 하였다(1993, 앞의 책, p.214).

137) 내시령에 대한 견해는 다음과 같다. 내성의 役人이라는 설(旗田巍, 1958, 「新羅の村落-正倉院にある新羅村落文書の研究」: 1972, 『朝鮮中世社會史研究』), 내성의 장관이라는 설(武田幸男, 1976, 「新羅の村落支配」, 『朝鮮學報』81), 서원경 仕臣이라는 설(김철준, 1978, 앞의 책), 귀족 신분의 중앙관이라는 설(이태진, 1979, 「신라 통일기의 촌락지배와 공연」, 『한국사연구』25), 중앙에서 파견된 행정촌의 租·庸·調 수취담당 하급지방관이라는 설(이종욱, 1980, 앞의 논문), 내성에서 수취를 목적으로 파견한 행정관이라는 설(김기

아닌가 한다. 그것은 촌락문서가 하나의 촌에 국한된 것이 아니고 소경의 직할촌까지 대상으로 하여 기재하고 있다는 점에서 소경을 포괄하는 지방행정단위에서 작성된 것으로 생각된다. 즉 州內의 전 지역을 내시령이 다니며 촌락문서를 작성하지는 않았을 것이다. 문서를 보면 '3年間中'이라는 표현이 있어 3년마다 작성되었음을 알 수 있으며, 촌락문서의 기초자료인 촌락의 경제적 지표가 촌주 등을 통해 州司로 보고되었을 것으로 여겨진다.

　내시령은 이를 토대로 촌락문서를 작성하였을 것 같다. 그러므로 그러한 행정을 수행할 수 있는 곳은 주 이외에 없다고 생각되는데, 주에서 촌락문서를 작성할 경우 담당했던 관리가 바로 내시령이었을 것이다. 촌락문서의 작성 주체를 생각할 때 주의 역할이 강조되었을 것이며, 이는 軍制와 유사하게 주가 지방의 수취행정에 있어서도 중심적 역할을 하는 계기가 되었음을 보여주는 것이라 하겠다. 촌락문서에 보이는 4개 촌 가운데 '서원경△△촌'이라는 기록이 보인다. 문서가 주에 의해 작성되었음을 보여주는 것이 아닌가 한다. 일반적으로 촌의 경우는 현에서 작성될 수 있겠지만, 소경의 직할촌까지 대상으로 했다는 점에서 현이나 군의 지위에서 문서를 작성했다고 보

홍, 1993, 앞의 책), 지방관사에 소속된 이속이라는 설(金周成, 1981, 앞의 논문), 외사정이라는 설(이인철, 1996, 앞의 책 ; 이희관, 1997, 「통일신라의 내시령과 촌락지배」, 『역사학보』153), 所內使에 비견되는 관인으로 내성에서 파견한 권농관 성격의 특별행정관이라는 설(윤선태, 1998, 앞의 논문, p.268), 웅천주 행정관부 중 하나의 장관이라는 설(김창석, 2001, 「신라 촌락문서의 용도와 촌락의 성격에 관한 일고찰」, 『한국고대사연구』21, p.55), 현령이라는 설(野村忠夫, 1953, 「正倉院より新羅の民政文書について」, 『史學雜誌』62-4) 등이다.

기는 어렵다. 따라서 소경을 포괄하는 행정구역 또는 행정단위에서 문서가 작성되었을 것이므로, 지방의 수취는 주가 중심적 역할을 하였을 것이다.

요컨대 군현개편은 개명 작업에 동원된 주조와 촌주 등을 통해 舊名을 토대로 개혁이 이루어졌으며 유교적 소양을 갖춘 지방유력층의 일정한 역할로 수행되었다. 또한 개편시 군현과 밀접한 軍制도 일부 변화를 보였는데 지방에 주둔하던 10정 주둔 현의 명칭이 군사적 특징을 나타내는 驍, 武, 雄 등을 차용함으로써 군현의 기능을 명확히 했으며, 일반 군현의 경우 여러 요인에 따라 읍격이 승격되거나 강등되기도 했고, 영속관계 역시 사회경제적 상황에 따라 변동되는 등 실질적인 조정이 수반된 개혁작업이었다. 지방제도 개편과 더불어 수취질서 역시 조정되었다. 촌락문서에 보이는 마전과 다양한 수목의 기재는 촌락의 생산력을 파악하고 차등 수취하기 위한 세밀한 작업이었는데, 주에 상주하며 감독을 시행한 것이 내시령이었다. 또한 서원경촌까지 포괄하여 관리한 사실에서 주가 지방통치와 수취에 있어 중심적 역할을 했음도 파악된다.

결론

　고대의 정치체제는 국왕과 귀족이라는 양대 정치 세력을 근간으로 운영되어 왔으며, 대체로 전자의 동향에 따라 후자가 대응하는 방식으로 전개되어 왔다. 이에 따라 강력한 중앙집권적 체제가 성립되기도 했으며, 때로는 지방분권적 사회가 도래하기도 하였다. 이러한 정치 운영의 원리에서 신라중대 역시 예외일 수 없었으며 실제로도 그러했다.

　강력한 중앙집권체제가 성립되었던 것으로 평가받는 신라중대 왕실은 정치적 부침속에서 위기를 극복하며 체제를 정비하고, 귀족세력을 관료화하여 율령체제를 이룩하고자 하였다.

　이에 본 연구에서는 신라중대 각 시기별로 전개된 통치체제 정비를 고찰하여 궁극적으로 무열계 왕실이 추구했던 정치적 지향점이 무엇이었는지 살펴보았다. 지금까지 본문에서 살핀 내용을 정리하여 결론에 대신하고자 한다.

　제1장 진평왕 후반부터 선덕왕대에 이르기까지 결속력을 강화한 김춘추와 김유신을 중심으로 한 신귀족세력은 자신들의 정치적 입

지를 공고히 하며 정국을 주도하였다. 이들의 영향력이 강화되면서 상대적으로 구귀족세력은 위기의식이 고조되었다. 상대등 비담을 중심으로 한 구귀족세력은 선덕왕 폐위를 내세우며 난을 일으켰다. 난은 진압되었지만 그 과정에서 선덕왕이 죽었으며, 신귀족세력은 진덕왕을 추대하였다. 신라중고기 회귀세력과 신라중대 지향세력의 대결에서 후자가 승리함으로써 사실상 신라중대가 시작되었다.

신귀족세력은 구귀족과의 대립을 청산할 새로운 질서를 모색하고, 여제의 압박에서도 벗어나기 위해 대당교섭을 시도하였다. 숙위외교가 이루어졌는데 당의 제도와 문물을 수용하기 위한 것으로 실리적 외교형식이었다. 김춘추는 고구려의 견제를 극복하며 대당외교에 진력하였다. 재당시 그는 국학과 석전을 참관하며 유교적 통치질서를 체험하였고, 당 태종을 만나 나당간 군사적 동맹을 이끌어냈다. 신귀족세력의 정치적 입지강화 의도와 당의 팽창욕구가 상호 일치하여 성립된 외교적 성과였다. 물론 이 때 당은 동아시아 제패 전략의 하나로써 신라를 택하였다.

김춘추는 귀국 후 中朝衣冠制를 시행하는 등 당제의 수용에 박차를 가했다. 법흥왕대 제정된 신라의 의관제가 보다 중국적인 복제로 전환되었고, 아홀 규정도 정비되어 관료제 운영이 강화되었다. 이 무렵 도입된 半臂는 중국식 복제의 상징적 사례였다. 다만 이 때의 조치는 관료와 남자를 대상으로 한 의관제 정비였으며, 여자에 대한 복식은 문무왕 4년(664)에 이르러 별도로 조치가 이루어져 정비될 수 있었다.

하지만 이 무렵 당 태종이 죽어 나당관계의 지속이 불투명했는데, 태평송을 보내는 등 대처함으로써 나당관계를 안정적으로 유지시켰다. 영휘 연호를 사용함으로써 양국간 관계를 강화하면서도 체제정비를 시도하였다. 또한 하정례를 처음 시행함으로서 군신간 수직적 상하관계를 가시화시켜 실질적인 체제정비를 시행하였다. 관부 책임자에는 상대적으로 격이 낮은 監‧卿‧令 등의 호칭을 사용하였는데 이는 형식적 의례를 취하며 실리를 추구한 정치적 조치였다. 또한 당의 육전체제를 목표로 하여 관부를 정비하였는데, 각 관부별 舍知의 신설은 상징적 사례였다. 특히 집사부의 책임자를 중시로 개칭한 것은 기밀사무를 담당하는 핵심기구로써의 정치적 위상을 과시했다.

당의 의관과 율령 도입을 통해 정치적 입지를 다진 김춘추 세력은 이방부를 설치하였다. 이는 법제적 측면에서 율령관계 업무를 관장케 하여 중앙집권적 관료체제의 수립을 의도한 것이다.

신라중대 개창의 마무리로서 군사조직 정비도 이루어졌다. 진평왕대 개편되어 국왕의 시위조직으로 자리잡은 시위부가 당의 위위시를 전범으로 하여 3개 조직으로 개편되었다. 이는 비담의 난과 같은 모반시 국왕을 시위하는 친위군을 실질적으로 강화하는 조치였으며, 이를 바탕으로 신라중대 왕권의 군사적 기반으로 기능할 수 있었다.

진덕왕 사후 즉위한 무열왕은 새로운 국가적 의례제도를 확립하였다. 종묘제의 한 형태인 오묘제 시행으로써, 유교적 통치이념에 기반한 가조전승과 우월한 혈연의식의 성립이었다. 또한 기존의 시조인식을 대신하여 少昊金天氏 출자의식을 표방하였는데, 오묘제의 시행의 정치적 목적과 연계되었음을 보여준다. 김유신 가문 역시 소호금천씨 출자의식을 표방하였는데 이는 양 가문의 결속을 상징했다.

제2장 진덕왕대 김춘추 세력은 구귀족 세력을 제압하고, 당제 도입을 통해 정치적 입지를 강화할 수 있었다. 그러나 신라중대 개창

이후 무열왕과 문무왕대는 삼국통일전쟁으로 인해 율령체제 정비에 한계가 있었다. 부왕인 문무왕에 이어 즉위한 신문왕은 유조를 받들어 본격적인 체제정비에 나섰다.

신문왕은 재위 2년(682) 위화부령과 국학의 설치를 통해 관료제를 뒷받침해 줄 유교통치이념과 관료군 형성을 시도하였다. 국학의 설치에는 강수와 설총 등 6두품 세력이 주도적 역할을 하였으며, 교육대상 역시 그들을 대상으로 하였다. 길흉요례와 규잠도 강조하였는데 유교적 통치질서의 확산 도모였다. 이러한 조치들은 귀족세력의 관료화 의도와 무관치 않았다. 관료전 지급(687)과 녹읍 폐지(689)는 상징적 조치였는데, 관료전 지급에 차등을 둔 것은 관료 서열화의 반영이었다.

관료질서에 대한 정비를 바탕으로 지방제도 개혁이 추진되었다. 당군 축출 이후 적극적 지방통치가 구현되지 못했던 여제의 고지에 대해 통치력이 강화되었다. 이 지역에 대해 단계적으로 조치가 취해졌으며, 최종적으로 9주 5소경 체제가 완비되었다. 더불어 호구파악과 양전사업도 실시되었다. 이러한 지방 통치의 정비 방식은 주나 소경 이하의 군현과 기타 향·부곡의 편제에도 적용되었는데, 『신증동국여지승람』 여주목 등신장조에 보이는 '전정과 호구'가 기준이었다.

지방제도 정비는 형식 뿐만 아니라 실질적 변화가 있었다. 지방제와 軍制의 이원적 체제가 정착화되었다. 이는 지방제도의 개편을 전제하지 않고서는 실행이 불가능한 부분으로써, 신문왕대 실질적인 지방 군현의 개편이 시행했음을 방증했다.

신문왕 5년(685) 9주정비와 더불어 군사조직 개편도 병행되어 10정의 설치가 이루어졌다. 신라중고기 군사력의 핵심이었던 6정은 신문왕 5년(685) 완산정의 정비를 끝으로 최종 완비되었다. 이는 단순한 군사조직의 개편을 넘어 신라중고기 질서의 탈피였다. 안승의 族子인 대문의 모반 사건을 계기로 하여, 귀족의 사병적 성격이 잔존했던 6정은 10정으로 대체되어 근본적인 정비가 이루어지게 되었다.

신문왕 7년(687)에서 10년(690)사이에 지방에 주둔했던 5정은 10정의 5개 정으로 계승되고, 5개 정은 신설되었다. 그러한 모습은 衿色 규정을 통해서 확인된다. '주 직할지 주둔 정'과 '일반 군현 주둔 정'으로 나뉜 10정은 요충지에 소재하며 전략 거점으로서 각기 역할을 수행하였고, 국가의 公兵으로서 국왕 중심의 친위 군사력으로 재편되었다.

10정 편제과정에서 기존 6정은 보병 중심에서 기병 중심으로 전환되고, 보병이 주축이던 삼천당이 배속되어 步騎군단을 형성하였다. 군관조직에도 변화가 나타났는데 군사조직 균질화 작업이었다. 6정 단계에서 불규칙하게 배속되었던 장군 이하 군관들이 10정에서는 모두 균등하게 배치된 사실은 이를 방증한다. 곧 6정과 10정의 군관 부정합은 그만큼 10정의 체계성을 보여준다. 이 때 북변의 한산주, 우수주, 하서주 등 3개 州에는 10정으로의 전환에 따른 후속조치로써 삼변수당이 설치되었다. 군사적 공백을 보완하는 조치였다.

10정 체제하에서 삼천당은 소모방식으로 충원되었는데, 병부가 소모를 담당하면서 중앙집권적 병권이 강화되었다. 다만 소모병은 통일기라는 특수한 상황으로 인해 일시적으로 중앙집권적 병권에 호응되었을 뿐, 근본적으로 율령군제에 적합한 충원방식은 아니었다. 따라서 평시체제로 전환되면서 의무병이 소모병을 대체하며 군사력의 근간을 이루어갔다.

그러한 변화는 통일 이후 군사정책 시행과정에서 체계적으로 정비되었다. 문무왕대 병부의 실무관료 증원은 변화하던 모습을 보여준다. 무기체계, 당 병법의 도입 등 업무 증가와도 밀접한 관련이 있었다. 더하여 병부령은 단순한 하나의 행정 관부의 책임자로 위상이 변화했다. 신문왕 원년 병부령 軍官이 복주된 후 경덕왕대까지 병부령 기록이 나타나지 않는 것은 신라중고기부터 지녀왔던 특수한 위상이 약화되었음을 보여준다.

6정장군, 대관대감, 대대감 등 복수의 지휘관들이 감소 내지 폐지되고, 군사전략의 변화에 따라 조직의 정예화 및 경량화 되었다. 이러한 병부의 위상변화와 지휘관의 축소는 중앙집권적 병권을 토대로 한 율령군제 확립에 진일보한 것이다.

제3장 신문왕대 지방제도와 군제개편을 통해 율령체제의 토대가 진전된 후 성덕왕은 율령체제의 토대 강화에 집중하였다. 신문왕 사후 즉위한 효소왕은 상대적으로 귀족세력의 영향이 두드러졌다. 신문왕대 이후 지속된 귀족세력억압에 대한 반발이 나타났다.

효소왕 4년(695) 西市 · 南市 및 이를 관리하는 市典의 설치는 귀족세력의 경제력에 대한 직접적 통제조치였고, 또한 唐制의 모방이기도 했다. 효소왕과 귀족세력은 대립하게 되었고, 익선이나 정공 사건은 그러한 충돌로 촉발된 것이다. 특히 경영이 謀叛을 꾀한 것은 귀족세력의 위기의식 고조에 따른 결과였다. 이때 귀족세력과 관련이 있던 중시 순원 역시 연좌되어 파면되었지만, 효소왕이 의도하던대로 정국이 운영되지 않았다.

재위 후반 와병 중이던 효소왕이 죽자, 귀족세력은 효소왕의 동모제인 성덕왕을 추대하였다. 그러나 귀족세력은 즉위 전부터 성덕왕과 연계되어 있었다. 경영의 난 당시 연좌되어 파면된 중시 순원이 성덕왕의 국구로써 정치적으로 재기한 사실은 이를 방증한다. 귀족세력은 성덕왕 전반기 정국을 주도하였다.

하지만 성덕왕은 중반기 이후 대일외교를 중시하던 김순정, 김원태 세력을 약화시키려 했다. 元妃인 성정왕후의 출궁과 태자 중경의 죽음은 당시 정국과 무관치 않았다. 대일관계 악화로 일본의 군사적 침략이 있었지만 격퇴하고 모벌군성을 축조하는 등 군사적 대비를 취하였다. 그리고 이를 자신의 지지기반 교체와 왕권 강화의 계기로 삼았다. 사공을 등용하여 적극적인 대당외교를 강화하고자 했으며, 다양한 조치들을 취했다.

진여원의 改創을 통해 의상계 화엄세력이 다시 한 번 왕실의 정신적 후원자 역할을 해주기 기대했으며, 『한산기』같은 『지지』 편찬을 통해서는 지방통치의 강화를 시도했다. 금살령을 통해서는 귀족세력을 견제하였고, 백관잠의 반포를 통해서는 군신질서를 정립하고자 했으며, 전사서를 설치하여 국가 제례를 일신하고자 하였다.

성덕왕은 친정체제를 강화한 후 북진정책을 추진하였다. 8세기 전반 동아시아 정세변화를 간파한 전략이었다. 당은 팽창하던 발해를 견제하는 것이 급선무였는데, 성덕왕은 대당외교를 북진정책과 연계하여 추진하였다.

이 때 정치적으로 소외되어 있던 김유신계를 등용하여 선봉에 서게 하였다. 윤중과 윤문 형제가 당군과 연합하여 발해를 공격한 사실은 이를 반영한다. 김유신 가문이 다시 등용되는 것은 신라중대를 개창한 양 세력의 재결속을 의미하기도 하지만, 한산주가 그들의 연고지로써 무관치 않았기 때문이다.

성덕왕은 견당사 의충을 통해 당으로부터 패강지역을 신라의 영토로 공식적으로 인정받았다. 재위 21년(722) 이미 시행된 丁田이 이 지역의 확보를 계기로 우선적으로 확대되었다. 민심안정과 수취기반의 확보 의도였다. 신문왕대 녹읍 폐지부터 경덕왕대 녹읍 부활까지의 70여 년은 정전의 전국적 확대에 부합하기도 한다. 이 때 정전은 균전제의 형태로써 운영되었으며 구분전 지급기록은 현실의 반영이었다. 당시 당과 일본이 균전적 토지제도를 운영한 사실은 신라역시 이를 인식하고 있었음을 암시한다. 왕토사상을 실질적으로 구현한 셈이다.

더하여 균전제와 밀접히 운영되던 부병제 역시 시행되었다. 대력연간(776~779)에 김유신의 玄孫인 김암이 패강진두상으로써 '三務의 여가에 六陣兵法을 가르쳤다' 는 기록은 이를 뒷받침한다. 성덕왕대보다 조금 후반이기는 하지만 이는 성덕왕대 이미 그 토대가 형성되었기에 가능했으며, 당시의 모습과 다르지 않았을 것이다.

제4장 성덕왕대 정전제와 부병제 시행을 통해 율령체제 정비가 강화되었지만, 효성왕대 들어 다시 정치적 불안정이 반복되었다. 효성왕이 지지세력의 미약으로 인해 정치적으로 위축되고 불안정한 가운데 죽자 왕제 인 헌영(경덕왕)이 즉위하였다. 경덕왕은 전왕의 전철을 밟지 않고자 율령체제를 다시 강화하려 하였다.

경덕왕은 왕비인 사량부인(김순정의 딸)을 출궁시켰다. 無子가 출궁의 이유였지만 성덕왕이 태자가 있음에도 성정왕후를 출궁한 사례로 볼 때, 외척세력을 견제하려던 조치였다. 감찰기구로써 사정부가 존재했지만 정찰을 별도로 두어 외척세력의 동향을 주시하였다. 성덕왕대부터 효성왕대까지 친왕적 인물로써 대당외교에서 활약했던 의충의 딸(만월부인)을 비로 들인 사실은 이를 암시한다.

외척세력에 대한 견제를 시행한 뒤, 국학의 기능을 강화하는 조치를 취했다. 박사와 조교가 설치되었는데 신문왕대 완비된 이후 조치가 이루어지기는 처음이다. 개혁을 뒷받침할 유교적 소양을 갖춘 관료층의 양성하고, 율령체제 시행에 필요한 인적 기반을 조성하려는 의도였다. 더하여 어룡성과 세택 등 근시기구를 정비하여 진골귀족이 상층부를 점하고 있는 일반 관부를 대신하여 정국을 주도해 갔다.

경덕왕은 전반적인 개혁분위기가 조성되자 한화정책의 적극적 수행자로 생각되는 염상을 시중에 임명하였다. 핵심 측근인 신충이 상대등에 재임하던 상황에서 이루어진 이 조치는 자신의 측근들을 개혁정책의 전면에 내세운 것으로 율령체제 개혁의지를 나타내기에 충분했다. 개혁의 핵심기구인 집사부에 대해서도 개편이 있었는데, 재위 6년(747) 차관인 전대등을 시랑으로, 장관인 중시가 시중으로 개칭되었다. 더하여 창부사(752)와 조부사(757)를 증원하기도 했는데, 녹읍의 재시행 이후 파생될 상황에 대한 사전 및 사후 조치였다.

녹읍이 재시행 된 이후 관료사회에 대한 통제의지는 지속되었다. 경덕왕은 관료로써 휴가일수가 만 60일에 이른 자는 解官토록 했다. 당이 100일, 일본이 120일을 기준으로 한 것에 비해 매우 규제가 강화된 조치로써 당시 정치상황과 무관치 않았다. 관료의 근무기강 확립인 동시에 국가재정 안정책이었다. 특히 신라에 「唐令」이 시행된 확실한 증거라는 점에서 경덕왕대 율령체제 재정비의 모습을 압축해서 보여준다.

한화정책 가운데 지방제도의 개편이 우선 추진되었다. 귀족세력과의 충돌이 불가피했는데 당시의 대내외적 상황이 이에 영향을 주었다. 북쪽에서 팽창하던 발해는 주변국에 영향을 주었고, 성덕왕대이미 군사적 충돌까지 있었기에 신라에 부담으로 작용하였다. 또한 대일관계 역시 최악에 달하여 일본은 500척의 병선을 건조하며, 발해와 사신을 파견하는 등 신라 침공을 가시화하고 있었다. 또한 신라대외관계의 중심축이던 당이 '안사의 난(755)'으로 玄宗이 사천성

성도까지 피난가는 등 매우 불안정했다. 뿐만 아니라 신라 내부적으로 민의 극빈화가 상당한 수준이었다. 웅천주의 향덕이 割股供親한 모습은 결코 과장된 것이 아니었다.

이러한 대내외적 요인은 지방제도 정비가 정권이 아닌 국가적 차원에서 전개될 필요성을 부여하였다. 이에 경덕왕과 귀족세력은 지배층이라는 공통된 인식을 바탕으로 정치적 타협을 하였으며, 반대급부로써 녹읍 부활이 이루어졌다. 이는 귀족세력 회유책이기도 했지만, 균전적 토지제도인 丁田의 시행 후 누적된 모순을 해결하려는 현실 타개책이기도 했다.

전국의 군현이 보다 漢式으로 아화되었다. 우선적으로 살펴지는 것이 군사력의 정비였다. 6기정의 설치가 그러했다. 신라중고기 군사력의 핵심이었던 대당이 왕도 주위의 6곳에 분산 배치된 후 6기정으로 재편된 것이다. 그에 따라 왕도 주변은 군사적 성격이 강화되었다. 6기정 가운데 막야정은 다른 5기정과 달리 특정 수위지역이 없었는데 예비군단으로써 존재했다.

지방군단 또한 개편되었는데 군사조직이 주를 중심으로 하여 편제되었음을 보였다. 비금당, 만보당, 사자금당의 지휘관인 당주가 9주에 모두 배속되어 지휘권을 행사하였다. 이들 군단은 10정이 지방군단으로써 중핵을 형성하는 가운데 주치의 상비군으로 기능하였다. 이 때 병력은 지방민을 대상으로 하여 소모병이 아닌 의무병으로 충원되었다.

신문왕대 여제 유민의 회유와 고지 병합이라는 차원에서 재지질서가 유지된 채 편입되었던 지역들에 대해 실질적인 개편이 이루어졌다. 군현의 改名은 村主 등 유교적 소양을 갖춘 지방유력층이 동원되었으며, 音改, 義改, 省改, 美改, 地改, 職改 등 여섯 유형으로 전개되었다. 10정과 관련하여 주둔지의 명칭이 군사적 특징을 나타내는 驍, 武, 雄 등을 차용하여 군현의 기능을 명확히 하기도 했다. 또한 군현의 읍격이 승강되기도 했는데, 일부 지역의 경우 飛地나 越境地의 모습이 보였다.

더불어 수취 역시 변화가 있었다. 촌락문서의 마전과 수목의 기재는 생산력을 파악하고 차등 수취하기 위한 것으로, 3년마다 촌주가 작성하여 보고하였다. 내시령은 주에 상주하며 수취행정을 감독하였는데, 이는 주가 지방통치에 더하여 수취에 있어서도 중심적 역할을 했음을 보여주었다.

이상의 연구를 통해 신라중대의 통치체제 정비와 각 시기별 특징을 살펴볼 수 있었다. 집권세력의 변동에 의해 왕권이 강화되거나 이완되는 현상이 반복되었지만, 정치적 지향점은 율령체제의 강화에 있었다. 이 때 체제정비의 모범으로 기능한 것은 당제였으며, 그 바탕에는 「당률」이 자리하고 있었다. 신라중대 왕실은 바로 당률을 토대로 한 당제를 수용하여 통치체제의 정비를 의도했다.

다만 신라중대 귀족세력의 보수적 특성과 전통고수로 중국적 질서 그대로 시행되지는 못했다. 일본과 달리 신라에서 율령의 구체적 형태가 완전한 모습으로 나타나지 않는데, 이는 신라 율령의 부재가 아닌 신라의 주체적 체제정비에 따른 선택의 결과였다.

참고문헌

1) 사료

『三國史記』

『三國遺事』

『高麗史』

『新增東國輿地勝覽』

『朝鮮金石總覽』

『韓國金石遺文』

『譯註韓國古代金石文』

『晉書』

『隋書』

『舊唐書』

『新唐書』

『翰苑』

『資治通鑑』

『唐六典』

『唐律疏議』

『日本書紀』
『續日本紀』
『神皇正統記』

2) 저서

姜晋哲, 1989, 『韓國中世土地所有硏究』, 一潮閣.

곽승훈, 2002, 『통일신라시대의 정치변동과 불교』, 國學資料院.

김기흥, 1991, 『삼국 및 통일신라 세제의 연구』, 역사비평사.

김덕원, 2007, 『新羅中古政治史硏究』, 경인문화사.

金杜珍, 1991, 『均如華嚴思想硏究』, 韓國硏究院.

金杜珍, 1995, 『義湘-그의 생애와 화엄사상』, 민음사.

金福順, 1990, 『新羅華嚴宗硏究』, 民族社.

김성한, 1998, 『중국 토지제도사 연구』, 신서원.

金壽泰, 1996, 『新羅中代政治史硏究』, 一潮閣.

金榮濟, 1995, 『唐宋財政史』, 신서원.

金瑛河, 2002, 『韓國古代社會의 軍事와 政治』, 高麗大 民族文化硏究院.

金瑛河, 2007, 『新羅中代社會硏究』, 일지사.

金日宇, 1998, 『고려 초기 국가의 지방지배체계 연구』, 일지사.

金昌謙, 2003, 『新羅 下代 王位繼承 硏究』, 景仁文化社.

김창석, 2004, 『삼국과 통일신라의 유통체계 연구』, 일조각.

金哲埈, 1990, 『韓國古代社會硏究』, 서울대출판부.

金哲埈, 1990, 『韓國史學史硏究』, 서울대출판부.

金哲埈, 1990, 『韓國文化史論』, 서울대출판부.

金哲埈, 1990, 『韓國古代史硏究』, 서울대출판부.

金翰奎, 1997, 『古代東亞世亞 幕府體制硏究』, 一潮閣.

金翰奎, 1999, 『한중관계사』 I, 아르케.

나희라, 2003, 『신라의 국가제사』, 지식산업사.

남무희, 2009, 『신라 원측의 유식사상 연구』, 民族社.

盧鏞弼, 1996, 『新羅眞興王巡狩碑硏究』, 一潮閣.

盧重國, 1988, 『百濟政治史硏究』, 일조각.

노태돈, 1999, 『고구려사 연구』, 사계절.

文暻鉉, 1983, 『新羅史硏究』, 慶北大學校 出版部.

문안식, 2003, 『한국 고대사와 말갈』, 혜안.

文昌魯, 2000, 『三韓時代의 邑落과 社會』, 신서원.

閔斗基, 1976, 『日本의 歷史』, 지식산업사.

박남수, 1996, 『新羅手工業史』, 신서원.

박남수, 2011, 『한국 고대의 동아시아 교역사』, 주류성.

박해현, 2003, 『신라 중대 정치사 연구』, 국학자료원.

백남운 저·박광순 옮김, 1989, 『조선사회경제사』, 범우사.

백산학회 편, 2000, 『統一新羅의 對外關係와 思想硏究』, 백산자료원.

서영일, 1999, 『신라 육상 교통로 연구』, 학연문화사.

선석열, 2001, 『한국 고대사 속의 가야』, 혜안.

申瀅植, 1981, 『三國史記硏究』, 一潮閣.

申瀅植, 1984, 『韓國古代史의 新硏究』, 一潮閣.

申瀅植, 1985, 『新羅史』, 이대출판부.

申瀅植, 1990, 『統一新羅史硏究』, 三知院.

양정석, 2008, 『韓國古代 正殿의 系譜와 都城制』, 서경.

연민수, 1998, 『고대한일관계사』, 혜안.

연민수, 1999, 『일본역사』, 보고사.

李基東, 1984, 『新羅 骨品制社會와 花郞徒』, 一潮閣.

李基東, 1997, 『新羅社會史硏究』, 一潮閣.

李基白, 1968, 『高麗兵制史硏究』, 一潮閣.

李基白, 1974, 『新羅政治社會史硏究』, 一潮閣.

李基白, 1986, 『新羅思想史硏究』, 一潮閣.

李基白, 1996, 『韓國古代政治社會史硏究』, 一潮閣.

李明植, 1992, 『新羅政治史硏究』, 螢雪出版社.

李明植, 2003, 『신라정치변천사연구』, 螢雪出版社.

李文基, 1997, 『新羅兵制史硏究』, 一潮閣.

이부오, 2003, 『신라 군·성〔촌〕제의 기원과 소국집단』, 서경문화사.

李成市 지음·김창석 옮김, 1999, 『동아시아의 왕권과 교역』, 청년사.

이인철, 1993, 『新羅政治制度史硏究』, 一志社.

이인철, 1996, 『新羅村落社會史硏究』, 一志社.

이인철, 2003, 『신라정치경제사연구』, 일지사.

李宗峯, 2001, 『韓國中世度量衡制硏究』, 혜안.

李喜寬, 1999, 『統一新羅土地制度硏究』, 一潮閣.

임대희 외, 2005, 『세미나 수당오대사』, 서경.

전기웅, 1996, 『羅末麗初의 政治社會와 文人知識層』, 혜안.

장일규, 2008, 『최치원의 사회사상 연구』, 신서원.

장창은, 2008, 『신라 상고기 정치변동과 고구려 관계』, 신서원.

全德在, 2002, 『한국고대사회의 왕경인과 지방민』, 태학사.

全德在, 2006, 『韓國古代社會經濟史』, 태학사.

全德在, 2009, 『신라 왕경의 역사』, 새문사.

鄭求福 외, 1995, 『三國史記의 原典 檢討』, 韓國精神文化硏究院.

鄭孝雲, 1995, 『古代韓日政治交涉史硏究』, 學硏文化社.

曺凡煥, 2001, 『新羅禪宗硏究-朗慧無染과 聖住山門을 중심으로』, 一潮閣.

趙二玉, 2001, 『統一新羅의 北方進出 硏究』, 서경문화사.

주보돈, 2002, 『금석문과 신라사』, 지식산업사.

채미하, 2008, 『신라 국가제사와 왕권』, 혜안.

崔根永, 1990, 『統一新羅時代의 地方勢力硏究』, 신서원.

河日植 외, 2000, 『한국 고대의 신분제와 관등제』, 아카넷.

河日植, 2006, 『신라 집권 관료제 연구』, 혜안.

韓圭哲, 1994, 『渤海의 對外關係史』, 신서원.

한용근, 1999, 『高麗律』, 書景文化社.

江上波夫・川崎庸之・西嶋定生 編, 1980, 『律令制と國家』, 八世紀の日本と東ア
        ジア④, 平凡社.
旗田巍, 1972, 『朝鮮中世社會史の研究』, 法政大學出版局.
渡邊信一郎, 2002, 『天空の玉座』, 신서원.
岸俊男, 1969, 『藤原仲麻呂』, 吉川弘文館.
鈴木靖民, 1985, 『古代對外關係の研究』, 吉川弘文館.
末松保和, 1954, 『新羅史の諸問題』, 東洋文庫.
濱田耕策, 2002, 『新羅國史の研究』, 吉川弘文館.
濱中昇, 1986, 『朝鮮古代の經濟と社會』, 法政大學出版局.
三品彰英 著・李元浩 譯, 1995, 『新羅花郎의 研究』, 集文堂.
西田太一郎, 1998, 『중국형법사연구』, 신서원.
井上秀雄, 1974, 『新羅史基礎研究』, 東出版.
酒寄雅志, 2001, 『渤海と古代の日本』, 校倉西房.
朝鮮史研究會 엮음・조성을 옮김, 1994, 『한국의 역사』, 한울.
볼프람 에버하르트 지음・최효선 옮김, 1997, 『중국의 역사』, 文藝出版社.
王天有 지음・李商千 번역, 2006, 『중국고대관제』, 學古房.

3) 논문

강경구, 2004, 「新羅 金庾信 家門의 平壤 進出」, 『韓國古代史研究』33.
姜鳳龍, 1987, 「신라 中古期「州」制의 형성과 운용」, 『韓國史論』16.
姜晋哲, 1969, 「新羅의 祿邑에 대하여」, 『李弘稙博士回甲紀念論叢』.
강헌규, 1989, 「삼국사기와 삼국유사에 나타난 효자 향덕에 대하여」, 『백제문화』
        18・19.
兼若逸之, 1979, 「新羅《均田成冊》의 연구」, 『韓國史研究』23.

兼若逸之, 1979, 「新羅《均田成册》에서의 烟人動態 復元試圖」, 『韓國史硏究』27.

곽승훈, 1997, 「新羅 哀莊王代 「誓幢和尙碑」의 建立과 그 意義」, 『國史館論叢』74.

堀敏一, 1970, 「均田制と租庸調制의 展開」, 『岩波講座 世界歷史』.

權悳永, 1985, 「新羅 外位制의 成立과 그 機能」, 『韓國史硏究』50 · 51.

今西龍, 1933, 「聖德大王神宗之銘」, 『新羅史硏究』, 國書刊行會.

金甲童, 1986, 「新羅 郡縣制의 硏究動向 및 그 課題」, 『湖西史學』14.

金光洙, 1972, 「羅末麗初의 地方學校問題」, 『韓國史硏究』7.

金琪燮, 1993, 「新羅 統一期의 戶等制와 孔烟」, 『釜大史學』17.

金基雄, 1981, 「三國史記의 車騎〈新羅〉條考」, 『三國史記 志의 新硏究』2, 신라문화
　　선양회.

金基興, 1993, 「8 · 9세기 통일신라의 경제」, 『韓國古代史硏究』6.

김덕원, 2011, 「신라 國學의 설립과 그 주도세력」, 『震檀學報』112.

金東洙, 1982, 「新羅 憲德 · 興德王代 의 改革政治」, 『韓國史硏究』39.

金東旭, 1963, 「朝前期 服飾硏究」, 『韓國硏究叢書』15, 韓國硏究院.

金東旭, 1981, 「三國史記 色服條의 新硏究」, 『三國史記 志의 新硏究』2, 신라문화
　　선양회.

金文經, 1970, 「儀式을 통한 佛敎의 大衆化運動」, 『史學志』4.

金福順, 1988, 「新羅下代 華嚴의 一例」, 『史叢』33.

金福順, 1992, 「三國의 諜報戰과 僧侶」, 『韓國佛敎文化思想史』(伽山 李智冠스님
　　華甲紀念論叢).

金杜珍, 1986, 「統一新羅의 歷史와 思想」, 『傳統과 思想』Ⅱ.

金杜珍, 1991, 「義湘의 生涯와 정치적 입장」, 『韓國學論叢』14.

金杜珍, 1992, 「新羅 下代의 五臺山信仰과 華嚴結社」, 『韓國佛敎文化思想史』(伽
　　山 李智冠스님 華甲紀念論叢).

金杜珍, 2000, 「新羅의 宗廟와 名山大川의 祭祀」, 『新羅의 建國과 社會史 硏究』,
　　백산학회편.

金杜珍, 2002, 「三國遺事의 佛敎史자료와 그 성격」, 『淸溪史學』16 · 17.

金相鉉, 1981, 「萬波息笛 說話의 형성과 의의」, 『韓國史硏究』34.

金相鉉, 1984, 「新羅 中代 專制王權과 華嚴宗」, 『東方學志』44.

金相鉉, 1985, 「統一新羅時代의 華嚴信仰」, 『新羅文化』2.

金壽泰, 1990, 『新羅 中代 專制王權과 眞骨貴族』, 서강대학교 대학원 박사학위논문.

金壽泰, 2011, 「신라 혜공왕대 만월부인의 섭정」, 『新羅史學報』22.

金侖禹, 1988, 「新羅十停과 所在地名 變遷考」, 『慶州史學』7.

金善淑, 2007, 『新羅 中代 對日外交史 硏究』, 한국학중앙연구원 한국학대학원 박
　　사학위논문.

金英美, 1985, 「統一新羅 阿彌陀信仰의 歷史的 背景」, 『韓國史硏究』50·51.

金英美, 1988, 「聖德王代 專制王權에 대한 一考察」, 『梨大史苑』22·23.

金瑛河, 1979, 「新羅時代 巡守의 性格」, 『民族文化硏究』14.

金瑛河, 1988, 「新羅 中古期의 政治過程試論」, 『泰東古典硏究』4.

金瑛河, 1999, 「新羅의 百濟統合戰爭과 體制變化」, 『韓國古代史硏究』16.

金瑛河, 2000, 「韓國 古代國家의 政治體制發達論」, 『韓國古代史硏究』17.

金瑛河, 2003, 「古代 貴族의 존재양태와 변화」, 『강좌 한국고대사』2, 가락국사적
　　개발연구원.

金瑛河, 2004, 「新羅 中代王權의 기반과 지향」, 『韓國史學報』16.

金瑛河, 2005, 「新羅 中代의 儒敎受容과 支配倫理」, 『韓國古代史硏究』40.

金容德, 1980, 「部曲의 規模 및 部曲人의 身分에 대하여」上, 『歷史學報』88.

金容德, 1980, 「部曲의 規模 및 部曲人의 身分에 대하여」下, 『歷史學報』89.

金恩淑, 1991, 「8세기 新羅와 日本의 關係」, 『國史館論叢』29.

金在庚, 1978, 「新羅의 密敎受用과 그 性格」, 『大丘史學』14.

金貞淑, 1983, 「金周元 世系의 성립과 그 변천」, 『白山學報』28.

金鍾璿, 1989, 「日本正倉院 所藏 新羅帳籍의 作成年度와 그 歷史的 背景」, 『아시
　　아문화』5.

金鍾洙, 2004, 「新羅 中代 軍制의 구조」, 『韓國史硏究』126.

金周成, 1983, 「新羅下代 地方官司와 村主」, 『韓國史硏究』41.

金志珉, 2007, 「경덕왕대 대일외교-752년 교역의 성격을 중심으로」, 『新羅文化』30.

김진영, 2008, 「경기 남부지역 신라취락의 입지와 주거구조」, 『史學志』40.

金昌謙, 2002, 「新羅 下代 王位繼承과 上大等」, 『白山學報』63.

金昌謙, 2003, 「신라 하대 왕실세력의 변천과 왕위계승」, 『新羅文化』22.

金昌錫, 2001, 『三國 및 統一新羅의 商業과 流通』, 서울대학교 대학원 박사학위논문.

金昌錫, 2004, 「8세기 신라·일본간 외교관계의 추이」, 『歷史學報』184.

金昌錫, 2005, 「통일신라 천하관과 대일(對日) 인식」, 『역사와 현실』56.

金哲埈, 1962, 「新羅貴族勢力의 基盤」, 『人文科學』7.

金哲埈, 1970, 「韓國古代政治의 性格과 羅末麗初의 轉換期」, 『韓國史時代區分論』.

金泰植, 1995, 「『三國史記』, 地理志 新羅條의 史料的 檢討」, 『三國史記의 原典檢討』, 韓國精神文化研究院.

金泰植, 1997, 「『三國史記』, 地理志 高句麗條의 史料的 檢討」, 『歷史學報』154.

金亨奎, 1949, 「三國史記 地名考」, 『震檀學報』16.

金皓東, 1998, 「군현제시각에서 바라다 본 울릉도·독도」, 『울릉도·독도의 종합적 연구』, 영남대 민족문화연구소.

金興三, 1998, 「新羅 聖德王의 王權强化定策과 祭儀를 통한 河西州地方統治(上)」, 『江原史學』13·14.

南東信, 1992, 「慈藏의 佛教思想과 佛教治國策」, 『韓國史研究』76.

南武熙, 2005, 『圓測의 生涯와 唯識思想 研究』, 국민대학교 대학원 박사학위논문.

南在祐, 1992, 「新羅上古期의 '國人' 層」, 『韓國上古史學報』10.

盧瑾錫, 1992, 「新羅 中古期의 軍事組織과 指揮體系」, 『韓國古代史研究』5.

盧德浩, 1983, 「羅末 新羅人의 海上貿易에 관한 研究-張寶皐를 중심으로」, 『史叢』27.

盧重國, 1988, 「統一期 新羅의 百濟故地支配」, 『韓國古代史研究』1.

盧重國, 1995, 「三國史記 百濟 地理關係 記事 檢討」, 『三國史記의 原典檢討』, 韓國精神文化研究院.

盧重國, 1999, 「신라 통일기 九誓幢의 성립과 그 성격」, 『韓國史論』41·42.

盧重國, 2008, 「신라 중고기의 유교정치사상의 수용과 확산」, 『大丘史學』93.

盧泰敦, 1997, 「羅唐戰爭期(669-676) 新羅의 對外關係와 軍事活動」, 『軍史』34.

東野治之, 1980, 「正倉院文書からみた新羅文物」, 『日本のなかの朝鮮文化』47.

鈴木靖民, 1977, 「正倉院佐波理加盤 附屬文書 基礎的の研究」, 『朝鮮學報』85.

木村誠, 1976, 「新羅 郡縣制의 確立過程と村主制」, 『朝鮮史研究會論文集』13.

濱田耕策, 1977, 「新羅の城・村設置と州郡制の施行」, 『朝鮮學報』84.

武田幸男, 1976, 「新羅の村落支配」, 『朝鮮學報』81.

武田幸男, 1980, 「六朝期における朝鮮三國の國家體制」, 『日本古代史講座』4.

文暻鉉, 1981, 「三國統一과 新金氏家門」, 『軍史』2.

閔德植, 1987, 「新羅 王京의 防備에 關한 考察」, 『史學研究』38.

閔德植, 1989, 「羅・唐戰爭에 관한 考察」, 『史學研究』40.

朴根七, 1996, 『唐代 帳籍制의 運營과 收取制度에 관한 研究』, 서울대학교 대학원
　　　박사학위논문.

朴方龍, 1997, 「新羅 都城의 交通路」, 『慶州史學』16.

朴淳敎, 1999, 『金春秋의 執權過程 研究』, 영남대학교 대학원 박사학위논문.

朴勇國, 1996, 「新羅 中代 支配勢力의 形成過程과 그 性格」, 『慶尙史學』12.

朴宗基, 1986, 「高麗의 郡縣體系와 界首官制」, 『韓國學論叢』8.

朴宗基, 1988, 「新羅時代 鄕・部曲의 性格에 관한 試論」, 『韓國學論叢』10.

朴宗基, 2006, 「韓國 古代의 奴人과 部曲」, 『韓國古代史研究』43.

박찬흥, 2001, 「신라의 결부제와 조(租)의 수취」, 『역사와 현실』42.

朴海鉉, 1988, 「新羅 孝成王代 政治勢力의 推移」, 『歷史學研究』12.

朴海鉉, 1997, 「신라 경덕왕대의 외척세력」, 『韓國古代史研究』11.

朴海鉉, 1997, 「惠恭王代 貴族勢力과 신라 中代 王權」, 『全南史學』11.

朴海鉉, 2003, 「新羅 聖德王代 政治勢力의 推移」, 『韓國古代史研究』31.

方香淑, 2008, 「7세기 중엽 唐 太宗의 對高句麗戰 전략 수립과정」, 『中國古中世史
　　　研究』19.

배종도, 1989, 「新羅下代의 地方制度 개편에 대한 고찰」, 『學林』11.

백영미, 2005, 「新羅統一期 戶口와 戶等에 대하여」, 『韓國古代史研究』40.

白允穆, 1997, 「北魏 均田制下의 麻田에 대하여」, 『釜山史學』32.

卞麟錫, 1966,「唐 宿衛制度에서 본 羅唐關係」,『史叢』11.

濱田耕策, 1979,「新羅 聖德王の政治と外交-通文博士と倭典」,『朝鮮歷史論集』, 上.

濱田耕策, 1980,「新羅の聖德大王神鐘と新羅中代の王室」,『响沫集』3.

濱田耕策, 1995,「留唐學僧戒融の日本歸國をめぐる渤海と新羅」,『日本古代の傳承と東アジア』.

서영교, 2000,「九誓幢완성 배경에 대한 新考察」,『韓國古代史研究』18.

서영교, 2000,「新羅 河西停 軍官組織에 대하여」,『新羅文化』17·18.

서영교, 2002,「羅唐戰爭期 唐兵法의 導入과 그 意義」,『韓國史研究』116.

서영교, 2002,「신라 통일기 기병증설의 기반」,『역사와 현실』45.

서영일, 1998,「新羅五通考」,『統一新羅의 對外關係와 思想研究』.

徐毅植, 1990,「신라 '中古'期 六部의 부역동원과 지방지배」,『韓國史論』23.

徐毅植, 1996,「統一新羅期의 開府와 眞骨의 受封」,『역사교육』59.

徐毅植, 1999,「6~7세기 新羅 眞骨의 家臣層과 外位制」,『韓國史研究』107.

石上英一, 1974,「古代におけ日本の稅制と新羅の稅制」,『朝鮮史研究會論文集』11.

신정훈, 2001,「新羅 惠恭王代 政治的 推移와 天災地變의 性格」,『동서사학』8.

辛鍾遠, 1984,「三國史記 祭祀志 研究」,『史學研究』38.

辛鍾遠, 1987,「新羅 五臺山 事蹟과 聖德王의 즉위배경」,『崔永禧先生華甲紀念論叢』.

辛鍾遠, 1988,「新羅初期佛教史研究」, 고려대학교 대학원 박사학위논문.

申瀅植, 1974,「新羅兵部令考」,『歷史學報』61.

申瀅植, 1983,「金庾信家門의 成立과 活動」,『梨花史學研究』13·14.

申瀅植, 1990,「新羅 中代 專制王權의 特質」,『國史館論叢』20.

梁正錫, 1999,「新羅 公式令의 王命文書式 考察」,『韓國古代史研究』15.

呂聖九, 1992,「惠通의 生涯와 思想」,『擇窩 許善道先生 停年紀念論叢』.

연민수, 2011,「新羅의 對倭外交와 金春秋」,『新羅文化』37.

오일순, 1985,「高麗前期 部曲民에 관한 一試論」,『學林』7.

尹善泰, 1995, 「正倉院 所藏 '新羅村落文書' 의 作成年代」, 『震檀學報』 80.

尹善泰, 1997, 「752년 신라의 대일교역과 바이시라기모쯔게(買新羅物解)」, 『역사와 현실』 24.

尹善泰, 1998, 「新羅의 力祿과 職田 -祿邑研究의 進展을 위한 提言」, 『韓國古代史研究』 13.

尹善泰, 2000, 『新羅 統一期 王室의 村落支配』, 서울대학교 대학원 박사학위논문.

尹善泰, 2003, 「新羅 中代의 刑律」, 『강좌 한국고대사』 3, 가락국사적개발연구원.

李景植, 1988, 「古代・中世의 食邑制의 構造와 展開」, 『孫寶基博士停年紀念論叢』.

李景植, 2002, 「新羅時代의 丁田制」, 『歷史教育』 82.

이근우, 2002, 「赦免記事를 통해 본 韓日 律令制 수용문제」, 『淸溪史學』 16・17.

李基東, 1976, 「新羅 下代의 浿江鎭」, 『韓國學報』 5.

李基東, 1991, 「新羅 興德王代의 政治와 社會」, 『國史館論叢』 21.

李基東, 1998, 「新羅 聖德王代의 政治와 社會」, 『歷史學報』 160.

李基東, 2004, 「隋・唐의 帝國主義와 新羅 外交의 妙諦」, 『新羅文化』 24.

李基白, 1972, 「新羅 五岳의 成立과 그 意義」, 『震檀學報』 33.

李基白, 1974, 「新羅 惠恭王代의 政治的 變革」, 『新羅政治社會史研究』, 一潮閣.

李基白, 1974, 「景德王과 斷俗寺・怨歌」, 『新羅政治社會史研究』, 一潮閣.

李基白, 1978, 「韓國의 傳統社會와 兵制」, 『韓國史學의 方向』, 一潮閣.

李基白, 1979, 「新羅 景德王代 華嚴經 寫經關與者에 대한 考察」, 『歷史學報』 83.

李基白, 1982, 「統一新羅와 渤海의 社會」, 『韓國史講座』, 古代篇, 一潮閣.

李起鳳, 2002, 『新羅王京의 範圍와 區域에 대한 地理的 考察』, 서울대학교 대학원 박사학위논문.

李道學, 1987, 「新羅의 北進經略에 관한 新考察」, 『慶州史學』 6.

李道學, 1997, 「古代國家의 成長과 交通路」, 『國史館論叢』 74.

李明植, 1984, 「新羅 下代 金周元系의 政治的 立場」, 『大丘史學』 26.

李明植, 1988, 「新羅 統一期의 軍事組織」, 『韓國古代史研究』 1.

李明植, 1989, 「新羅 中代王權의 전제화과정」, 『大丘史學』 38.

李文基, 1986, 「新羅 6停軍團의 運用」, 『大丘史學』 29.

李文基, 1986,「新羅 侍衛府의 成立과 性格」,『歷史敎育論集』9.

李文基, 1990,「統一新羅의 地方官制 硏究」,『國史館論叢』20.

李文基, 1990,「『三國史記』, 職官志 武官條의 史料的 檢討」,『歷史敎育論集』15.

李文基, 1999,「7세기 후반 新羅의 軍制改編과 그 性格에 대한 一試論」,『韓國古代
　　　史硏究』16.

李文基, 1999,「新羅 金氏 王室의 少昊金天氏 出自觀念의 標榜과 變化」,『歷史敎
　　　育論集』23・24.

李文基, 2004a,「新羅 文武王代의 軍事政策에 대하여」,『歷史敎育論集』32.

李文基, 2004b,「金官伽倻系의 始祖 出自傳承과 稱姓의 변화」,『新羅文化祭學術
　　　論文集』25.

李文基, 2009,「新羅 景德王代 再編된 王都 防禦 軍事組織과 城郭의 活用」,『新羅
　　　文化』34.

이병로, 1996,「8세기 일본의 외교와 교역」,『일본역사연구』4.

李成市, 1979,「新羅六停の再檢討」,『朝鮮學報』92.

李泳鎬, 1983,「新羅 中代 王室寺院의 官司的 機能」,『韓國史硏究』43.

李泳鎬, 1990,「新羅 惠恭王 12년 官號 復古의 의미」,『大丘史學』39.

李泳鎬, 1990,「新羅 惠恭王代 政變의 새로운 해석」,『歷史敎育論集』13・14.

李泳鎬, 1995,『新羅 中代의 政治와 權力構造』, 경북대학교 대학원 박사학위논문.

李泳鎬, 2004,「新羅의 遷都 문제」,『韓國古代史硏究』36.

李泳鎬, 2011,「통일신라시대의 王과 王妃」,『新羅史學報』22.

李佑成, 1966,「高麗末期 羅州牧 居平部曲에 대하여」,『歷史學報』29・30.

李宇泰, 1982,「新羅의 村과 村主」,『韓國史論』7.

李宇泰, 1989,「新羅時代의 結負制」,『泰東古典硏究』5.

李仁在, 1990,「신라통일 전후기 조세제도의 변동」,『역사와 현실』4.

李仁在, 1995,『新羅統一期 土地制度 硏究』, 연세대학교 대학원 박사학위논문.

李仁哲, 1986,「新羅 統一期의 村落支配와 計烟」,『韓國史硏究』54.

李仁哲, 1988,「新羅 法幢軍團과 그 性格」,『韓國史硏究』61・62.

李仁哲, 1991,「新羅의 群臣會議와 宰相制度」,『韓國學報』65.

李仁哲, 1992,「新羅 九等號制의 再論」,『歷史學報』133.

李仁哲, 2000,「新羅統一期 私的土地所有關係의 展開」,『歷史學報』165.

李鍾旭, 1974,「南山新城碑를 통하여 본 新羅의 地方統治體制」,『歷史學報』64.

李鍾旭, 1980,「新羅帳籍을 통하여 본 統一新羅의 村落支配體制」,『歷史學報』86.

李鍾泰, 1996,『三國時代의「始祖」認識과 그 變遷』, 국민대학교 대학원 박사학위
    논문.

李鍾恒, 1971,「和白-그 起源과 構成과 權限을 中心으로」,『國民大學校論文集』3.

李泰鎭, 1979,「新羅統一期의 村落支配와 孔烟」,『韓國史研究』25.

이현숙, 1992,「新羅末 魚袋制의 成立과 運用」,『史學研究』43・44.

이현숙, 2003,「신라 통일기 전염병의 유형과 대응책」,『韓國古代史研究』31.

李昊榮, 1974,「新羅 中代 王室과 奉德寺」,『史學志』8.

李昊榮, 1975,「聖德大王神宗銘의 解釋에 관한 몇가지 문제」,『考古美術』125.

이홍두, 1998,「部曲의 意味變遷과 軍事的 性格」,『韓國史研究』103.

李弘稙, 1971,「日本正倉院 發見의 新羅民政文書」,『韓國古代史의 研究』, 新丘文
    化社.

李弘稙, 1971,「三國遺事 竹旨郞條 雜考」,『韓國古代史의 研究』, 新丘文化社.

李喜寬, 1989,「統一新羅時代의 官謨田・畓」,『韓國史研究』66.

李喜寬, 1996,「統一新羅 土地制度의 特質」,『新羅文化』13.

李喜寬, 1997,「統一新羅의 內視令과 村落支配」,『歷史學報』153.

林炳泰, 1967,「新羅小京考」,『歷史學報』35・36.

全德在, 1992,「신라 녹읍제의 성격과 그 변동에 관한 연구」,『역사연구』창간호.

全德在, 1996,「新羅 中代 對日外交의 推移와 眞骨貴族의 動向」,『韓國史論』37.

全德在, 1997,「新羅 下代 鎭의 設置와 성격」,『軍史』35.

全德在, 2003,「삼국 및 통일신라의 지배구조와 수취제의 성격」,『역사와 현실』50.

全德在, 2005a,「新羅 中央財政機構의 性格과 變遷」,『新羅文化』25.

全德在, 2005b,「西原小京의 設置와 行政體系에 대한 考察」,『湖西史學』41.

田鳳德, 1956,「新羅의 律令攷」,『서울대論文集』, 人文社會科學 4.

田祐植, 2010, 『百濟'王權中心 貴族國家'政治運營體制 研究』, 국민대학교 대학원 박사학위논문

田村圓澄, 1989, 「平城京と新羅使」, 『日本學』8·9, 동국대 일본학연구소.

鄭敬淑, 1985, 「新羅時代의'將軍'의 成立과 變遷」, 『韓國史研究』48.

정호섭, 2004, 「新羅의 國學과 學生祿邑」, 『史叢』58.

曺凡煥, 2011, 「新羅 中代 聖德王代의 政治的 動向과 王妃의 交替」, 『新羅史學報』22.

趙二玉, 1990, 「新羅 聖德王代 對唐外交政策 研究」, 『梨花史學研究』19.

趙二玉, 1993, 「統一新羅 景德王代 專制王權ㄴ과 祿邑에 대한 재해석」, 『東洋古典研究』1.

酒寄雅志, 1979, 「渤海國家の史的展開と國際關係」, 『朝鮮史研究會論文集』16.

朱甫暾, 1979, 「新羅中古의 地方統治組織에 대하여」, 『韓國史研究』23.

朱甫暾, 1985, 「新羅時代의 連坐制」, 『大丘史學』25.

朱甫暾, 1987, 「新羅 中古期 6停에 대한 몇 가지 問題」, 『新羅文化』3·4.

朱甫暾, 1988, 「新羅 中古期의 郡司와 村司」, 『韓國古代史研究』1.

朱甫暾, 1989, 「統一期 新羅 地方統治體制의 整備와 村落統治의 變化」, 『大丘史學』37.

朱甫暾, 1993, 「金春秋의 外交活動과 新羅內政」, 『韓國學論集』20, 계명대.

지배선, 2001, 「신라의 교육제도연구」, 『경주문화연구』4.

車美姬, 2000, 「統一新羅의 官人교육과 선발」, 『崔淑卿 敎授停年紀念私學論叢』.

채미하, 2009, 「신라국왕의 禮學과 그 의미」, 『韓國思想史學』32.

蔡尙植, 1979, 「高麗後期 天台宗의 白蓮社 結社」, 『韓國史論』5.

蔡尙植, 1984, 「新羅統一期의 成典寺院의 구조와 기능」, 『釜山史學』8.

千仁錫, 2008, 「新羅의 國學과 그 思想的 意義」, 『國學論叢』7.

崔根泳, 1999, 「地方勢力形成의 實際와 그 性格」, 『統一新羅時代의 地方勢力研究』, 신서원.

崔源植, 1987, 「軍事力의 增强과 軍事的 基盤」, 『統一期 新羅社會研究』.

崔弘昭, 1999, 「신문왕대 金欽突의 亂의 재검토」, 『大丘史學』58.

河日植, 1991,「6세기 新羅의 地方支配와 外位制」,『學林』11 · 12.

河日植, 1997,「新羅 統一期의 王室直轄地와 郡縣制」,『東方學志』97.

河日植, 1998,『新羅 官等制의 起源과 性格』, 연세대학교 대학원 박사학위논문.

韓京星, 1994,「日本 古代 律令制 社會의 經濟的 性格에 관한 研究」,『精神文化研究』57.

韓準洙, 1998,「新羅 景德王代 郡縣制의 改編과 그 目的」,『北岳史論』5.

韓準洙, 2005,「신라 신문왕대 10停의 설치와 체제정비」,『韓國古代史研究』38.

韓準洙, 2009,「신라 中 · 下代 鎭 · 道 · 府의 설치와 체제정비」,『한국학논총』31.

韓準洙, 2010,「新羅 眞德王代 唐制의 受容과 체제정비」,『한국학논총』34.

韓準洙, 2011,「신라 성덕왕대 균전적(均田的) 토지제의 시행과 체제정비」,『한국학논총』35.

黃壽永, 1970,「新羅 誓幢和尙碑의 新片」,『考古美術』108.

黃浿江, 1975,「佛國土 再現思想」,『新羅佛敎說話研究』.

洪承基, 1977,「高麗初의 祿邑과 勳田-功陰田柴科制度의 背景-」,『史叢』21 · 22.

洪淳昶, 1992,「統一新羅의 對日本關係研究」,『國史館論叢』31.

찾아보기

신라중대 율령정치사 연구